Timothy Smith

Brave Kinder verändern nichts

*Was Ihr Kind braucht,
um in dieser Welt zu bestehen*

Über den Autor

Timothy Smith ist schon seit über 30 Jahren in der Jugendarbeit und als Familientherapeut tätig und hat bereits mehrere Bücher veröffentlicht. Außerdem arbeitet er für das renommierte *Gallup*-Meinungsfor-schungsinstitut. Er ist verheiratet und Vater von zwei Töchtern.

Timothy Smith

Brave Kinder
verändern nichts

Was Ihr Kind braucht,
um in dieser Welt zu bestehen

GerthMedien

FSC

Mix
Produktgruppe aus vorbildlich
bewirtschafteten Wäldern und
anderen kontrollierten Herkünften
Zert.-Nr. SGS-COC-1940
www.fsc.org
© 1996 Forest Stewardship Council

Verlagsgruppe Random House FSC-DEU-0100
Das für dieses Buch verwendete FSC-zertifizierte Papier
München Super liefert Mochenwangen.

Die amerikanische Originalausgabe
erschien im Verlag IVP Books, Downers Grove,
unter dem Titel „The Danger Of Raising Nice Kids".
© 2006 by Timothy Smith
© der deutschen Ausgabe 2007 by Gerth Medien GmbH, Asslar,
in der Verlagsgruppe Random House GmbH, München
Aus dem Englischen übersetzt von Ulrike Becker.

Die Bibelzitate wurden, sofern nicht anders angegeben,
den folgenden Bibelübersetzungen entnommen:
Gute Nachricht Bibel, revidierte Fassung, durchgesehene Ausgabe in neuer
Rechtschreibung, © 2000 Deutsche Bibelgesellschaft, Stuttgart (GN)

1. Auflage 2007
Bestell-Nr. 816 190
ISBN 978-3-86591-190-2
Umschlaggestaltung: Michael Wenserit
Umschlagfoto: Getty images
Satz: Die Feder GmbH, Wetzlar
Druck und Verarbeitung: GGP Media GmbH, Pößneck
Printed in Germany

Inhalt

Vorwort

Wir alle wollen unsere Kinder zu Menschen erziehen, die bereit sind, es mit der Zukunft aufzunehmen. Doch allzu leicht erliegen wir einem Irrtum, der unser Vorhaben untergräbt. Der Fehler besteht darin, dass wir alles daransetzen, *nette* Kinder großzuziehen – Kinder, die im Großen und Ganzen gehorchen, sich an die Regeln halten, freundlich sind und „funktionieren". Viele Eltern machen diesen fatalen Fehler. Und wenn man sich die Mütter und Väter anschaut, die behaupten, einen starken Glauben an Gott zu haben, dann ist der Nette-Kinder-Fehler bei ihnen geradezu eine Epidemie.

Doch wir sollten darauf achten, *nett* nicht mit *gut* zu verwechseln. Die beiden Begriffe sind nicht gleichbedeutend. Nett wäre eher mit *behütet* gleichzusetzen. Behütete Kinder entwickeln ihren moralischen Charakter in einem angenehmen Umfeld, in dem die Risiken und Herausforderungen sehr begrenzt sind. Und das ist ein gutes Rezept für Mittelmäßigkeit.

Unser Ziel als Eltern darf es aber nicht sein, nette Kinder heranzuziehen, sondern *starke* Kinder. Wer seinem Leben Sinn geben und etwas bewegen will, muss Risiken eingehen – viele alltägliche, kalkulierte Risiken. Diese Risiken und Herausforderungen müssen in einem sicheren Hafen verarbeitet werden. Und das Zuhause, das wir unseren Kindern geben, kann ein solcher Hafen sein. Im Elternhaus entscheidet sich der Lebensweg eines Kindes. Darum muss die Familie ein Umfeld bilden, in dem unsere Kinder ermutigt werden, einige der gefährlichsten Entscheidungen ihres Lebens zu treffen. Hier kristallisiert sich heraus, welche Berufung sie in ihrem Leben haben, wen sie heiraten werden und vor allem, wer ihr Herr sein soll.

Und genau hier liegt das Problem: Unsere Ängste stehen uns im Weg. Wir erleben, wie die Gesellschaft unsere Kinder in einen tödlichen Konkurrenzkampf verwickelt; wir spüren, wie zerbrechlich ihre Seele ist; wir fühlen uns als Eltern der Aufgabe nicht gewachsen, und schon tun wir alles, um unsere Kinder in ein Umfeld zu stellen, in dem ihre Werte und Überzeugungen so selten wie möglich auf die Probe gestellt werden. Leider führt eine solche Strategie zu einem blutleeren Glauben, zu einer Persönlichkeit ohne Biss und zu einem Wertesystem ohne festes Fundament.

Sie können Ihre Kinder darauf vorbereiten, auf eigenen Beinen zu stehen, ohne sie deshalb gleich den Wölfen unserer Kultur zum Fraß vorzuwerfen. Mit diesem Buch halten Sie einen guten Wegweiser für dieses Vorhaben in Händen. Timothy Smith hat sehr praktische Ansichten darüber, was es braucht, um Kinder auf das wahre Leben vorzubereiten. Er macht schon seit Jahrzehnten Eltern fit für ihre Aufgabe. Seine Aussagen und Ratschläge gründen sich auf seine reiche Erfahrung und sind durch und durch liebevoll und aufbauend – wenn auch unbequem und herausfordernd.

Ich weiß, Sie wollen keine Kinder großziehen, die sich leicht beeinflussen oder einschüchtern lassen, deren Selbstwertgefühl von der Anerkennung anderer oder von ihrem Aussehen abhängig sind, die beim ersten Gegenwind umfallen und nichts in der Welt bewirken.

Ich weiß, Sie wollen keine Kinder großziehen, die sich leicht beeinflussen oder einschüchtern lassen, deren Selbstwertgefühl von der Anerkennung anderer oder von ihrem Aussehen abhängig sind, die beim ersten Gegenwind umfallen und nichts in der Welt bewirken.

Lernen Sie von einem kampferprobten Familientherapeuten, wie Sie Ihre Kinder auf das Leben vorbereiten können. Nette, brave Kinder? Nein, danke! Lebenstüchtige, emotional gesunde und moralisch starke Kinder? Ja, absolut!

Dr. Tim Kimmel

Brave Kinder verändern nichts

*W*ir brauchen nicht noch einen Erziehungsratgeber, der uns erklärt, wie wir brave Kinder heranziehen können. Es gibt schon viel zu viele dieser Bücher. Einige davon habe ich sogar selbst geschrieben!

Kinder, die einfach nur nett anzuschauen, wohlerzogen und brav sind, können in unserer Welt nicht bestehen – nicht in diesem neuen Jahrtausend. Die Dinge haben sich geändert. Man kann mit dem Finger auf den fanatischen Terrorismus zeigen, auf den Werteverfall, die Hip-Hop-Kultur oder die Retro-Mode. Was auch immer Sie als Ursache allen Übels ansehen möchten, Tatsache ist: Unsere Welt ist in Schwierigkeiten. Und eine Erziehungsphilosophie, die nur auf das nach außen sichtbare Betragen zielt, ist zum Scheitern verurteilt.

Was meine ich mit *brav* und *nett*? Einen angenehmen, freundlichen, wohlerzogenen, behüteten und zumeist konservativ gekleideten Menschen. Wünschen wir uns nicht solche Kinder?

Mein altgedientes Wörterbuch von Webster sagt, das englische Wörtchen *nice* (nett, brav) habe früher einmal „merkwürdig, faul, dumm" bedeutet und stamme von der lateinischen Wurzel *nescius*, „unwissend", ab. Ich möchte nicht, dass meine Kinder nette Trottel werden, die zu träge sind, um aus ihrem Leben etwas zu machen! Deshalb werde ich in diesem Buch unsere ganze bisherige Art der Erziehung in Frage stellen – eine Erziehung, die nur darauf achtet, wie ein Kind nach außen wirkt und ob es „funktioniert".

Der nette Brian

„Hey, ich hab gehört, heute wären die Wellen am Zeroes-Strand der absolute Wahnsinn. Fahren wir hin?", fragte Brian, als wir uns mit unseren Surfbrettern auf den Weg machten.

„Klar", sagte ich. „Wirst du auch nicht kneifen, wenn die Wellen doppelt so hoch sind wie du?"

„Ich? Ich bin doch kein Weichei. Los, lass uns fahren!" Er trommelte mit seinen Fingern zum Rhythmus der U2-CD auf der Beifahrertür herum. Mit seinen 15 Jahren war er ein begnadeter Surfer, der aussah wie ein Fotomodell und immer einen ganzen Schwarm hübscher Mädchen im Gefolge hatte.

Einmal in der Woche fuhr ich mit den Mitgliedern der Jugendgruppe unserer Gemeinde zum Surfen. An diesem Tag im warmen August zog eine gewaltige Dünung von Mexiko herauf nach Kalifornien.

„Ob die Wellen wirklich drei Meter hoch werden?", fragte Tom, ebenfalls 15 Jahre alt und ein Neuling, was das Surfen anging.

„So stand's auf der Website: 1,80 bis 2,40 bei Zuma; also werden sie bei Zeroes noch höher. Dort kommt immer die volle Wucht an!"

„Vielleicht schau ich lieber nur zu!", meinte Tom.

„Warmduscher!" Brian boxte ihn gegen den Arm.

„Au! – Sag mal, Brian, hast du nicht eigentlich Hausarrest?" Ich schaute zu Brian rüber und zog die Augenbrauen hoch.

„Mann, schau mich nicht so an! Meine Eltern haben's erlaubt. Ich muss nur heute Abend zu Hause bleiben."

„Warum? Was ist passiert?"

Er warf Tom einen wütenden Blick zu. „Ich bin verhaftet worden. Ich war letzte Woche auf 'ner Party und das Bier ging aus."

Brian war Toms Freund und neu in der Jugendgruppe. Er war Erwachsenen gegenüber ausgesprochen höflich und respektvoll, seine Noten waren gut, er war sehr beliebt und trug modische, aber dezente Klamotten. Bei der Wahl seiner Kleidung war er anscheinend geschickter als in der Wahl seiner Freunde. Abgesehen von Tom hingen sie fast alle ständig auf irgendwelchen Partys herum.

„Was hast du angestellt?"

Er lächelte und zeigte sein perfektes, strahlendes Gebiss: „Ich hab welches organisiert."

„Wie das denn? Du bist doch erst 15 und hast noch kein Auto."

Brian lachte: „Es war noch nicht dunkel, also hab ich mich aufs Fahrrad gesetzt und bin zum Getränkeladen gefahren. Als der Typ da gerade nicht aufgepasst hat, hab ich mir einen Zwölfer-Pack unter den Nagel gerissen."

„Du hast einen Zwölfer-Pack Bier mitgehen lassen – auf dem Fahrrad?"

„Ja." Er schaute auf den Boden. „Aber der Typ hat mich gesehen und die Bullen gerufen – und einer von denen war gerade um die Ecke beim Bäcker."

„Du willst mich verkohlen!"

„Nein, wirklich! Ich hab versucht abzuhauen. Er hat sein Blaulicht und die Sirene angeschaltet. Da hab ich das Bier in den Graben geworfen. Ohne das Gewicht war ich schneller, aber der Bulle holte auf. Er brüllte durchs Megaphon: ‚Fahr an den Rand! Du bist verhaftet!' Aber ich hörte nicht auf ihn und strampelte weiter. Er schnitt mir mit seinem Streifenwagen den Weg ab und holte mich dabei vom Fahrrad. Ich versuchte wegzulaufen, aber er packte mich, legte mir Handschellen an und verfrachtete mich in den Streifenwagen. Er sicherte das Bier als Beweismittel und karrte mich zur Polizeistation."

„Musstest du lange da bleiben?", fragte ich.

„Nee. Das war 'ne Zelle speziell für Jugendliche und ich war der Einzige, der drin war. Meine Eltern haben mich zwei Stunden später rausgeholt."

„Und jetzt hast du Hausarrest?"

„Ja. Heute durfte ich zum ersten Mal weg. Weil ich meinem Vater erzählt habe, Timmy und Tommy hätten einen guten Einfluss auf mich – da hat er mich gehen lassen."

Brian schien alles zu haben, was man im Leben braucht – er

sah sehr gut aus, war beliebt, kam bei den Mädchen gut an, besaß tolle Klamotten, war intelligent, hatte herausragende sportliche Fähigkeiten und war höflich und nett gegenüber Erwachsenen. Jeder würde sagen, Brian war ein richtig netter Kerl.

Aber in seinem Innern fehlte es Brian an echter Substanz und an Selbstvertrauen. Seine größte Angst war, dass seine Freunde ihn ablehnen könnten, dass man ihn als „uncool" abtun könnte. Als die Lichter des Streifenwagens immer näher kamen, wurde sein schlimmster Albtraum wahr.

Wären Sie Brian auf seinem Weg zum Lebensmittelladen begegnet, hätte er Ihnen vermutlich die Tür aufgehalten und Sie hätten gedacht: *Was für ein netter, wohlerzogener junger Mann.* Und Sie hätten recht gehabt damit. Er war ja wirklich sehr freundlich und anderen Menschen gegenüber höflich und zuvorkommend. Mit einem Wort: nett.

Aber nett ist nicht genug.

Lassen Sie sich nicht vom Wesentlichen ablenken

Wenn wir nette Kinder großziehen, laufen wir Gefahr, dass sie mit der harten Realität nicht zurechtkommen; dass sie zu Menschen werden, die äußerlich gut aussehen, denen es aber an innerer Stärke und Klarheit fehlt; dass sie dem Druck nicht standhalten, den ihre Altersgenossen und die Gesellschaft auf sie ausüben.

Viele Ratschläge, die wir als Eltern bekommen, werden uns helfen, unsere Kinder zu netten Menschen zu machen – zu netten Schwächlingen, zu Menschen ohne Rückgrat, ohne Leidenschaft und ohne Mut.

Viele Ratschläge, die wir als Eltern bekommen, werden uns helfen, unsere Kinder zu netten Menschen zu machen – zu netten

Schwächlingen, zu Menschen ohne Rückgrat, ohne Leidenschaft und ohne Mut. Und in einer Zeit wie der unseren werden solche Kinder bestenfalls einfach in der Masse untergehen.

Ich will damit nicht sagen, dass ich mir keine netten, wohlerzogenen Kinder wünsche. Aber unsere Kinder müssen mehr als nur nett sein. Wir leben in einer kinderfeindlichen und zunehmend auch familienfeindlichen Gesellschaft. Gegen die Ehe ist sie ohnehin schon. Wir müssen unsere Kinder zu Menschen machen, die einem derart feindlichen Umfeld etwas entgegensetzen können.

Es handelt sich bei diesem Buch also nicht um einen weiteren Erziehungsratgeber. Dieses Buch will Ihnen sozusagen den Weg zur nächsthöheren Erziehungsebene weisen. Ich möchte Ihnen zeigen, wie Sie nicht nur Einfluss auf das Verhalten Ihres Kindes nehmen können, sondern vor allem sein Herz, seinen Verstand und seine „Lebenskompetenz" stärken können.

Es ist überlebenswichtig für Ihr Kind, dass Sie seine inneren Überzeugungen ausbilden und festigen. Deshalb möchte ich Ihnen neun lebenswichtige Charaktereigenschaften näher bringen, die Sie in Ihrem Kind zur Entfaltung bringen können und sollten. Die meisten Eltern tun das leider nicht, obwohl es die Charaktereigenschaften sind, die ihre Kinder brauchen, um den Herausforderungen des Lebens gewachsen zu sein.

Dies sind die neun verlorengegangenen Eigenschaften, die die meisten Eltern ihren Kindern nicht mehr vermitteln:

- eine Vision entwickeln
- Authentizität
- zuhören können
- Einfühlungsvermögen
- tätiges Mitgefühl
- Urteilsvermögen
- Grenzen setzen und akzeptieren
- Zufriedenheit
- leidenschaftliche Liebe

Warum bringen Eltern ihren Kindern diese Dinge nicht mehr bei? Weil sie nicht wissen, wie man das macht. Weil schon ihre Eltern ihnen all das nicht mitgegeben haben. Weil sie nicht die Zeit dazu haben. Weil sie selbst nur im Überlebensmodus funktionieren, sich mit Verhaltensfragen herumschlagen und keine Zeit mehr dazu finden, sich mit den *Zielen* ihrer Kindererziehung auseinander zu setzen. Weil sie nur noch die Äußerlichkeiten im Blick haben und völlig vergessen, das Herz ihrer Kinder zu stärken. Weil sie nicht wissen, wie sie ihren Kindern ein Vorbild sein und ihnen Lebenskompetenz vermitteln können.

Keine Sorge – ich werde versuchen, so über diese ganze Sache zu sprechen, dass es Ihnen sogar Spaß macht. Und ich verspreche Ihnen, ich werde es so praktisch wie möglich halten.

Der Theologe Henri Nouwen schreibt davon, wie er einmal gemeinsam mit einigen Mönchen und Handwerkern an der Errichtung eines neuen Kirchengebäudes gearbeitet hat. Die Handwerker waren es gewohnt, fröhlich herumzufluchen, und sie hielten trotz der Anwesenheit der Kuttenträger an dieser Gewohnheit fest.

Nachdem sie einige Tage so geflucht und den Namen des Herrn missbraucht hatten, platzte Henri der Kragen: „Wissen Sie denn nicht, dass man nicht fluchen soll?"

Die Atmosphäre auf der Baustelle war von da an sehr gespannt. Alle waren gereizt. Das gute Miteinander löste sich in Luft auf. Als alle am nächsten Tag wieder an die Arbeit gingen, setzte sich die Flucherei fort. Einer der Maurer tat sich durch besonders farbenprächtige Ausdrücke hervor.

Ein Mönch namens Anthony ging schließlich still zu ihm hinüber und legte ihm einen Arm um die Schultern. „Anthony, wissen Sie, das hier ist ein Kloster, und wir lieben den Mann, dessen Namen Sie so oft in hässlichen Zusammenhängen im Munde führen."

Der Mann schaute von seiner Arbeit auf und lächelte: „Um die Wahrheit zu sagen: Ich liebe ihn auch."

Beide lachten und dieses schlichte Vorbild veränderte die Situation völlig.[1]

Viele Eltern wissen nicht, wie sie ihren Kindern ein Vorbild sein und ihnen Lebenskompetenz vermitteln können.

Dieses Ziel verfolge ich mit diesem Buch: Lassen Sie uns die Situation verändern! Wir müssen unsere Kinder zu nichts zwingen. Wir müssen auch nicht diplomatisch sein. Wir müssen uns von den kulturellen Grabenkämpfen nicht stressen lassen. Manchmal üben wir den besten Einfluss auf andere Menschen aus, wenn wir sie in den Arm nehmen und mit ihnen lachen.

Ich bin überrascht, dass ich meine wilden Kindertage lebend überstanden habe. Ich ging jeden Tag und bei jedem Wetter mehrere Kilometer zu Fuß zur Schule (ohne elterliche Aufsicht), stromerte stundenlang im Unterholz herum, fuhr mutterseelenallein mit dem Fahrrad durch die Gegend, unterhielt mich mit wildfremden Leuten am Busbahnhof, verbrachte mehrere Nächte in einem Baumhaus auf einem verlassenen Grundstück und fand heraus, wie man aus Feuerwerkskörpern Bomben bastelt – und das alles noch vor meinem zehnten Geburtstag!

Wenn Sie meine Mutter gefragt hätten, was ich gerade machte oder wo ich sei, hätte sie Ihnen geantwortet: „Der spielt da draußen irgendwo. Aber er wird schon nach Hause kommen, bevor es dunkel wird." Und dann hätte sie sich wieder ihren anderen Aufgaben zugewandt. Nach heutigen Maßstäben würde man sagen, sie hat uns vernachlässigt, und die Nachbarn würden vermutlich das Jugendamt benachrichtigen.

Aber meine Mutter hat uns nicht vernachlässigt. Sie war eine typische Vertreterin der damaligen Elternschaft. Und obwohl sie uns Kinder nicht in einer modernen Familienkutsche zu allen möglichen Aktivitäten chauffierte – Fußballtraining, Kunstunterricht, Nachhilfe, Karatekurs, Pfadfindertreffen, Musikschule oder Bibelkreis –, kann ich mich nicht daran erinnern, mich jemals gelangweilt zu haben. Und wir besaßen nicht einmal eine Playstation!

Ich glaube kaum, dass meine Mutter sich ständig Gedanken

darum gemacht hat, wie sie uns noch besser „fördern" könnte. Ich vermute, ihr ging es mehr ums nackte Überleben. In gewisser Weise war unsere Kindheit damals natürlicher; Kinder waren, was sie sind: Kinder. Das war noch vor der Zeit, als uns die Hohepriester der Entwicklungspsychologie rieten, Kinder auf jede nur erdenkliche Art zu fördern. Das war vor der Zeit, als man Kurse darüber besuchte, wie Eltern bereits vor der Geburt das kindliche Gehirn stimulieren und so den IQ ihres Ablegers steigern können.

> Das war noch vor der Zeit, als uns die Entwicklungspsychologen rieten, Kinder auf jede nur erdenkliche Art zu fördern, und man Kurse darüber besuchte, wie Eltern bereits vor der Geburt den IQ ihres Ablegers steigern können.

„Diese Generation ist die bestbehütete, die es je gab", sagte mir eine Kindergottesdienstleiterin, die früher als Grundschullehrerin gearbeitet hatte. Ich besuchte ihre ländliche Kirchengemeinde, um dort ein Seminar abzuhalten. Der Ort hatte weniger als 8.000 Einwohner. Zu den meisten Häusern gehörten Grundstücke von mehreren Hektar Größe. So weit das Auge blickte, sah man nichts als Natur, verstreut liegende Futtersilos und Scheunen. Mir erschien dieses Umfeld ziemlich sicher.

„Die Eltern lassen ihre Kinder nicht unbeaufsichtigt auf dem Hof spielen. Die meiste Zeit dürfen sie gar nicht draußen spielen. Die Eltern fahren sie zu geregelten Aktivitäten wie Musikunterricht oder Sport. Und selbst dort lassen sie sie nicht aus den Augen."

Die bestbehütete Generation, die es je gab. Dieser Satz ging mir nicht mehr aus dem Kopf. Da ich aus Los Angeles kam, schien mir das Szenario wenig bedrohlich. Was sollte dort schon gefährlich sein – vielleicht, dass ein paar Kühe sich selbstständig machten? Wenn Eltern auf dem platten Land bereits Angst hatten, ihre Kids allein draußen spielen zu lassen – wo sollte das dann hinführen?

Ich denke, dass viele Eltern in unserer Gesellschaft von Ängsten beherrscht werden. Sie haben Angst, ihren Kindern könne etwas Schlimmes zustoßen. Sie haben Angst, sie könnten ihre Kinder nicht optimal fördern. Sie haben Angst, ihre Kinder könnten ein zu geringes Selbstbewusstsein entwickeln.

Ich höre von diesen Ängsten immer wieder auf meinen Seminaren. Zum Beispiel, wenn ich Teenager wie Chelsea und ihre Eltern berate.

Ein Vorzeige-Kind

Die 17-jährige Chelsea erzählte mir: „Meine Mama hat eine richtig paranoide Angst davor, nicht die perfekte Mutter zu sein. Sie baut mich ständig auf, als wäre sie meine persönliche Trainerin. Immer sagt sie: ‚Das hast du toll gemacht‘, obwohl ich genau weiß, dass ich's verhauen hab. Ich weiß, dass das, was sie sagt, nicht stimmt. Klar, sie meint es gut, aber das sind doch nur leere Worte."

„Ein Lob, das nur so dahingesagt wird, und echte Bestätigung sind zwei paar Schuhe", nickte ich.

„Genau! Sie wünscht sich so sehr, dass ich mit mir zufrieden bin – aber so funktioniert das nicht. Meine Leistungen sind nicht immer gut, aber sie tut so, als wären sie es."

„Also, sie drängt dir ihr Lob geradezu auf, selbst wenn es völlig übertrieben ist – damit du glücklich und mit dir selbst zufrieden bist und nur ja keine Drogen nimmst."

Chelsea lächelte: „Ja, die AG ‚Suchtprävention‘ hab ich auch erfolgreich absolviert. Aber mit sich selbst im Reinen zu sein, das kommt doch nicht von außen. Es hat mehr damit zu tun, wie man sich innerlich fühlt, und es muss auch was damit zu tun haben, was man wirklich zustande bringt."

„Du hast Recht. Falsches Lob bringt unsichere Menschen hervor. Man kann jemandem nicht das Gefühl geben, etwas Tolles geleistet zu haben, wenn das eigentlich gar nicht stimmt. Dabei kommt auf jeden Fall eine verkorkste Selbstwahrnehmung heraus und ganz sicher kein echtes Selbstwertgefühl. Ich glaube, deshalb gibt es heute eine ganze Generation von Menschen, die meinen, einen Anspruch auf Dinge zu haben, für die sie sich kein bisschen eingesetzt haben."

„Genau, das habe ich bei den Freundinnen meiner Schwester beobachtet. Sie meinen, sie kriegen einfach so ihren Schulabschluss und dann natürlich gleich einen gutbezahlten Job. Und dann sind sie am Boden zerstört, wenn sie wieder bei ihren Eltern einziehen und als Kassierer im Supermarkt anfangen müssen."

„Das wäre dann wohl der verkehrte Zeitpunkt, um zu sagen: ‚Das habt ihr toll gemacht' – nicht wahr?"

Vom Perfektionismus besessen

Unsere Kultur ist davon besessen, dass alles perfekt sein soll: ununterbrochen glücklich lächelnde Babys; Kindergartenkinder, die bereits Französisch sprechen; Drittklässler, die Algebra beherrschen; Achtklässler, die ihre Samstage in einem Vorbereitungskurs für die Aufnahmeprüfung am College zubringen.

Man hat den Müttern weisgemacht: „Ihr könnt alles haben: Ihr könnt die Anforderungen von Familie und Beruf miteinander vereinbaren – das ist alles nur eine Frage der Organisation."

In der Zeitschrift *Newsweek* wurde berichtet, welche Folgen diese Perfektionsbesessenheit hat: *Der Gedanke: ‚Das ist genug!' lässt sich in der heutigen Gesellschaft nur schwer verkaufen. Wir leben heutzutage in einer Kultur der Perfektion, in der wir in der Lage sind, unsere Körper haltbarer zu machen, unsere Gesichter derart zu manipulieren, dass jegliche Eigenheiten oder Spuren des Lebens ausradiert werden. Wir glauben an die Illusion, alles kontrollieren zu können, und nirgends ist diese Illusion machtvoller – und zugleich schädlicher – als beim Phänomen unseres manischen Mutterbildes.*[2]

> Die „perfekte Mutter" ist eine Frau, die sich am Arbeitsplatz durchsetzen kann und gleichzeitig dafür sorgt, dass ihre Kinder sich mit „den richtigen Dingen" beschäftigen, und die außerdem natürlich ihre Figur im Griff hat.

Die „perfekte Mutter" ist ein Ausdruck dieses „manischen Mutterbildes": der Drang danach, eine postfeministische Frau zu sein, die einen hohen Bildungsstand hat, sich am Arbeitsplatz durchsetzen kann und *gleichzeitig* noch eine fürsorgliche Mutter ist, die dafür sorgt, dass ihre Kinder sich mit „den richtigen Dingen" beschäftigen, und außerdem natürlich auch ihre Figur im Griff hat. Kein Wunder, dass dieser Anspruch die meisten Frauen an den Rand des Wahnsinns treibt! 65 Prozent aller Mütter mit schulpflichtigen Kindern fühlen sich gestresst und finden, ihre Zeit reiche hinten und vorne nicht.[3]

Judith Warner beschreibt diese Belastung in einem Artikel über den „Mama-Wahnsinn": *Das Leben wollte es so – wir wurden Mütter. Und als wir versuchten, das Gleichgewicht zu finden zwischen den jungen Frauen, die wir einmal waren, und den Müttern, die wir geworden waren, da entdeckten wir, dass dieser elementare „Balanceakt" nicht zu schaffen war. Das Leben war hart. Es war stressig. Der Job – und die Kinder – verlangten uns alles ab. Und die ehrgeizigen Vorstellungen von unserer Rolle als Mutter, die die meisten von uns zu verwirklichen versuchen, erwies sich als völlig unvereinbar mit einem Job außer Haus oder mit Freundschaften oder mit dem Leben ganz allgemein.[4]*

Für die meisten Mütter und Väter ist das Leben viel schwieriger, als sie gedacht hätten. Sie haben geglaubt, mit der richtigen Schulbildung würden sie auch den richtigen Job bekommen und mit dem richtigen Job würden sie ein entsprechendes Maß an Einkommen und Status erreichen, sodass sie mit ihrem Leben zufrieden sein könnten. Leider ist es aber so, dass die Mehrzahl der Eltern schwer damit zu kämpfen hat, alles unter einen Hut zu bekommen. Sie stellen ihren Wecker um eine halbe Stunde vor, sie führen Listen und kaufen sich noch dickere Terminkalender, um alles unterzubringen, und denken sich: *Eines Tages werde ich es wieder ruhiger angehen können und dann werde ich wieder Zeit für mich selbst haben.*

Jennys große Überraschung

„Wir machten uns Gedanken wegen der öffentlichen Schulen. Wir wollten unseren Kindern doch die besten Bildungschancen ermöglichen. Darum haben wir Jenny, unsere Älteste, zu Hause unterrichtet. Sie hat sehr gut auf diese individuelle Betreuung angesprochen", erklärte mir eine Frau bei einem meiner Erziehungsseminare. „Ich wünschte, wir hätten Ihren Vortrag schon vor fünf Jahren gehört."

„Warum? Was wäre dann gewesen?", fragte ich.

„Uns gefiel der Gedanke, dass man beim Heimunterricht den eigenen Kindern den Lehrplan in einem auf sie zugeschnittenen Tempo vermitteln kann. Und Jenny war ziemlich schnell im Lernen. Sie wollte ihre Aufgaben bis mittags erledigt haben, damit sie den Nachmittag frei hatte. Wir erlaubten ihr, mit 14 einen Job anzunehmen. Mit 15 machte sie ihren Abschluss, arbeitete danach Vollzeit und ging nebenher aufs Abendgymnasium. Uns war nicht bewusst, dass wir eine krankhafte Lügnerin großgezogen hatten. Schließlich zeigte sich, dass sie ihre Intelligenz dazu genutzt hatte, uns zu manipulieren und zu hintergehen. Sie führte ein Doppelleben …" Die Stimme der Mutter brach. Ich konnte sehen, dass sie den Tränen nahe war.

„War sie eine exzellente Schülerin, die im Leben versagt hat?"

„Genau das." Sie tupfte sich die Tränen von den Augen und blickte auf. „Wir dachten, sie wäre ein nettes, gläubiges Mädchen – sie hatte den christlichen Tonfall ja auch voll drauf. Aber in ihrem Herzen war kein Glaube. Sie lebte eine Lüge, und wir waren zu naiv, um es zu bemerken. Das, was Sie heute über perfektionistische Eltern gesagt haben, hat mich sehr angesprochen. Wir haben nur auf ihre Noten geachtet und auf ihr Aussehen und ihr Betragen ... und dass wir dabei gut dastehen – als wäre sie so eine Art Wunderkind, ein Produkt unseres Hauses. Schließlich fanden wir heraus, dass sie am Arbeitsplatz einen verheirateten Mann kennen gelernt hatte. Sie hatte zwei Jahre lang eine Affäre mit diesem Mann und wurde schließlich von ihm schwanger. Er ließ sich von seiner Frau scheiden und ließ seine zwei Kinder wegen Jenny im Stich. Letzten Sonntag haben die beiden geheiratet. Ich habe versucht, dem Pastor seiner Gemeinde zu erklären, was für ein Schaden da angerichtet wurde, aber er hat die Trauung trotzdem vollzogen. Meine Tochter ist jetzt im achten Monat schwanger und mit einem Mann verheiratet, der ihr Vater sein könnte – und dabei ist sie gerade mal 19 Jahre alt!"

Sie ist zu schnell erwachsen geworden, dachte ich. Die Freiheit und Verantwortung, die Jenny erlebt hatte, passten nicht mit ihrer moralischen Entwicklung zusammen. Sie führte das Leben einer Erwachsenen, ohne die Charakterstruktur eines Erwachsenen zu haben.

Wenn Kinder durch ihre Kindheit hindurchgehetzt werden, hat das in der Regel fatale Folgen. Jennys Geschichte erinnerte mich an eines meiner Lieblingszitate von David Elkind: *Menschen, die unter Stress stehen, neigen dazu, andere nur noch als eine Art „Steno-Symbol" wahrzunehmen. Weil sie unter Druck stehen, sind sie nicht nur egoistisch, es fehlt ihnen auch die Kraft, sich um mehr zu kümmern als nur um sich selbst. Symbole – also im Grunde massive Vereinfachungen – sparen Energie. Gestresste Eltern sehen ihre Kinder als Symbole, weil das am wenigsten Einsatz von den Eltern fordert. Ein Schüler, ein Skater, ein Tennisspieler, ein Vertrauter – das alles sind klar umgrenzte Symbole, simple Wegweiser dafür, wie man sein Kind sehen und wie man sich ihm gegenüber verhalten soll. Symbole ersparen Eltern letztlich die Kräfte zehrende Aufgabe, ihre Kinder als Ganzes, als Gesamtperson wahrzunehmen.*[5]

Menschen, die unter Stress stehen, neigen dazu, andere nur noch als eine Art „Steno-Symbol" wahrzunehmen.

Jennys Mutter hatte sich mit einem Symbol zufrieden gegeben, statt ihre wirkliche Tochter wahrzunehmen und zu erziehen. Jenny war das Statussymbol ihrer Eltern geworden: das intelligente, zu Hause unterrichtete Wunderkind. Das gab allen ein gutes Gefühl, hat Jenny aber nicht auf das Leben vorbereitet.

Wenn wir gestresst sind, neigen wir dazu, unsere Kinder durch ihre Kindheit zu hetzen. Gehetzte Kinder wie Jenny arbeiten mehr, als sie spielen, und werden selbst zu gestressten Menschen.

Wir müssen dem Druck der Gesellschaft widerstehen und unseren Kindern gestatten, langsam heranzureifen. Wir müssen ihre Unschuld beschützen und ihnen gestatten, sich ganzheitlich zu entwickeln – körperlich, emotional, mental, charakterlich und geistlich. Wenn wir Kinder hetzen, ist eine natürliche Entwicklung in allen diesen Bereichen nicht möglich. Und wie in Jennys Fall können die Folgen fatal sein.

Wenn wir gestresst sind, neigen wir dazu, unsere Kinder durch ihre Kindheit zu hetzen.

Haben Sie keine Angst davor, Grenzen zu ziehen. Kinder brauchen ein solides moralisches Zentrum – einen Anker, der ihnen Stabilität gibt bei der Wahl ihrer Freunde, in Entscheidungen und im Mitgefühl anderen gegenüber. Zeigen Sie die Bereitschaft, sich Erziehungstrends entgegenzustellen, die zu beziehungslosen Familien und unkommunikativen Kindern mit einer unersättlichen Gier nach Rechten und einem Widerwillen gegen Regeln führen.

Bedenken Sie die Worte des Mediziners Robert Shaw: *Diese Epidemie dringt wie Nebel in alle Poren unserer Gesellschaft ein.*

Eltern erleben, dass eine materialistische, alles kontrollierende Ge-
sellschaft sie zu Sklaven macht, die Stunden in der Arbeit zubrin-
gen und Unsummen von Geld ausgeben; dass ihnen nicht mehr die
Zeit bleibt, Dinge zu tun, die für die Beziehung zu ihren Kindern
wichtig sind. Sie haben Angst, sie könnten ihre Kinder erdrücken,
ihr Selbstwertgefühl zerstören oder ihre Kreativität ersticken. Die-
se Angst geht so weit, dass sie kein gesundes Empfinden mehr für die
angemessene Rolle junger Kinder innerhalb der Familie haben. Sie
setzen ihren Kindern kaum noch Grenzen, lassen kaum noch zu,
dass sie Frustrationen erleben. Und sie haben keinen Blick mehr
für die moralische und geistliche Entwicklung ihrer Kinder.[6]

Ich rufe nicht dazu auf, zum Nachkriegs-Idealismus der 1950-
er Jahre zurückzukehren. Denn hinter dieser Nostalgie steckten
Diskriminierung, Vorurteile, Hysterie und fehlende Rechte und
Chancen – insbesondere für Frauen und ethnische Minderheiten. Nein, ich will nicht zu den alten Zeiten zurückkehren. Ich
möchte vorwärtsgehen.

Wir müssen uns mit unserem Selbstbild auseinandersetzen.
Wir sind, bestärkt von der populären Psychologie, mit einer
„Ich-kann-alles"-Mentalität großgeworden und sehen uns selbst
als Gewinner. Wir Amerikaner wollten die Russen auf dem Weg
zum Mond schlagen. Wir wollten die Japaner auf dem Weltmarkt
schlagen. Wir wollten sie alle bei der Olympiade schlagen. Wir
glaubten, unsere höchsten Erwartungen erreichen zu können.
Wir meinten, wir könnten zu den kompetenten, erfolgreichen
Erwachsenen werden, die wir in unseren Träumen sein wollten.

Und diese Haltung geben wir – bewusst oder unbewusst – an
unsere Kinder weiter. Wir kämpfen darum, unseren Kindern jeden nur erdenklichen Vorteil zu verschaffen. Wir möchten, dass
unsere Töchter in Mathematik und Naturwissenschaften brillie-
ren, nur um den Jungs zu zeigen, dass Mädchen auch das drauf
haben. Wir möchten, dass unsere Söhne in allen Lebensbereichen „ihr volles Potenzial entfalten" und trotzdem noch ihre
weibliche Seite entdecken. Sie sollen etwas werden, etwas darstellen. In gewisser Weise ist das eine Neuauflage des Darwi-
nismus – nur die Starken überleben. Um bestmöglich angepasst

und stark genug zu sein, müssen wir den Schwachen gegenüber im Vorteil sein.

Was wäre, wenn wir nicht mehr auf die „Konkurrenzfähigkeit" unserer Kinder hinarbeiten, sondern fragen würden: Wie kann ich mein Kind auf das Leben vorbereiten? Wie kann ich seine charakterliche Entwicklung fördern? Wie erzieht man ein Kind zu einem starken, gesunden Menschen?

Was wäre, wenn wir nicht mehr auf die „Konkurrenzfähigkeit" unserer Kinder hinarbeiten, sondern Fragen wie diese in den Mittelpunkt stellen würden: Wie kann ich mein Kind auf das Leben vorbereiten? Wie kann ich seine charakterliche Entwicklung fördern? Wie erzieht man ein Kind zu einem starken, gesunden Menschen?

Wer in unserer Zeit Kinder großzieht, muss ihnen mehr vermitteln als ein aufgeblasenes Selbstbewusstsein und ein ausgeprägtes Konkurrenzdenken. Wir müssen ihnen beibringen, wie man mit Kritik umgeht, ohne daran zu zerbrechen. Wir müssen zulassen, dass sie versagen, und sie daran lernen lassen, dass kein Versagen endgültig ist, außer man schiebt die Schuld auf andere. Aus unseren Fehlern können wir im Leben am meisten lernen – vorausgesetzt, wir sind bereit dazu. Wir müssen unseren Kindern helfen, ein *angemessenes* Selbstbild zu entwickeln und ihre Stärken und Schwächen treffend einzuschätzen, statt ihr Selbstvertrauen mit hohlen Phrasen aufzublähen. Wir möchten, dass sie sich wohl in ihrer Haut fühlen, nicht dass sie sich wie kleine Götter vorkommen.

Ein perfektes Gebiss

Ich unterstelle, dass das perfekte Lächeln das Sinnbild unserer Wünsche für unsere Kinder ist. Verstehen Sie mich nicht falsch – ich bin nicht gegen Kieferorthopädie und gute Zahnpflege. Ich habe nur den Eindruck, dass die perfekten Zähne ein Symbol für die Summe all unserer elterlichen Bemühungen sind.

Unser Kind wird nicht mit einem vollkommenen Gebiss geboren, aber wenn wir Zeit, Mühe und Geld investieren, wird es schließlich das perfekte Lächeln haben. Wir kratzen unsere Ersparnisse zusammen, um den Kieferorthopäden zu bezahlen, oder nehmen eine Hypothek auf, um die Zahnspange zu finanzieren. Das ist teuer, braucht Zeit, ist unbequem und unser Kind beklagt sich ständig darüber, aber am Ende steht ein strahlendes, symmetrisches Lächeln, das der Titelseite jeder Zeitschrift zur Ehre gereichen würde.

Wir ziehen eine Generation von Menschen groß, deren Gebiss zwar perfekt, deren Herz aber verbogen ist.

Wir ziehen eine Generation von Menschen groß, deren Gebiss zwar perfekt, deren Herz aber verbogen ist. Weil wir in die Zähne unserer Kinder so viel investieren, sind sie perfekt – aber ihre Herzen nehmen Schaden. Sie haben nicht gelernt, Mitgefühl, Barmherzigkeit und Begeisterung zu spüren. Sie haben sich keine persönlichen Überzeugungen und absoluten moralischen Werte angeeignet. Sie fühlen sich soweit gut, weil man ihnen hundertmal gesagt hat, sie wären gut, aber in ihrem tiefsten Innern fragen sie sich: *Bin ich wirklich gut? Bin ich gut genug, um zu bestehen?*

In einer Gesellschaft, die fast alle biblischen Grundsätze über Bord geworfen hat, reicht es nicht, wenn unsere Kinder nett sind und oberflächlich funktionieren. Gutes Benehmen wird nicht dazu beitragen, dass unsere Kinder kraft ihrer Überzeugungen, ihres Glaubens und ihrer Leidenschaft das Reich Gottes vorantreiben. Nettigkeit wird ihnen nicht dabei helfen, gegen den Strom zu schwimmen.

Statt unsere Kinder von den vorherrschenden Normen unserer Gesellschaft prägen zu lassen, müssen wir sie dazu erziehen, diese Normen und Ansichten zu hinterfragen. Wir müssen ihnen ein Vorbild geben für die Werte, die *uns* wichtig sind, und ihnen die Charaktereigenschaften und Fertigkeiten vermitteln, die ihr Leben und das Leben anderer auf positive Weise verändern werden.

Mit einem Wort: Wir müssen unsere Kinder in eine Art Jüngerschaftstraining nehmen.

Erziehung als Jünger- schaftstraining

*I*ch leite und begleite eine Gruppe, die sich jede Woche diens- tags zum Männerfrühstück trifft. Die Gruppe nennt sich (nach dem gleichnamigen Film mit Nicholas Cage) *Family Man,* und es geht dort um die wichtigsten Beziehungen in unserem Le- ben – die zu unserer Frau und unseren Kindern.

Wir beginnen diesen Tag bei einer Tasse Kaffee mit so grund- legenden Themen wie: „Warum du deine Frau besser behandeln solltest als dein Auto", „Deine Kinder sind nicht deine Ange- stellten", oder: „Man kann um Rat fragen und trotzdem ein gan- zer Mann sein".

An einem dieser Dienstage erzählte ein Mann: „Der Freund meines Sohnes hat einen eigenen Fernseher auf seinem Zimmer. Neulich hat mein Freund ihm auch noch einen Laptop gekauft, und natürlich haben sie auch einen Highspeed-Internetan- schluss. Diese Woche kam ein Freund seines Sohnes zu Besuch. Als der Vater mal nach den beiden Jungen sah, erwischte er sie dabei, wie sie Pornoseiten im Internet anschauten. Der Junge ist neun Jahre alt! Was soll mein Freund machen?"

Manchmal torpedieren unsere Kinder unsere Bemühungen, ihnen moralische Maßstäbe beizubringen. Wir wollen unseren Kindern Werte vermitteln, die Bestand haben. Damit das ge- lingt, benötigen wir einen Horizont, der die Grenzen unserer Kultur überschreitet, statt einfach nur Produkte unserer Gesell- schaft zu sein. Wir benötigen eine langfristige Perspektive, die nicht nur auf kurzfristige Vorteile konzentriert ist. Wir brauchen biblische Vorbilder, um die am Zeitgeist orientierten Stimmen unserer gegenwärtigen Kultur zu übertönen.

Biblisch geprägte Erziehung geht über die Beeinflussung des Verhaltens unserer Kinder hinaus. Sie geht viel tiefer. Sie hat keine netten Menschen als Ziel.

Biblisch geprägte Erziehung geht über die Beeinflussung des Verhaltens unserer Kinder hinaus. Sie geht viel tiefer. Sie hat keine netten Menschen als Ziel.

Unser Ziel bei der Erziehung unserer Kinder darf nicht nur sein, dass sie zivilisierte Wesen werden. Wir erziehen sie dazu, das Reich Gottes voranzutreiben. Deshalb müssen wir eher an ein Trainingscamp als an eine Tanzschule denken. Es geht nicht nur um gute Manieren und gesittetes Betragen in der Öffentlichkeit. Es geht darum, dass unsere Kinder fit gemacht werden, um sich den Anforderungen des Lebens zu stellen. Es geht nicht darum, an ihrem Kragen herumzufummeln, damit sie ein hübsches Bild abgeben. Es geht darum, sie auf eine Schlacht vorzubereiten.

Tim Stafford hebt hervor, was dafür gefordert wird: *Wir leben in einer Ära, in der traditionelle Glaubensgrundsätze über Bord geworfen wurden und in der die populäre Kultur – Fernsehen, Kino und Musik – eine ungeheuer zersetzende Moral zur Schau trägt. Familien sind viel zerbrechlicher als früher. Man darf nicht mehr davon ausgehen, dass solide Werte von einer Generation an die nächste weitergegeben werden (falls man das jemals konnte). Um eine Familie aufzubauen, bedarf es sorgfältiger, bewusster Arbeit.*[7]

Wir schicken unsere Kinder nicht auf einen Ball, wir schicken sie mitten hinein in eine globale Auseinandersetzung. Bereiten Sie Ihre Kinder darauf vor?

Flexibilität

Wenn unsere Kinder älter werden, muss unser Erziehungsstil sich wandeln, besonders, wenn wir wollen, dass sie selbstständige, denkende, leidenschaftliche und engagierte Menschen werden.

Wenn unsere Kinder klein sind, benutzen wir Strafen, um sie zu erziehen. Wir geben ihnen einen Klaps, schicken sie auf ihr Zimmer, verordnen ihnen eine Auszeit oder schalten den Fernseher aus. Diese Strategie soll Fehlverhalten eindämmen und korrigieren. Andersherum arbeiten wir mit positiver Bestärkung, um erwünschtes Verhalten zu fördern.

Das mag funktionieren, um Vorschulkinder zu bändigen und zu lenken. Doch wenn unsere Kinder älter werden, sind wir gut beraten, anstelle von Bestrafungen mit Konsequenzen zu arbeiten. Indem ein Kind aus den Konsequenzen seines Verhaltens lernt, entwickelt es ein Verständnis für die eigene Verantwortung und Entscheidungsfähigkeit.

Natürliche Konsequenzen folgen oft ganz automatisch auf ein bestimmtes Verhalten: Wenn man freihändig und mit geschlossenen Augen Fahrrad fährt, wird man höchstwahrscheinlich einen Sturz bauen. Doch oft wäre der Preis, diese natürlichen Konsequenzen geschehen zu lassen, zu hoch. Wir wären verrückt, wenn wir sagen würden: „Wenn du mit deinem Skatebord unbedingt die Busspur benutzen willst, dann komm nachher nicht an und jammere, weil du überfahren wurdest!" Außerdem folgen die natürlichen Konsequenzen manchmal nicht sofort auf die Tat.

Weil natürliche Konsequenzen also nicht immer funktionieren, sollten wir in unserer Erziehung *logische Konsequenzen* einführen – Konsequenzen, die wir im Voraus gemeinsam mit unserem Kind festgesetzt haben, um ihm zu helfen, sich weise zu entscheiden.

Durch Bestrafungen lernen unsere Kinder nicht immer etwas. Eine Bestrafung setzt ein moralisches Urteil der Eltern voraus: „Du hast bei deinem Kochversuch die Küche total versaut. Geh auf dein Zimmer! Für heute hast du Fernsehverbot!" Konsequenzen helfen dem Kind, die moralische Verantwortung zu übernehmen: „Du hast bei deinem Kochversuch die Küche total versaut. Geh und mach sie wieder sauber."

Bestrafungen haben in der Regel die Vergangenheit und das Verhalten des Kindes im Blick. Disziplin und Konsequenzen konzentrieren sich auf die Gegenwart und auf den Willen des Kindes.

An dieser Stelle enden die meisten Erziehungsratgeber. Es soll genügen, Eltern zu zeigen, wie sie Fehlverhalten und Eigenwillen korrigieren oder dem Kind beibringen können, die moralische Verantwortung für sein Handeln zu übernehmen. All das sind wertvolle und wichtige Dinge. Doch wir sollten es damit nicht bewenden lassen, denn wir haben einen Auftrag von Gott erhalten.

Wir sind dazu berufen, Männer und Frauen Gottes heranzuziehen. Und dazu gibt es nur eine Strategie: Wir müssen unsere Kinder in unsere Schule nehmen, so wie Jesus Christus seine Jünger trainiert hat.

Wir sind dazu berufen, Männer und Frauen Gottes heranzuziehen. Und dazu gibt es nur eine Strategie: Wir müssen unsere Kinder in unsere Schule nehmen, so wie Jesus Christus seine Jünger trainiert hat.

Haben Sie die Erziehung Ihrer Kinder schon mal als eine Art Jüngerschaftstraining betrachtet? Keine Sorge: Sie müssen kein Baumwollgewand und keine Ledersandalen tragen (außer Sie wollen es!). Sie müssen auch nicht Ihren Kombi gegen ein paar Esel oder Kamele eintauschen. Jüngerschaft ist nicht nur eine Sache der ersten Christen. Jüngerschaft ist auch etwas für Familien der modernen Hightech-Gesellschaft, die noch nie ein Kamel besessen haben.

Eine Jüngerschaftsbeziehung ist eine vertraute, sehr persönliche Beziehung mit dem Ziel, durch Vorbild, Gespräch und Beobachtung zu wachsen und zu lernen. Die englischen Begriffe *disciple* (Jünger) und *discipline* (Disziplin, Strafe) stammen von derselben lateinischen Wurzel ab: *discipulus*, Schüler. Jüngerschaftstraining bedeutet, durch eine innige, persönliche Beziehung zu lehren.

Disziplin und Konsequenz sollte in diesem Zusammenhang nicht als Bestrafung verstanden werden, sondern als eine Anleitung zur Selbstdisziplin und als eine Vermittlung und Verinnerlichung von Werten über die Beziehung. Alles steht und fällt mit dem eigenen Vorbild, nicht durch Zwang oder Machtausübung. Wenn wir Erziehung im Sinne einer Jüngerschaftsschulung verstehen, besteht das Hauptziel elterlicher Erziehung nicht darin, Wissen zu vermitteln, sondern ein Vorbild zu sein.

Wenn wir uns allein darauf konzentrieren, das Verhalten unserer Kinder zu kontrollieren und ihr Fehlverhalten zu stoppen, betreiben wir eigentlich nur Schadensbegrenzung. Wenn Eltern ihre Rolle jedoch als Training von Jüngern verstehen, werden sie mehr darauf achten, was ihr Kind durch genaue Beobachtung ihres eigenen Verhaltens lernt – insbesondere in Situationen, die wir als disziplinarisch betrachten würden.

Der bekannte Psychologe Bruno Bettelheim erklärt: *Das Konzept der Jüngerschaft beinhaltet nicht nur das Erlernen bestimmter Fertigkeiten und Fakten, sondern auch das Privileg, diese von einem Meister zu erlernen, in dessen Ebenbild man sich verwandeln möchte, weil man das Wirken und Leben dieser Person bewundert. Das beinhaltet in der Regel auch einen dauerhaften, engen, persönlichen Kontakt, durch den eine Persönlichkeit mittels des Einflusses der anderen geformt wird.*[8]

Kindererziehung ist ebenso wie Jüngerschaft eine Beziehung zwischen einem Lehrenden und einem Lernenden. Unsere Kinder lernen ununterbrochen von uns, ob wir ihnen nun absichtlich etwas beibringen wollen oder nicht. Kinder *sind* die Jünger ihrer Eltern – im Guten und im Schlechten. Eltern lehren ihre Kinder durch Worte oder durch ihr Vorbild, durch jede Begegnung, die zwischen ihnen und dem Kind stattfindet.

Wenn wir die Kindererziehung als Jüngerschaftstraining verstehen, bekommen wir ein breiter gefasstes Verständnis von unserer eigenen Rolle. Eltern, die allein auf Bestrafung und Disziplin zurückgreifen, um ein konkretes Problem in den Griff zu bekommen, bringen ihren Kindern möglicherweise die verkehrte Lektion bei. Diese lautet: „Ändere dein Verhalten, dann lasse ich dich in Ruhe."

> Eltern, die allein auf Bestrafung und Disziplin zurückgreifen, um ein konkretes Problem in den Griff zu bekommen, bringen ihren Kindern die verkehrte Lektion bei: „Ändere dein Verhalten, dann lasse ich dich in Ruhe."

Das Hauptziel der Kindererziehung besteht nicht darin, Wissen zu vermitteln, sondern ein Vorbild zu geben. Das Motiv von Erziehungsmaßnahmen ist oft, ein Kind zum Gehorsam zu bewegen. Doch Gehorsam allein reicht nicht in einer Gesellschaft, die Jugendliche mit zu wenig Reife in die Mangel nimmt und zerstört. Dazu braucht es eine Mentoring-Beziehung, die zwischen Eltern und Kind besteht. Sie konzentriert sich auf das, was das Kind lernt, und nicht auf die bloße Beeinflussung seines Verhaltens. Die Motivation hinter einem solchen Jüngerschaftstraining besteht darin, das Kind auf seinem Weg zur persönlichen Reife zu unterstützen – die charakterliche Entwicklung des Kindes von innen heraus.

Wer sein Hauptaugenmerk auf die Disziplin legt, bringt in der Regel gehorsame Kinder hervor, jedoch selten mutige. Nein, ich spreche mich hier nicht für einen Erziehungsstil aus, der dem Kind alles erlaubt. Ich rufe zu einer anspruchsvolleren Haltung gegenüber unserer Erziehung auf, bei der wir uns bewusst machen, dass wir unseren Kindern ein Vorbild sind – so oder so.

Erziehung in Form eines Jüngerschaftstrainings verlangt von uns, dass wir den Takt vorgeben – in dem Wissen, dass unsere Kinder Werte, die ihnen vorgelebt werden, eher verinnerlichen werden als solche, von denen sie nur erzählt bekommen. Wir können ihnen viele Fertigkeiten beibringen, doch wenn es um wesentliche Inhalte geht, dürfen wir diese nicht nur mit Worten weitergeben – wir müssen sie vorleben.

Betrachten Sie die Unterschiede zwischen Erziehung durch Disziplin und Erziehung durch eine Jüngerschaftsbeziehung, wie ich sie in Schaubild 1 dargestellt habe:

Schaubild 1: Disziplin kontra Jüngerschaft

Disziplin	Jüngerschaftsbeziehung
Ziel: wohlerzogene, nette Kinder	Ziel: reife Persönlichkeiten, die Einfluss ausüben
bestrafen, korrigieren	Selbstdisziplin vorleben und vermitteln
Verhalten kontrollieren	Wachstum und Lernen fördern
Hauptaugenmerk: Verhalten des Kindes	Hauptaugenmerk: Das Lernen und die Lebenstauglichkeit des Kindes
äußerlich	innerlich
Persönlichkeit	Charakter
Frieden innerhalb der Familie erhalten	persönliche Tugenden entwickeln
Druck und Kontrolle	Beziehung und dadurch entstehender Einfluss
Macht	Autorität
Anweisungen	Vorbild
Überlegungen über das Kind	Überlegungen und Dialog zwischen Kind und Eltern
Kampf	Anleitung
vorwiegend äußerliche Motive	innerliche und äußerliche Motive
Gehorsam (Einhaltung von Maßstäben)	Zusammenarbeit (achtet individuelle Unterschiede)
jetzt gleich (sofortige Veränderung gefordert)	Entwicklungsprozess (weiß, dass Veränderung Zeit braucht)
Handeln	innere Haltung
Unterwerfung	Mentoring
Verhalten und Denken	Fühlen, Denken, Entscheiden und Verhalten
Kind ändert Verhalten	Kind und Eltern reifen daran

Erziehung, die sich auf Äußerlichkeiten konzentriert, bringt Kinder hervor, die von außen betrachtet gut gelungen scheinen. Aber: Wenn wir uns als Eltern auf das Äußerliche konzentriert haben, können wir Kinder erwarten, die sich ebenfalls auf Äußerlichkeiten konzentrieren. Sie haben von uns gelernt, wie man sich richtig verhält. Sie haben von uns übernommen, dass das *Tun* und *Erscheinen* wichtiger ist als das *Sein*.

Ein ganz großer Unterschied ist, dass in einer Jüngerschaftsbeziehung beide Seiten heranreifen, die Eltern und das Kind. Es geht nicht nur um die Entwicklung und das Verhalten des Kindes; in einer Jüngerschaftsbeziehung wird die moralische, geistige und geistliche Entwicklung aller Glieder der Familie vorangetrieben – angefangen bei den Eltern.

Wenn ein Kind – und besonders ein Jugendlicher – sieht, dass seine Eltern selbst an den gleichen Lebensbereichen arbeiten, in denen sie auch ihr Kind fördern wollen, wird es für ihren Input offener sein und nicht so schnell rebellieren. Wachstum bedeutet nicht einfach, das Verhalten der Kinder zurechtzubiegen.

> Die schwierigsten Jugendlichen, mit denen ich im Laufe der Jahre zu tun hatte, sind die, die das brave Kind spielen.

Die schwierigsten Jugendlichen, mit denen ich im Laufe der Jahre zu tun hatte, sind die, die das brave Kind *spielen*. Sie sind ein Produkt der Spalte „Disziplin" im obigen Schaubild. Nach außen hin wirken sie nett, doch dahinter verbirgt sich ein moralisch schwaches und „doppelgesichtiges" Inneres. Sie haben gelernt, das Spiel mitzumachen, aber sie sind nicht auf das Leben vorbereitet. Ihre Eltern können diese Kinder vielleicht täuschen, weil sie sie über Jahre studiert haben und wissen, wie sie sie zu nehmen haben; aber sie stehen auch in der Gefahr, sich selbst etwas vorzumachen. Sie sind in keiner Weise auf die Herausforderungen des Lebens vorbereitet, obwohl ihre Eltern das glauben.

Stellen Sie sich vor: 80 Prozent der amerikanischen Highschool-Abgänger kappen ihre Bindung an die Kirche, sobald sie aufs College gehen. Das bedeutet, dass acht von zehn Jugendlichen, die sich zuvor aktiv in der Gemeinde engagiert haben, nicht einmal mehr gelegentlich einen Gottesdienst besuchen, sobald sie ins Studentenwohnheim gezogen sind.[9]

Warum ist das so? Ein Grund ist wohl, dass sie es sich einfach leisten können. Sie machen von ihrem Recht Gebrauch, nicht zur Kirche zu gehen. Achtzehnjährige träumen davon, frei zu sein.

Ein weiterer Grund ist, dass Kirche weder relevant noch cool erscheint. Wenn die Jugendlichen zum Studium in eine fremde Stadt ziehen, verbringen sie ihre Zeit lieber mit anderen Dingen – zum Beispiel ausschlafen. Es gibt samstags viele Partys und das führt dazu, dass man sonntags erst um die Mittagszeit aufsteht.

Aber ich glaube, der Hauptgrund dafür, dass die frischgebackenen Studenten nicht mehr zur Kirche gehen, liegt in der Tatsache, dass sie in ihrer Kindheit keine Jüngerschaftsbeziehung erfahren haben. Wenn ein Jugendlicher in einer Mentoring-Beziehung mit einem Erwachsenen steht (das können die Eltern sein, aber auch eine andere Person), wird er sich mit dem veränderten Umfeld am Studienort leichter tun. Sein Mentor wird ihm durch sein Beispiel und seine eigene Begeisterung für die Gemeinde die nötige Beziehungskompetenz und Motivation vermittelt haben, sich eine vergleichbare Gemeinde zu suchen. Wer schon einmal die Fürsorge, Gemeinschaft und Wachstumschancen einer lebendigen Gemeinde erfahren hat, wird Kirche nicht mehr nach dem Nullachtfünfzehn-Muster erleben wollen.

Ich bin einmal einem Universitätsstudenten begegnet, der aus dem Mittleren Westen der USA nach Kalifornien gezogen war. Er hatte eine enge Beziehung zu seinem Vater und war während seiner Highschool-Zeit von einem Mitarbeiter der Jugendarbeit in einer Jüngerschaftsbeziehung begleitet worden. Sein Mentor hatte ihm unsere Gemeinde empfohlen.

„Ich wollte mir die Gemeinde hier mal anschauen. Ich habe gehört, sie sei ähnlich wie meine Gemeinde zu Hause. Mit viel

Betonung auf Jüngerschaft und so. Und ich hab das Gefühl, dass ich hier gut reinpassen werde."

„Cool", lächelte ich.

„Ja, find ich auch."

85 Prozent unserer Jugendlichen wünschen sich einen Mentor. 70 Prozent würden gerne mehr Zeit mit ihrem Vater verbringen.[10]

Ich habe das Privileg, an den bekannten Gallup-Umfragen mitzuarbeiten und neu in Erscheinung tretende soziale Phänomene zu untersuchen – insbesondere solche, die Jugendliche und Familien betreffen. Wie Gallup diese Daten auswertet, ist wirklich beeindruckend. Hier ein Beispiel: *Untersuchungen zeigen deutlich, dass die meisten Amerikaner Familie und Elternschaft eine hohe Bedeutung beimessen. Wer unter uns den Segen eines liebevollen Vaters erfahren hat, sollte sich den vier von zehn Kindern in unserer Gesellschaft zuwenden, die jeden Tag nach der Schule in ein vaterloses Zuhause zurückkehren. Ja, wir alle könnten uns in diesem Augenblick die Frage stellen: Gibt es da draußen ein Kind, das den gleichen Segen erleben sollte, den ich durch meinen Vater erfahren habe, und das jemanden braucht, der es durch die Irrungen der Jugend begleitet? Sollten wir nicht alle auf die eine oder andere Weise zu Mentoren werden? Wenn wir uns nicht um die vaterlosen Kinder unseres Landes kümmern, können wir sicher sein, dass wir es langfristig mit gravierenden sozialen Problemen zu tun bekommen werden. Und wichtiger noch: Können wir, die wir die Liebe eines irdischen Vaters und die Liebe des Schöpfers erfahren haben, überhaupt weniger tun als das?*[11]

„Sollten wir nicht alle auf die eine oder andere Weise zu Mentoren werden?" Das macht Sinn, nicht wahr? Warum fangen wir nicht in unserer eigenen Familie an? Warum fangen wir nicht bei unseren Kindern an?

Beziehungsmangel

Unsere Kultur leidet unter einem riesigen Beziehungsmangel. Wir verbringen deutlich weniger Zeit mit Freunden und Nachbarn, als das in früheren Zeiten üblich war. Mag sein, dass wir einiges von der Zeit, die uns für Begegnungen zur Verfügung stand, heute für uns selbst verwenden – Zeit, die wir allein im Fitnesscenter, vor dem Computer oder dem Fernseher oder für ein Hobby verwenden. Wahrscheinlicher ist jedoch, dass wir immer mehr Stunden arbeiten, um die steigenden Lebenskosten zu finanzieren.

Eltern fehlt die Beziehung zu ihren Kindern. Manche Kinder sehen ihren Vater nur am Wochenende, obwohl sie mit ihm unter einem Dach wohnen. Erwachsene haben keine Beziehungen mehr zu ihren Nachbarn oder zu anderen Eltern. Jugendlichen fehlt die Beziehung zu den Erwachsenen in ihrem Lebensumfeld. Dieser Mangel an Gemeinschaft führt dazu, dass viele Kinder sich wertlos und vergessen fühlen.

„Mein Vater verbringt mehr Zeit mit seinem Golfcaddy als mit mir", beklagte sich der 15-jährige Jake. „Und dabei bin ich sogar in der Golfmannschaft unserer Schule!"

Die 13-jährige Trisha vertraute mir an: „Meine Mutter geht jeden Tag zwei Stunden in den Fitnessklub, aber sie hat nie Zeit, um mit mir was zu unternehmen. Sie ist so mit sich selbst beschäftigt, dabei glaubt sie immer, ich wäre egoistisch!"

Wenn Eltern nicht verfügbar sind, tragen sie mit dazu bei, dass ihre Kinder keinen inneren Kompass ausbilden können.

„Meine Eltern sind richtige Internet-Freaks. Sie arbeiten den ganzen Tag am Computer. Und wenn sie dann nach Hause kommen, arbeiten sie weiter am Computer. Und dann spielen sie am Computer, bis es für mich Zeit ist, ins Bett zu gehen", beschwert sich der 16-jährige Trevor. „Uns bleibt höchstens noch die Zeit beim Abendessen zum Reden, aber da läuft der Fernseher. Wenn ich will, dass mir in meiner Familie mal jemand zuhört, muss ich den Nachrichtenkanal übertönen."

Wie können Kinder von ihren Eltern lernen, wenn die für sie nicht verfügbar sind? Wie können Eltern ihren Kindern gute Mentoren sein, wenn sie nie mit ihnen reden? Überlegen Sie sich einmal, welche Auswirkungen es hat, wenn Eltern die Verantwortung ablehnen, ihren Kindern moralische Werte zu vermitteln. Wenn Eltern ihren Kindern nicht zur Verfügung stehen, wenn sie emotional abwesend oder völlig ausgebrannt sind, tragen sie mit dazu bei, dass ihre Kinder keinen inneren Kompass ausbilden können.

Selbst Eltern, die ihre Kinder großzügig mit Essen und Kleidung versorgen, ihnen teures Spielzeug schenken und sie für alle möglichen Freizeitaktivitäten anmelden, machen sich der moralischen Vernachlässigung schuldig, wenn sie ihnen nicht persönlich zur Seite stehen, um ihnen die wirklich wichtigen Dinge des Lebens zu vermitteln.

Täglich die Momente zu nutzen, in denen ein Kind offen ist, um von den Eltern zu lernen, und das Ganze durch Geschichten zu verdeutlichen, eröffnet Eltern unendlich viele Ebenen der Interaktion mit ihren Kindern. Eltern, denen ihre Kinder wirklich am Herzen liegen, werden ihnen von Kindesbeinen an mit gutem Beispiel vorangehen, sie immer wieder herausfordern und auch dann nicht aufgeben, wenn die Kinder während der Pubertät sämtliche Regeln in Frage stellen.

Es ist traurig, doch die heutige Generation von Eltern scheint sich nicht die Mühe machen zu wollen, mit ihren Kindern und Heranwachsenden über Charakter, Werte, Leidenschaft und Mut zu sprechen. Manche von uns überlassen diese Verantwortung den Lehrern oder Leitern von Jugendgruppen. Doch es kann nicht gut gehen, wenn wir die moralische und geistliche Entwicklung unserer Kinder einfach an andere delegieren. Wir sollten ihre moralische und geistliche Entwicklung nicht „outsourcen".

Natürlich ist das nicht einfach. Wenige von uns haben dafür

ein Vorbild gehabt. Vermutlich haben wir nicht erlebt, dass unsere Eltern mit *uns* darüber geredet hätten, wie sie sich unsere Charakterentwicklung wünschen und was im Leben wirklich zählt.

Jesus ist unser Vorbild. Er unterzog die, die ihm am Herzen lagen, einem Trainingsprogramm mitten im Alltag. Er nutzte die Ereignisse des Tages, um seinen Jüngern die Grundprinzipien des Reiches Gottes praktisch vorzuleben.

Aber Jesus ist unser Vorbild. Er unterzog die, die in enger Gemeinschaft mit ihm lebten und ihm am Herzen lagen, einem Trainingsprogramm mitten im Alltag – und einige von ihnen waren noch Jugendliche. Jesus brauchte dafür keinen Seminarraum und keine Multimedia-Präsentationen. Er besaß auch kein Handbuch. Er nutzte die Ereignisse des Tages, um seinen Jüngern die Grundprinzipien des Reiches Gottes praktisch vorzuleben. Und er nahm ganz gewöhnliche Dinge und Begebenheiten, um geistliche Wahrheiten anschaulich zu vermitteln.

Das Proviantpaket eines kleinen Jungen wurde zum Anschauungsobjekt für Vertrauen und für die Tatsache, dass Gott der Herr über alles ist, was wir sind und haben. Ein Baum und seine Früchte wurden zur Powerpoint-Präsentation über Verantwortung und zur Erinnerung daran, dass ein gutes Herz gute Dinge hervorbringt. Selbst Unkraut benutzte er, um die Grundprinzipien seines Reiches zu illustrieren. Jesus sagte zu seinen Jüngern: *Lasst beides [Unkraut und Weizen] wachsen bis zur Ernte! Wenn es soweit ist, will ich den Erntearbeitern sagen: Sammelt zuerst das Unkraut ein und bündelt es, damit es verbrannt wird. Aber den Weizen schafft in meine Scheune* (Matthäus 13,30).

Ich habe Unkraut in meinem Garten und frage mich gerade, wie ich es nutzen kann, um meine Erkenntnisse weiterzugeben! Eigentlich habe ich schon eine gute Idee: Man kann auf den ersten Blick erkennen, wie das Unkraut die eben aufkeimenden kleinen Salatpflänzchen zu ersticken droht, wenn es nicht gejätet wird. Daran könnte ich anschaulich erläutern, warum man schlechte Angewohntheiten möglichst schnell „ausreißen" sollte, bevor sie tiefe Wurzeln bilden und nicht mehr so leicht zu vernichten sind. Und warum das „Unkraut" im Leben ebenso wächst und gedeiht wie die guten Pflanzen, wenn man beides gleichermaßen düngt und bewässert. Und dass unerwünschte „Pflanzen" immer wieder kommen, wenn man nur halbherzig ihre von außen sichtbaren Triebe abschneidet, die Wurzeln aber in der Erde lässt.

Beim Jüngerschaftstraining in der Kindererziehung geht es mehr um unsere gedankliche Einstellung als um konkrete Schritte, die wir als Eltern befolgen müssten. Es geht darum, alltägliche Anlässe zu nutzen, um ewige Dinge zu vermitteln. Es geht darum, scheinbar bedeutungslose Augenblicke zu nehmen und in eine Gelegenheit zu verwandeln, über bedeutungsvolle Dinge zu sprechen.

Aber dafür müssen wir präsent sein; wir müssen die Augen aufhalten. Wir dürfen die Tage, Wochen und Monate nicht einfach verrinnen lassen. Wir müssen bewusst leben und die Initiative ergreifen. Jüngerschaft ereignet sich nicht zufällig. Achten Sie einmal darauf, wie Paulus seine „Mentorees" in Thessaloniki ermutigt: *Als Apostel von Christus hätte ich meine Autorität hervorkehren können; aber stattdessen war ich sanft und freundlich zu euch, wie eine stillende Mutter zu ihren Kindern. Ich hatte eine solche Zuneigung zu euch, dass ich bereit war, nicht nur Gottes Gute Nachricht mit euch zu teilen, sondern auch mein eigenes Leben. So lieb hatte ich euch gewonnen. ... Ihr wisst selbst: Ich war zu euch allen, zu jedem Einzelnen, wie ein Vater zu seinen Kindern. Ich habe euch ermutigt und angespornt und euch beschworen, ein Leben zu führen, das Gott Ehre macht. Er hat euch doch dazu berufen, in seiner neuen Welt zu leben und seine Herrlichkeit mit ihm zu teilen* (1. Thessalonicher 2,7–8.11–12).

In einer Jüngerschaftsbeziehung geht es darum, dass wir als Eltern unser Leben mit unseren Kindern teilen, weil sie uns so lieb und teuer sind. Wir möchten, dass sie ihr Leben auf Ideale ausrichten, die Bestand haben und Gott gefallen.

Doch manchmal vermitteln wir die verkehrten Botschaften. So ging es mir, als ich versuchte, unseren Töchtern beizubringen, dass sie freundlich und beherrscht sein sollten. Sie waren damals im Grundschulalter und es machte ihnen Spaß, sich gegenseitig zu ärgern und zu provozieren. Wir sprachen mit ihnen darüber, dass man auf die Gefühle anderer Rücksicht nehmen muss und nicht im Zorn reagieren darf.

„Selbstbeherrschung wird euch vor Schwierigkeiten bewahren und davor, andere zu verletzen", sagte ich zu ihnen, als ich sie für eine Auszeit auf ihr Zimmer schickte.

Kurz nachdem ich ihnen erlaubt hatte, ihr Zimmer wieder zu verlassen, erledigte unser Hund Bingo sein Geschäft auf dem neuen Teppich. Ich rastete völlig aus! Ich brüllte ihn an, packte ihn am Halsband und zerrte ihn nach draußen; dann schnappte ich mir eine Zeitung, rollte sie zusammen und schlug Bingo ein paar Mal damit. Geduckt und mit eingezogenem Schwanz verdrückte er sich hinter eine Hecke. Ich holte tief Luft und ging wieder ins Haus.

„Scheint so, als könnte Papa etwas mehr Selbstbeherrschung gebrauchen", meinte eins der Mädchen.

Das Ende des Taschengelds

Ich habe viele Bücher gelesen mit Titeln wie „Reicher Vater, armer Vater" oder „Der Millionär von nebenan". Ich stellte mir vor, wie meine Kinder lernten, gut mit Geld umzugehen und klug zu investieren, so dass sie bis zu ihrem 30. Geburtstag bereits Millionen besaßen – die sie natürlich gern mit mir teilen würden.

Mann, was ein Vater sich so alles zusammenträumt!

Wir gaben unseren Mädchen ein „Gehalt" anstelle eines „Taschengelds", weil wir fanden, das Wort „Taschengeld" würde ihnen den falschen Eindruck vermitteln, sie hätten ein Recht darauf: „Papa, ich habe es geschafft, die Woche lebend zu überstehen. Jetzt gib mir das Taschengeld, das mir zusteht!"

Wir hatten die Vision, sie könnten mit 80 Prozent ihres Geldes auskommen, 10 Prozent sparen und 10 Prozent spenden. Wir schlugen ihnen diese Prozentsätze sogar konkret vor.

Erinnern Sie sich noch daran, wie ich weiter oben davon sprach, dass wir Werte vorleben und Fertigkeiten vermitteln müssen? Manchmal habe ich beides nicht sonderlich gut hingekriegt. Wir selbst kauften immer wieder größere Dinge auf Kredit, überzogen regelmäßig unser monatliches Budget und hatten gerade mal so viel auf der hohen Kante, um im Notfall ein paar Mal bei McDonalds essen gehen zu können.

Als Nicole 16 wurde, gingen wir mit ihr zur Bank, um ihr erstes eigenes Girokonto für sie zu eröffnen. Das war ein großer Moment – ein Konto auf *ihren* Namen! Nachdem wir wieder zu Hause waren, gab ich ihr eine kurze Einführung, worauf man bei der Kontoführung achten muss. Sie nickte, lächelte mich an und schlug meine Ratschläge in den Wind, wie es Sechzehnjährige nun mal gerne tun.

Vor kurzem – über 8 Jahre später – habe ich Nicole gefragt: „Wo habe ich als Vorbild versagt?" (Das ist eine riskante Frage – nichts für zarte Gemüter.)

Sie dachte einen Augenblick nach und meinte dann: „Du hast mir nicht wirklich beigebracht, wie man mit Geld umgeht. Ich hatte keine Ahnung, worauf man achten muss, damit man sein Konto nicht überzieht und mehr ausgibt, als man hat. Im Studium wurde das nur noch schlimmer. Ich wünschte, du hättest mir da mehr praktisch zur Seite gestanden."

Im Rückblick wird mir klar, dass ich nicht konsequent genug war. Nachdem Nicole ihr Konto hatte, meinte ich, meinen Job getan zu haben. Ich gab ihr ein Werkzeug in die Hand und erklärte ihr kurz die Technik, trainierte sie jedoch nicht in seinem praktischen Gebrauch. Das ist so, als würde man seinem Kind eine Kettensäge in die Hand drücken, ihm aber nicht beibringen, wie man sie richtig handhabt und auf welche Risikofaktoren man achten muss. Ich glaube, ich vermied es unbewusst, Nicole in finanziellen Dingen eingehender zu beraten, weil ich tief in mir wusste, dass ich ihr in diesem Bereich kein gutes Vorbild war.

Wir neigen dazu, Probleme unserer Kinder nicht anzusprechen, wenn sie uns an unsere eigenen Schwächen erinnern.

Wir neigen dazu, Probleme unserer Kinder nicht anzusprechen, wenn sie uns an unsere eigenen Schwächen erinnern. Und wir sollten auch nicht davon ausgehen, dass unsere Kinder etwas wirklich verstanden haben, nur weil sie dies behaupten. Wir sollten sie prüfen, beobachten und einen neuen Versuch starten.

Meine Frau und ich haben in Finanzdingen in den letzten Jahren einige Lektionen gelernt. Ebenso wie Nicole. In finanziellen Dingen sind wir alle noch weit davon entfernt, alles im Griff zu haben. Das ist nicht einfach, aber in einer auf Jüngerschaftsbeziehungen ausgerichteten Familie können Kinder und Eltern gleichermaßen lernen und reifen, ohne dass dabei jemand das Gesicht verliert. Es geht um den Lernprozess, nicht um Perfektion.

Sie sollten nicht überrascht sein, wenn Ihr Kind die gleichen Haare, die gleichen Augen ... und die gleichen Schwächen hat wie Sie!

3 Leben mit Vision

*S*ie müssen ja alles über Erziehung wissen", meinte eine vielleicht 40-jährige Frau am Büchertisch im Anschluss an eines meiner Seminare. „Ich meine, Sie sind Autor, arbeiten als Familientherapeut und haben so viel Erfahrung. Könnten meine Kinder nicht eine Weile bei Ihnen wohnen?"

Ich dachte daran, wie ich am Tag zuvor beim Verlassen des Hauses meine pubertierende Tochter angeschnauzt hatte, weil sie die Küche nicht sauber gemacht hatte. *Wenn die Dame wüsste ... Ich brauche nicht noch ein Kind, bloß um es anzuschnauzen.*

„Das fragen mich viele", lächelte ich sie an, während ich krampfhaft versuchte, die Erinnerung an mein elterliches Versagen auszulöschen. Mir fielen die dunklen Ringe unter ihren Augen auf. „Kommt drauf an, was Sie mir dafür zahlen würden ..."

„Alles, was ich habe! Ich kann nicht mehr! Ich werde versuchen, das umzusetzen, was Sie heute gesagt haben – dass wir als Eltern gelassener werden und unseren Kindern mehr Verantwortung übertragen sollen. Weiß Gott, das ist wirklich nötig. *Als Eltern gelassen sein* – das klingt so schön. Sie müssen eine perfekte Familie haben."

„Nein, unsere Familie ist alles andere als perfekt – schließlich gehöre ich auch dazu. Unsere Situation ist nicht anders als Ihre: unaufgeräumte Kinderzimmer, ein Bad voller Make-up-Utensilien, auf dem Boden verstreute Handtücher, BHs an den Türklinken, ein Hund, der dauernd ins Wohnzimmer macht, jede Menge offene Rechnungen, eine ständig verstopfte Spüle und eine Toilette, die genau zu wissen scheint, wann wir Besuch haben. Kommt Ihnen das bekannt vor?"

Sie nickte. „Wie hält man das aus, wenn man am liebsten einfach davonlaufen würde?"

„An dem Punkt bin ich auch schon gewesen. Ich hätte am liebsten das Handtuch geworfen und fragte mich, wo man wohl seine Kündigung als Vater einreichen kann. Aber ich habe immer versucht, an meiner Vision festzuhalten. Als die Ärzte sagten, sie müssten unsere neugeborene Tochter operieren; als wir unsere Dreijährige in *Disneyland* verloren hatten und in Panik gerieten; in all den durchwachten Nächten mit fiebernden oder erbrechenden Kindern; und morgens um drei, als ich mich fragte, ob meine Tochter wohlbehalten vom Abschlussball heimkehren würde. In all diesen Schwierigkeiten habe ich versucht, an meinem Ziel festzuhalten und trotz aller Gefühle und der Versuchung, auszuflippen, das Ziel im Blick zu behalten. Ich versuche, meinen Blick auf die Vision zu richten, die ich für meine Kinder habe. Und manchmal gelingt mir das auch."

„Wie machen Sie das?"

„Ich versuche, mir eine Geschichte vor Augen zu halten, die ich vor Jahren in Gordon MacDonalds Buch *The Effective Father* gelesen habe", vertraute ich ihr an. Die Geschichte ging ungefähr folgendermaßen:

Es gibt eine mittelalterliche Legende von einem Mann, der drei Steinmetze bei der Arbeit fragte, was sie da täten. Der erste antwortete: „Was wohl, ich lege Steine aufeinander!" Der zweite antwortete: „Ich baue eine Wand!" Aber der dritte Arbeiter bewies, dass er eine Vision und ein Gefühl für den Wert seiner Arbeit besaß. Als der Mann ihn fragte: „Was tust du da?", rief er voller Inbrunst aus: „Ich bin am Bau einer Kathedrale beteiligt, deren riesige Turmspitzen bis in den Himmel reichen. Zur Ehre Gottes!" Stellen Sie eine ähnliche Frage zwei beliebigen Vätern im Blick auf ihre Rolle in ihrer Familie, dann werden Sie vermutlich einen ähnlichen Kontrast erleben. Der erste sagt vielleicht: „Ich sorge für meine Familie." Aber der zweite sieht das vielleicht ganz anders und sagt: „Ich erziehe Kinder zu Menschen, die in der Welt etwas zur Ehre Gottes bewegen." Der eine versteht seine Aufgabe so, dass er das Essen auf den Tisch bringt.

Der andere aber sieht die Dinge mit Gottes Augen: Er hat Teil daran, das Leben seiner Kinder zu prägen.[12]

Vision bedeutet, das Leben mit Gottes Augen zu sehen. Eine Vision gibt Ihnen die nötige Kraft zum Durchhalten. Eine Vision vermittelt Perspektive. Sie wird Ihnen helfen, Ihre Zeit und Energie in die richtigen Dinge zu investieren.

Vision bedeutet, das Leben mit Gottes Augen zu sehen.

Was sehen Sie?

Sind Sie als Eltern erfolgreich? Wie können Sie das herausfinden?

Kindererziehung ist sehr komplex und voller Widersprüche. Die Fachleute sind sich weder in der Theorie noch in der Praxis einig. Sie können in einen Buchladen gehen und ein Buch in die Hand nehmen, und es rät Ihnen zu einem liberalen Erziehungsstil. Aber das nächste tritt für eine straffe Kontrolle ein. Was sollen Eltern denn nun machen?

Eine landesweite Studie der *Barna*-Gruppe aus dem Jahr 2005 gibt einige überraschende Einblicke zu der Frage, was sich amerikanische Eltern für ihre Kinder wünschen. Im Grunde zeigen die Ergebnisse, welche Vision Eltern für ihre Kinder haben. An der Spitze stand mit 39 Prozent eindeutig der Wunsch, die Kinder sollten eine gute Schulbildung erhalten. Den Kindern das Gefühl zu vermitteln, geliebt zu sein, wurde mit 24 Prozent am zweithäufigsten genannt. Und 22 Prozent legten besonderen Wert darauf, ihren Kindern eine sinnstiftende Beziehung zu Gott zu vermitteln. Etwas weiter unten auf der Liste stand mit 10 Prozent, dem Kind zu helfen, glücklich zu sein. Doch was mir auffiel, stand mit 4 Prozent ganz unten auf der Liste: „dem Kind zu helfen, angemessene moralische Werte zu entwickeln."[13]

> Nur 4 Prozent der befragten Eltern hielten es für wichtig,
> ihrem Kind moralische Werte zu vermitteln! Mehr als doppelt so
> vielen Eltern ging es mehr darum, ihr Kind glücklich zu machen.

Nur 4 Prozent der befragten Eltern hielten es für wichtig, ihrem Kind moralische Werte zu vermitteln! Mehr als doppelt so vielen Eltern ging es mehr darum, ihr Kind glücklich zu machen, als darum, dass es ein festes Lebensfundament bekommt.

Es wurden 1.004 Erwachsene befragt, von denen sich über ein Drittel als „wiedergeborene Christen" bezeichnete. Die meisten von uns, ob Christen oder nicht, haben keine klare Vision für ihre Kinder. Vielleicht sind wir zu beschäftigt oder uns fehlen Vorbilder, die in unserer Zeit funktionieren. Es könnte auch sein, dass wir Nebensächliches zur Hauptsache machen: Wir legen zu viel Gewicht auf Dinge, die auf lange Sicht keine Bedeutung haben.

> Wenn wir unsere Kinder wie Jünger anleiten möchten, ist das Ziel
> nicht ihr Lebensglück, sondern ihre Lebenstüchtigkeit – die Fähigkeit,
> die richtigen Entscheidungen treffen zu können.

Wenn wir unsere Kinder wie Jünger anleiten möchten, ist das Ziel nicht ihr Lebensglück, sondern ihre *Lebenstüchtigkeit* – die Fähigkeit, die richtigen Entscheidungen treffen zu können. Ein entscheidendes Ziel, das Eltern oft vergessen, ist, ihren Kindern eine Vision mitzugeben – ihnen dabei zu helfen, den Sinn ihres Lebens zu entdecken und sich als wichtige Mitglieder einer größeren Gemeinschaft zu sehen, in der sie zu einem höheren Ziel beitragen.

Leider haben laut *Barna*-Studie viele Eltern keine solche Vision. Die meisten Eltern jagen den verkehrten Zielen nach. Sie denken sich: *Wenn ich mehr arbeite, kann ich meinen Kindern mehr bieten.* Ist es da noch ein Wunder, dass viele Menschen das Gefühl haben, als Eltern nicht erfolgreich zu sein? Es ist einfacher, im Büro Überstunden zu machen, als sich zu Hause mit den Unwägbarkeiten einer engen Beziehung herumzuschlagen.

Trotz der Belastungen sind viele Menschen gern am Arbeitsplatz. Sie empfinden ihren Job als Gewinn. Dort haben sie ihre Freunde; dort finden sie Kontakte und ihr soziales Netz. Im Beruf fühlen sich die Menschen meist wertgeschätzt und kompetent. Als Folge davon bleibt die Familie auf der Strecke. Mehr und mehr Frauen fühlen sich zerrissen, schuldig und gestresst, weil sie so viele Stunden bei der Arbeit verbringen. Aber sie wollen ihre Arbeitszeit andererseits auch nicht reduzieren.[14]

Viele Eltern klettern die Erfolgsleiter hinauf und zerren ihre Kinder hinter sich her, nur um schließlich festzustellen, dass die Leiter an das falsche Gebäude gelehnt ist. Das „Glück" unserer Kinder ist ein zu flüchtiges Ziel.

Schulbildung, Liebe und Glück sind edle Ziele für unsere Kinder, doch sie sollten nicht den größten Teil unserer Zeit, Energie und Emotionen in Beschlag nehmen. Ich sehe immer wieder den Schrecken in den Augen von Eltern, denen ich sage: „Wenn Ihr Junge in der Schule Dreier und ein paar Vierer schafft, ehrlich und freundlich ist und sich anstrengt, wird es ihm an nichts fehlen."

Der Typ ist verrückt! Ich weiß genau, das ist es, was sie denken!

Klar, auch ich möchte, dass meine Töchter eine gute Schulbildung erhalten. Ich möchte, dass sie sich geliebt wissen. Und ich möchte, dass sie glücklich sind. Aber es gibt noch etwas Wichtigeres.

Ich möchte, dass sie Gott kennen und lieben lernen.

Gut, das ist nun wirklich ein hohes Ziel. Ja, es ist sogar das wichtigste Ziel überhaupt. Wenn ein Kind sein Leben Jesus Christus anvertraut, ist es „schon ‚neue Schöpfung'. Was früher war, ist vorbei; etwas ganz Neues hat begonnen" (2. Korinther 5,17). Unsere Kinder sollen Jesus ähnlicher werden. Wir entdecken in ihnen unreife Schwächen, die wir gerne ausmerzen würden. Wenn wir uns auf unsere eigenen Anstrengungen verlassen, kann es sehr schwierig werden, aber mit Gottes Hilfe, der von innen nach außen wirkt, ist es zu schaffen.

Ich möchte gläubigen Eltern zurufen: „Geraten Sie nicht in Panik! Beten Sie. Gott ist der stärkste Verbündete, den es gibt. Bleiben Sie mit ihm im Gespräch, bringen Sie Ihr Kind vor ihn und bitten Sie ihn, es zu dem Menschen zu machen, als der er es gedacht hat."

In diesem Buch geht es darum, mit Gott zusammenzuarbeiten, um die nötigen charakterlichen Qualitäten und Lebenskompetenz in unseren Kindern zu entfalten. Und das beginnt damit, dass sie Gott kennen und lieben lernen.

Der Statistiker George Barna ringt mit einem alarmierenden Problem: „Jahrelang haben wir Untersuchungsergebnisse veröffentlicht, die zeigen, dass Christen größtenteils genauso denken und handeln wie alle anderen Menschen. Es scheint oft so, als sei ihr Glaube völlig belanglos. Diese neue Studie zeigt, warum das so ist: Gläubige Menschen leiten ihre Kinder nicht dazu an, anders zu denken oder zu handeln."[15]

Bevor wir unseren Kindern eine Vision vermitteln können, müssen wir selbst eine haben. Viele von uns betrachten sich als erfolgreich, aber ich möchte behaupten, wir sind in den verkehrten Bereichen erfolgreich! Da ist es kein Wunder, dass viele Eltern so frustriert sind. Statt die Fassade unserer Familie zu streichen, sollten wir unsere Zeit und Energie lieber in die Verstärkung des Fundaments investieren! Es nützt nichts, ein Heim zu haben, das von außen attraktiv aussieht, dessen Fundament jedoch bröckelt.

> Statt die Fassade unserer Familie zu streichen,
> sollten wir unsere Zeit und Energie lieber in die Verstärkung
> des Fundaments investieren!

Das Fundament unserer Vision ist, wer wir in den Augen Gottes sind. Als unsere Töchter noch klein waren, setzten Suzanne und ich uns hin und schrieben unsere Erziehungsziele auf. Ich nannte dies unsere „Zielscheibe" – oder: „Wie sollen unsere Kinder mit 18 sein?"

Wir beteten über diese Frage und schrieben die Wunsch-Eigenschaften und Gaben dann auf. Sie haben uns über die gesamte Zeit der Erziehung unserer Kinder begleitet und auch geleitet. Wenn uns der Durchblick fehlte und wir müde waren, haben sie uns Klarheit und neue Kraft gegeben. Wenn wir an einen Scheideweg kamen – „Sollen wir was daran ändern oder sollen wir's laufen lassen?" –, mussten wir nur unsere „Zielscheibe" herausholen und nachsehen, was unsere langfristige Vision war. Das bedeutet nicht, dass wir perfekt gewesen wären oder stets unsere Ziele voll im Blick gehabt hätten. Doch wir fuhren auch keinen wilden Schlingerkurs, der jede Sackgasse und jedes nur erdenkliche Schlagloch mitnahm.

Unsere persönliche „Zielscheibe" sah so aus:

Unsere „Zielscheibe"

Wie sollen unsere Kinder mit 18 sein?

Wir wünschen uns, dass sie …

Geistlich	eine lebendige, wachsende Beziehung zu Gott haben; in der Lage sind, ihren Glauben zu erklären und zu verteidigen; Gemeinschaft mit Gläubigen ihres Alters haben;
Sozial	in der Lage sind, ihre Freunde und Aktivitäten mit Bedacht zu wählen; mit einer Vielzahl verschiedenster Menschen in unterschiedlichen Situationen zurechtkommen können;
Körperlich	gesund und aktiv sind; keinen Sex vor der Ehe haben; keine Drogen nehmen;

Emotional	echtes Selbstvertrauen haben und die ihnen von Gott geschenkten Gaben kennen; in der Lage sind, Grenzen zu setzen (damit sie nicht von anderen ausgenutzt werden – Courage haben);
Mental	auf die Möglichkeiten, die sich ihnen in der Zukunft bieten werden, vorbereitet sind; stets Lernende bleiben und ihr schulisches oder akademisches Potenzial voll entfalten; ein christliches Weltbild haben und kritisch und biblisch fundiert denken lernen;
Charakterlich	aufrichtig, gerecht, verlässlich, vergebungsbereit, mitfühlend und großzügig sind;
Lebenstauglichkeit	die nötigen Fähigkeiten haben, um vernünftig mit Geld umzugehen, ihre berufliche Zukunft zu planen, sich in wichtigen Dingen zu engagieren, eine Wohnung und ihr Auto in Ordnung zu halten, einige Gerichte zu kochen, sich zu organisieren usw.

(Im Anhang finden Sie eine Blanko-„Zielscheibe", die Sie mit Ihren Wünschen und Ihrer Vision für Ihre Kinder füllen können.)

Behalten Sie diese Liste in Reichweite, denn sie wird Ihnen tatsächlich bei der Einschätzung der unvermeidlichen Herausforderungen der Erziehung helfen.

Als wir zum Beispiel in eine neue Stadt umzogen, suchten wir uns ein Haus in einer Gegend, von der aus die Mädchen zu Fuß zur Schule laufen konnten. Wir wollten, dass sie sich genügend bewegten und Freunde in der Nachbarschaft fanden, und wir wollten sie nicht dauernd hin und her fahren müssen! Wir wählten eine Schule, in der sie Freunde mit unterschiedlichem ethnischem Hintergrund kennen lernen konnten. Über die Jahre entwickelten beide dauerhafte Freundschaften zu vielen Menschen unterschiedlicher Hautfarben und Nationalitäten. Um ihnen ein

Vorbild und die Gelegenheit zu geben, anderen Menschen zu dienen und echtes Mitgefühl zu entwickeln, fuhren wir in den Ferien oft eine Woche in eine sehr arme Gegend in Mexiko und halfen dort, Häuser zu bauen und Bibelstunden für Kinder zu halten.

Jeder Punkt auf unserer „Zielscheibe" wird zu einem messbaren Einzelziel. Dieses kann man benutzen, um sich selbst zu hinterfragen: *Sind wir auf dem richtigen Kurs? Haben wir in letzter Zeit etwas getan, um unsere Kinder zu mehr Mitgefühl zu motivieren? In welchem Alter sollten wir ihnen beibringen, wie man Nudeln kocht oder den Ölstand am Wagen überprüft?*

Es funktioniert wirklich! Sie können die „Zielscheibe" als eine speziell zugeschnittene Checkliste für Ihre Erziehung benutzen. Sie sollten natürlich darauf achten, dass sie nicht zu einer gnadenlosen To-do-Liste wird. Benutzen Sie sie einfach als ein Mittel zur Diagnose, um festzustellen, ob Sie noch auf Kurs sind – als eine Art „Erziehungs-GPS".

Eine „Zielscheibe" zu gestalten, hilft Ihnen, in Gedanken eine Vision Ihres Kindes zu entwerfen. Es ist Ihre Vision von der Person, die Ihr Sohn oder Ihre Tochter einmal werden soll. Ihre Kinder werden eher zu Menschen mit Vision werden, wenn sie in einer Familie aufgewachsen sind, die an Visionen glaubt und sie unterstützt.

So entwickeln Sie Ihre Vision für Ihr Kind

Haben Sie sich schon einmal gemeinsam mit Ihrem Ehepartner überlegt, welche Eigenschaften und Fähigkeiten Sie Ihrem Kind wünschen würden, wenn es 18 ist? Haben Sie mit Gott über Ihre Träume und Wünsche für Ihr Kind gesprochen? Denken Sie, dass diese Wünsche auch Gottes Vorstellungen ungefähr entsprechen? Geben Sie Ihrem Kind ein gutes Vorbild für die Werte, die es sich aneignen soll?

Haben Sie sich schon einmal gemeinsam mit Ihrem Ehepartner überlegt, welche Eigenschaften und Fähigkeiten Sie Ihrem Kind wünschen würden, wenn es 18 ist?

Eltern beweisen Glauben, wenn sie bereit sind, ihre größten Hoffnungen für ihre Kinder an Gott abzugeben. Wenn wir in einer lebendigen Beziehung zu Gott stehen, bedeutet das auch, dass er auf unsere Träume Einfluss nimmt – auf die eigenen und auf die, die wir für unsere Kinder haben.

„Glaube aber ist: Feststehen in dem, was man erhofft, Überzeugtsein von Dingen, die man nicht sieht" (Hebräer 11,1; Einheitsübersetzung). Sie haben die Möglichkeit, den Glauben Ihrer Familie auf ein festes Fundament des Gebets zu stellen. Beten hilft uns, ein von Vertrauen geprägtes Bild von der Zukunft unserer Kinder zu haben, weil wir wissen, dass sie ihren Weg nicht allein gehen werden – Gott wird sie begleiten.

Glauben kann man nicht manipulieren oder machen. Er ist eine Antwort, die Gott aus unserem Innern heraus zum Klingen bringt. Es ist sein übernatürliches Handeln an uns, das in uns die Fähigkeit hervorbringt, ihm unser Leben und das Leben unserer Kinder anzuvertrauen.

Schreiben Sie die Hoffnungen, die Sie für Ihre Kinder haben, auf. Beten Sie täglich dafür. Bitten Sie Gott, dass er Ihnen dabei hilft, Ihre Vision für Ihr Kind immer vor Augen zu haben und Ihre Kinder mit Kreativität und Ausdauer zu unterstützen.

Gesunde, lebenstüchtige Kinder, die an Gott glauben, wachsen nicht von selbst heran, wie Tim Kimmel uns bewusst macht: *Es braucht weit mehr als gute Absichten, um ein Vermächtnis der Liebe zu hinterlassen. Die besten Absichten können nur schwer mit dem unbarmherzigen Druck mithalten, den unsere Gesellschaft ausübt. Wir müssen gezielt und strategisch vorgehen. Gute Intentionen, denen keine konkreten Taten folgen, sind nichts als leere Worte.*[16]

Kindererziehung mit Vision verlangt von uns, dass wir eine

Vorstellung davon haben, wer unsere Kinder einmal sein sollen. Es bedeutet, dass wir die „Zielscheibe" konkret, objektiv und vernünftig definieren müssen. Wenn wir die Dinge ins Auge fassen, auf die wir hinarbeiten wollen, haben wir größere Chancen, unser Ziel zu erreichen.

> **Wenn wir als Eltern uns nicht einig sind, was wir erreichen wollen, ist unsere Erziehung zum Scheitern verurteilt.**

Und mehr noch: Wenn wir als Eltern uns nicht einig sind, was wir erreichen wollen, ist unsere Erziehung zum Scheitern verurteilt. Doch wenn wir unsere Ziele im Vorfeld definieren, können wir Konflikte zwischen uns als Eltern reduzieren, weil wir in der Stoßrichtung übereinstimmen. Auch unsere Ängste werden weniger, weil wir uns nicht so leicht irritieren lassen. Wenn unsere Erziehung ein klares Ziel hat, weil wir bestimmte Eigenschaften und Fähigkeiten anstreben, besänftigt das viele unserer Ängste als Eltern. Wir können gelassen bleiben, weil wir die Gewissheit haben, dass wir uns Schritt für Schritt der „Zielscheibe" nähern.

Die Pfeile, die wir abschießen

Wir haben davon gesprochen, dass Sie eine „Zielscheibe" für Ihre Kinder entwerfen müssen. Nein, ich habe nicht gesagt: „Benutzen Sie Ihre Kinder als Zielscheibe!" – auch wenn Ihnen sicher manchmal danach wäre! Um Kinder mit Vision hervorzubringen, müssen wir Eltern mit Vision sein. Was also ist Ihre Vision für Ihr Kind?

Der Psalmist vergleicht seine Kinder mit Pfeilen:

Kinder sind ein Geschenk des Herrn,
mit ihnen belohnt er die Seinen.
Kräftige Söhne sind für den Vater

wie Pfeile in der Hand eines Kriegers.
Wer viele solche Pfeile in seinem Köcher hat,
der hat das Glück auf seiner Seite.

(Psalm 127,3–5)

Haben Sie es bemerkt: Kinder sind keine Last, sie sind ein Geschenk! Sie werden als ein Arsenal angesehen, das uns in der Schlacht hilft. (In unseren Tagen „politischer Korrektheit" betrachtet man militärische Metaphern als unangemessen – insbesondere wenn es um die Familie geht. Doch der Psalmist war von solchen Überlegungen unberührt. Diese Texte haben den Test der Zeit überdauert. Ich bezweifle, dass unsere Ansichten in 3.000 Jahren noch von irgendjemandem zitiert werden!)

Wenn Kinder wie Pfeile sind, dann müssen sie in die richtige Richtung gezielt werden – auf die „Zielscheibe". Wir spüren heute die Auswirkungen davon, dass Kinder nicht auf Ziele wie „Verantwortungsbewusstsein" und „Mitgefühl" ausgerichtet wurden. Das sind die Kinder, die Amok laufen und andere Kinder niederschießen. Hier ist der Vergleich mit Pfeilen auf einmal sehr angemessen. Ein wild drauflos geschossener Pfeil ist gefährlich. Ebenso wie Kinder, die keine Richtung haben.

Meiner Meinung nach gibt es zwei Zielprobleme bei unseren Pfeil-Kindern: zum einen Kinder, die kein Ziel mit auf den Weg bekommen haben, und zum anderen Kinder, die nicht freigegeben wurden. Unsere Rolle als Bogenschützen-Eltern besteht darin, unsere Kinder auf den innersten Kreis der Zielscheibe, aufs „Schwarze" – auf Gerechtigkeit und Weisheit – auszurichten, dann die Sehne zu spannen ... und schließlich den Pfeil freizugeben. Wenn wir nicht loslassen, hat das dieselben Folgen, wie wenn wir nicht zielen: Wir werden das Ziel nicht treffen.

Machen Sie sich Ihr Ziel bewusst.

Zielen Sie.

Ziehen Sie kräftig. Erzeugen Sie die nötige Spannung.

Und dann geben Sie den Pfeil frei. Lassen Sie los.

Und was, wenn meine Kinder Dummheiten machen?

Lassen Sie los.

Was, wenn sie nicht bis zum Ende durchhalten?
Lassen Sie los.
Was, wenn ein scharfer Wind sie vom Kurs abbringt?
Lassen Sie los.
Was, wenn ich daneben gezielt habe?
Lassen Sie los.

Das Ziel der Erziehung in Gottes Sinne besteht nicht darin, die Pfeile im Köcher zu behalten. Wir sollen sie *benutzen,* und das bedeutet, wir müssen sie freigeben. Ja, es gibt hundert Dinge, die schiefgehen können (und wegen der meisten haben Sie sich bereits verrückt gemacht). Aber Sie müssen loslassen. Sie können nicht neben dem Pfeil herlaufen, um bei Bedarf seinen Kurs zu korrigieren, oder hinten an den Federn noch eine Notfall-Reißleine anbringen. Damit ein Pfeil fliegen kann, muss man ihn loslassen.

Vermitteln Sie Ihrem Kind eine Vision

Erzieh den Knaben für seinen Lebensweg, dann weicht er auch im Alter nicht davon ab (Sprüche 22,6, Einheitsübersetzung).

Ein gut geschulter Bogenschütze wird einen Pfeil aus seinem Köcher nehmen und an seinem Schaft entlangblicken, um seine Beschaffenheit und die einzigartigen Merkmale der Holzstruktur zu erfassen. Dann wird er den Pfeil an die Sehne legen, die Windrichtung berücksichtigen und Entfernung und Lage der Zielscheibe abschätzen. Jeden Pfeil wird er den Variablen entsprechend unterschiedlich anlegen. Den einen wird er etwas mehr nach oben zeigen lassen, den anderen eine Spur nach unten. Wenn der Wind kräftig bläst, wird der Schütze dem womöglich Rechnung tragen, indem er den Bogen leicht schräg anlegt. Er wird mit seinem Pfeil auf das Zentrum der Zielscheibe zielen. Ein guter Bogenschütze berücksichtigt alle Umstände, damit er genau ins Schwarze treffen kann.

Gute Eltern machen es ebenso.

Um dem Lebensweg des Kindes die richtige Richtung zu geben (siehe das Bibelzitat oben), können wir keinen Musterpfad einschlagen nach dem Motto: „Dieser Weg oder keiner". Es gibt keine Formel, der wir folgen könnten, um perfekte Kinder hervorzubringen.

Viele Eltern konzentrieren sich ganz auf ihre Schusstechnik, weil sie glauben, sie müssten nur konsequent sein und immer dem einen richtigen Weg folgen, um zum Erfolg zu kommen. Sie konzentrieren sich darauf, wie sie ihre Sehne spannen, vergessen aber dabei, das eigentliche Ziel ins Auge zu fassen. Eltern, die ihre Erziehung immer auf dem einen richtigen Weg zu halten versuchen, fallen ins Bodenlose, wenn eines ihrer Kinder vom rechten Kurs abkommt. In einem solchen Fall haben die Eltern die natürliche Krümmung des Pfeiles oder den Wind in seinem Umfeld (in der Gesellschaft) nicht berücksichtigt. Sie konzentrieren sich nur auf den Bogen – und weder auf den Pfeil noch auf die Zielscheibe.

> Eltern, die ihre Erziehung immer auf dem einen richtigen Weg zu halten versuchen, fallen ins Bodenlose, wenn eines ihrer Kinder vom rechten Kurs abkommt.

Überlegen Sie sich, wie Sie Ihre Zielscheibe einsetzen können, um eine Vision für Ihr Kind zu entfalten und Ihrem Kind zu vermitteln. Nutzen Sie sie, um Ihrem Kind das Bild einer erstrebenswerten Zukunft zu vermitteln. Das ist eines der visionären Mittel, die Sie in Ihrer Familie einsetzen können – neben den wesentlichen Werten und dem geistlichen Auftrag, den Ihre Familie Ihrer Ansicht nach hat.

Wir haben unseren geistlichen Auftrag zum Beispiel so formuliert: „Die Familie Smith lebt dafür, sich gegenseitig zu lieben und den Willen Gottes und seines Reiches auf dieser Erde voranzubringen."

Auf der Grundlage dieser Aussage können wir sagen, dass einer der zentralen Werte unserer Familie darin besteht, dass wir einander bedingungslos lieben. Ein weiterer zentraler Wert ist, dass wir unseren Glauben aktiv leben und bereit sind, dafür Wagnisse einzugehen. Ein dritter Wert ist, dass wir das Handeln wie auch die Regeln und Prioritäten unserer Familie auf die zeitlosen Grundsätze Gottes aufbauen, so wie er sie in der Bibel niedergelegt hat. Unser eigentliches Ziel als Familie ist, Gottes Willen zu tun (nicht uns wohlzufühlen, Reichtum anzuhäufen oder berühmt zu werden). Im Anhang finden Sie Tipps, wie Sie den geistlichen Auftrag *Ihrer* Familie formulieren können.

Wenn wir uns Gedanken um die Zukunft unserer Kinder machen, sollten wir uns auf die Dinge konzentrieren, die wir beeinflussen können, und bei den Dingen, die wir nicht beeinflussen können, loslassen. Wir können nicht (und sollten auch nicht) planen, welche berufliche Laufbahn unser Kind einschlagen oder ob und wen es einmal heiraten wird. Wir können nicht vorausplanen, ob unsere Kinder später in unserer Nähe wohnen und ob sie weiter zur Kirche gehen werden. Aber wir können ihnen ein Vorbild geben für das, was uns wichtig ist, und sie in den Fertigkeiten trainieren, die sie zu einem Leben, wie es uns richtig erscheint, brauchen.

Was würde Ihr Kind wohl auf die Frage antworten, was Ihnen wichtig ist? Man kommt schnell wieder auf den Boden der Tatsachen zurück, wenn man das einmal anspricht. Wenn Sie Ihre Werte nie klar formuliert haben, könnte Ihr Kind denken, Ihnen wäre es am wichtigsten, sich wohlzufühlen, einen gewissen Lebensstandard zu erlangen sowie nette Kinder und einen guten Ruf zu haben. Keines dieser Ziele ist schlecht. Doch sie entzünden nun einmal in den Herzen und Köpfen unserer Kinder keine Vision (in unseren eigenen übrigens auch nicht).

Wenn Sie Ihre Werte nie klar formuliert haben,
könnte Ihr Kind denken, Ihnen wäre es am wichtigsten,
einen gewissen Lebensstandard zu erlangen sowie nette Kinder
und einen guten Ruf zu haben.

Aber alle Menschen, auch Ihre Kinder, brauchen eine Vision, eine höhere Ausrichtung für ihr Leben. Sie sehnen sich nach einem Sinn. Die Menschen am Beginn eines neuen Jahrtausends möchten ebenso wie alle vor ihnen das Gefühl haben, Teil einer großen und großartigen Geschichte zu sein. Ihr Herz will zu den Hauptdarstellern einer Geschichte gehören, die etwas bewirkt – die einem kreativen Entwurf folgt, in der leidenschaftliche Charaktere mitspielen und in der es um eine wichtige Mission geht. Persönliche Tragödien, der um sich greifende Materialismus und der hektische Rhythmus unserer Zeit verringern diese Sehnsucht, doch sie zerstören sie nicht.

Die *Sehnsucht nach dem Transzendenten* ist der leidenschaftliche Wunsch danach, Teil von etwas zu sein, das größer ist als ich selbst und das Gewöhnliche übersteigt.

Ein Kind mit Vision verheddert sich nicht so leicht im Banalen. Ein solches Kind hat ein Ziel vor Augen. Es hat Ideale und Ziele, von denen es sich inspirieren lässt. Sein Empfinden für den Sinn des eigenen Lebens und seine klare Vorstellung davon, wer und was es einmal werden möchte, motivieren das Kind dazu, seine Ziele zu verfolgen.

Vision bringt Motivation hervor. Die Schlüsselmotivationen von Kindern fasse ich als *AIM* (englisch: zielen) zusammen.

- *Adventure* – Abenteuer: Funsportarten, Musikvideos und die Mentalität zeitgenössischer Werbespots – das alles drückt die Sehnsucht von Kindern nach etwas Aufregendem aus. Auch wenn die Ausdrucksformen vielleicht nicht besonders erstrebenswert sind, sollte das nicht dazu führen, dass wir die Sehnsucht, die dahinter steht, gering achten.
- *Intimacy* – vertraute Beziehungen: Über 50 Prozent der Kinder dieser Jahrtausendwende wachsen in Scheidungsfamilien auf. Sie haben ein unvorstellbares Bedürfnis danach, einen anderen Menschen intensiv zu kennen und in gleicher Weise von einem anderen Menschen gekannt und verstanden zu werden. Sie schreien nach Zugehörigkeit. Sie wollen auf keinen Fall ausgeschlossen werden.

- *Meaning* – Sinn: Unsere Kinder suchen nach Klarheit und Sinn. Das Leben in einer relativistischen, naturalistischen Kultur hat in ihnen die Sehnsucht geweckt nach einem Lebenssinn und einer Antwort auf die Frage, woher sie kommen und warum sie auf dieser Welt sind.

Unsere Kinder möchten an einem Abenteuer teilhaben – ein Teil einer Bewegung oder einer guten Sache sein. Sie wollen große, über sie selbst hinausweisende Ideen verwirklichen – sei es die Gleichberechtigung von Frauen und Männern, die Bewahrung der Umwelt, Entwicklungshilfe, Tierschutz oder die Verhinderung von Kriegen. Sie sehen sich als Teilhaber einer Welt voller Hoffnung und Sinn.

Eine Familie, die das Abenteuer sucht, könnte zum Beispiel ins Ausland (oder auch nur mal in ein anderes Stadtviertel) fahren, um einmal eine völlig andere Kultur zu erleben. Sie könnte sich in einem Obdachlosenasyl engagieren oder in einer Organisation, die kranken Kindern Wünsche erfüllt oder Schwangeren in Notlagen hilft. Eine Familie, die für Abenteuer offen ist, geht kalkulierte Wagnisse ein, weil sie weiß, dass sowohl die Kinder als auch die Eltern davon profitieren werden.

Unsere Kinder sehnen sich nach vertrauten Beziehungen. Sie wollen Teil einer fürsorglichen Gemeinschaft sein. Sie wollen andere verstehen und selbst verstanden werden. Eine Familie, die den Wert vertrauter Beziehungen begreift, lebt innerhalb der Familie und im Freundeskreis verbindliche Beziehungen. Sie schafft wertvolle Zeiten für das Miteinander. Die Eltern geben ein Vorbild für vertraute Beziehungen, indem sie zu einer verbindlichen Kleingruppe gehören und intensive Beziehungen zu Freunden und Verwandten pflegen. Eine der besten Ressourcen, die wir unseren Kindern mitgeben können, ist die Fähigkeit, Freundschaften in guten wie in schlechten Zeiten zu erhalten und zu vertiefen.

Unsere Kinder sehnen sich nach einem Lebenssinn. Sie wollen wissen, warum es sie gibt, wer sie sind und wie sie ihren Beitrag in dieser Welt leisten können. Eine Familie, die das weiß, wird sich bemühen, den Auftrag, den sie für sich in dieser Welt sieht, zu formulieren. Alle haben gemeinsame Werte und führen eine offene Diskussion darüber, wie das eigene Verhalten mit diesen Werten in Einklang gebracht werden kann. Eine Familie mit einem Lebenssinn boykottiert den Nihilismus und die Hoffnungslosigkeit, die in unserer Kultur so verbreitet sind. Sie weiß, dass eine klare Vision dem Leben Sinn und Richtung gibt.

Passen Sie die „Sehstärke" Ihrer Kinder an

Ich trage Kontaktlinsen. Ohne sie kann ich keine 30 Zentimeter weit sehen. Ohne Korrektur der Sehstärke ist meine Welt ziemlich verschwommen, und ehrlich gesagt kann ich ohne meine Kontaktlinsen oder die Brille keinen klaren Gedanken fassen – ich komme mir dann so hilflos vor.

Unseren Kindern geht es genauso – unabhängig davon, wie gut ihre tatsächliche Sehstärke ist. Ohne eine klare Vision fühlen sie sich halt- und richtungslos. Sie können nicht weit genug in die Zukunft blicken; sie ist verschwommen, ungewiss.

Und an der Stelle treten wir als Eltern in Aktion. Unsere Aufgabe ist es, unseren Kindern zu helfen, über das hinauszusehen, was sie im Augenblick wahrnehmen können. Wir sind wie Kontaktlinsen, die den Kindern helfen, ihren Blickwinkel zu korrigieren und mehr zu sehen als das, was sie normalerweise sehen würden. Unser Job ist es, die Sicht unserer Kinder zu klären.

Unsere Aufgabe ist es, unseren Kindern zu helfen, über das hinauszusehen, was sie im Augenblick wahrnehmen können. Wir sind wie Kontaktlinsen, die den Kindern helfen, ihren Blickwinkel zu korrigieren und mehr zu sehen als das, was sie normalerweise sehen würden.

Haben Sie Ihrem Kind schon geholfen, seine Vision zu entwickeln? Haben Sie mit ihm über seine Sehnsucht nach Abenteuer, vertrauten Beziehungen und Lebenssinn gesprochen? Wie wollen Sie ihm bei seiner Suche nach Abenteuern konkret Brücken bauen? Wie können Sie ihm helfen, auf gesunde und bewusste Weise vertraute Beziehungen aufzubauen? Und was können Sie tun, um sein Bewusstsein für den Sinn seines Lebens zu fördern?

Mit einer klaren Vision dafür, wer sie sind, können unsere Kinder vielen Versuchungen, Angriffen und Abwegen besser entgegentreten. Sie werden dann nicht so sehr darauf schauen, was ihr Umfeld tut, sondern mehr darauf, wer in ihnen lebt. Der wichtigste Gedanke, dem ein Christ nachsinnen kann, ist die Frage: *Wer bin ich vor Gott?*

Überlegen Sie sich, ob Sie die folgenden biblischen Gedanken nutzen möchten, um Ihren Kindern zu helfen, eine Vision für ihr Leben zu entwickeln. Beten Sie darüber. Sprechen Sie mit Ihren Kindern über solche Gedanken. Lernen Sie wichtige Bibelverse mit Ihren Kindern zusammen auswendig. Heften Sie sie an Ihre Kühlschranktür.

Ein kreativer Entwurf

Gott hat uns nach seinem großartigen Entwurf geschaffen:

Du hast mich geschaffen mit Leib und Geist,
mich zusammengefügt im Schoß meiner Mutter.
Dafür danke ich dir,
es erfüllt mich mit Ehrfurcht.
An mir selber erkenne ich:
Alle deine Taten sind Wunder! (Psalm 139,13–14)

Wir wurden durch „intelligentes Design" geschaffen, nicht durch Evolution und natürliche Auslese. Wir sind keine Mängelexemplare oder Zufallsprodukte, wir sind Meisterwerke. Wir sind wertvolle Geschöpfe.

Mit einer Bestimmung

Wir entdecken unseren Lebenssinn und unsere Zukunft in der Beziehung zu Gott: *Denn ich, ich kenne meine Pläne, die ich für euch habe – sagt der Herr –, Pläne des Heils und nicht des Unheils; denn ich will euch eine Zukunft und eine Hoffnung geben* (Jeremia 29,11).

Jeder von uns hat eine einzigartige Persönlichkeit, die Gott genau so gewollt hat. Jeder von uns hat einen einzigartigen, kreativen Beitrag zu leisten. Wir sind Gottes Kinder.

Ausgesandt zum Dienst

Wir können Gott und anderen von Nutzen sein. Gott hat uns mit Fähigkeiten und Gaben geschaffen, von denen andere Menschen profitieren können: *Dient einander mit den Fähigkeiten, die Gott euch geschenkt hat – jeder und jede mit der eigenen, besonderen Gabe! Dann seid ihr gute Verwalter der vielfältigen Gnade Gottes* (1. Petrus 4,10). Unser Leben hat einen Sinn und ein Ziel, das Gott uns gibt. Und unsere Taten haben Konsequenzen, die bis in die Ewigkeit reichen.

Wenn Ihr 13-jähriger Sohn sich wegen seiner Pickel, seiner fehlenden Körperbehaarung oder der Größe seiner Füße Gedanken macht, dann helfen Sie ihm zu begreifen, dass er von Gott erstklassig designt wurde – er ist nur noch nicht ganz fertig. Er befindet sich einfach noch im Werden.

Wenn Ihr 13-jähriger Sohn sich wegen seiner Pickel, seiner fehlenden Körperbehaarung oder der Größe seiner Füße Gedanken macht, dann helfen Sie ihm zu begreifen, dass er von Gott erstklassig designt wurde – er ist nur noch nicht ganz fertig.

Wenn Ihre 9-jährige Tochter nicht die Hauptrolle bei der Theateraufführung ihrer Schule bekommen hat, dann helfen Sie ihr zu verstehen, dass das keine Katastrophe ist, selbst wenn sie erst einmal enttäuscht und traurig ist. Es gibt einen größeren Plan für unser Leben, und Gott verfolgt diesen Plan mit uns immer, selbst wenn wir auf Schwierigkeiten und Enttäuschungen stoßen.

Und wenn Ihr 7-jähriger Sohn sich ausgegrenzt fühlt, weil er der Jüngste ist, dann helfen Sie ihm zu entdecken, dass jeder Mensch seine ganz besonderen Fähigkeiten und Aufgaben im Leben hat. Helfen Sie ihm zu erkennen, wie er durch seine einzigartigen Gaben zum Familienleben beitragen kann. Vielleicht ist er ja der beste Hundewäscher der Familie oder er meldet sich am freundlichsten am Telefon oder verteilt die schönsten Umarmungen.

Geben Sie Ihrem Kind ein Empfinden für seinen Lebenssinn und eine klare Vision.

4 Authentisch leben

*E*s gibt Zeiten, in denen ich mich als Vater auf meine schauspielerischen Fähigkeiten verlassen muss, so armselig sie auch sind. Denn es gibt Momente, in denen ich einfach nicht weiß, was ich als „Vaterfigur" sagen soll.

Also spiele ich Theater. Manchmal ziehe ich eine Show ab.

Als meine Tochter Brooke etwa 7 Jahre alt war, maßregelte ich sie für irgendein Fehlverhalten. Ich weiß nicht einmal mehr, was es war. (Wir Eltern neigen dazu, solche Dinge zu verdrängen, und das ist vermutlich auch gut so.)

Wie auch immer, ich versuchte also, mich wie einer dieser Musterväter im Fernsehen zu verhalten und ganz gelassen zu bleiben … aber mir versagte die Stimme, mein Blutdruck raste, und die kleine Vene auf meiner Stirn trat hervor. Ich versuchte, ruhig zu sein, aber gleichzeitig merkte ich, wie ich rot anlief.

Nachdem Brooke ein paar Minuten meiner ernsthaften und hoffentlich einprägsamen Gardinenpredigt „genossen" hatte, fing sie plötzlich an zu lachen.

Ich war wütend. Ich versuchte gerade, der Supermann unter den Vätern zu sein, und sie klatschte mir kaltes Wasser ins Gesicht. „Was gibt es da zu lachen?", brüllte ich sie an.

„Dein Gesicht sieht so lustig aus, Papa. Das Ding an deiner Stirn steht raus und du klingst so lustig. Außerdem bist du so rot wie mein Tomaten-Teddy."

Ich hätte ihr am liebsten eine runtergehauen, aber irgendwie gelang es mir für einen Augenblick, in die Welt dieser Zweitklässlerin einzutauchen und mich selbst mit ihren Augen zu sehen. Und das *war* lustig! Da stand dieser erwachsene Mann,

1,80 m groß und um die 100 Kilo schwer, kochend wie ein Vulkan – was *sie* verursacht hatte –, wechselte seine Gesichtsfarbe von Rosa zu Hochrot und kiekste dabei wie ein pubertierender Dreizehnjähriger.

Nachdem ich erst einmal eine Ahnung davon bekommen hatte, wie ich auf sie wirkte, musste ich auch lachen. Es war wirklich lustig und es war nicht von Dauer. Irgendwie schaffte ich es zu begreifen, dass dies nur eine winzige Episode in einer viel größeren Geschichte war.

Brooke half mir, das zu erkennen. Wir lachten gemeinsam und sprachen über den Vorfall, vereinbarten gewisse Konsequenzen, und dann ging das Leben weiter.

> Opfern Sie deshalb niemals die Beziehung zu Ihren Kindern wegen einer Sache, bei der es um Gehorsam und Bestrafung geht. Kinder spielen manchmal verrückt. Sie machen Fehler. Sie enttäuschen uns. Sie handeln unreif, impulsiv und irrational. Sie verhalten sich kurz gesagt wie Kinder.

In dieser Geschichte steckt eine ungeheuer wichtige Lektion: Nehmen Sie sich als Eltern nicht zu wichtig. Wenn Ihre Kinder über Sie lachen, dann versuchen Sie, hin und wieder mitzulachen. Und noch eine Lektion begann ich bei der Gelegenheit zu lernen: Ruiniere niemals deine Beziehung zu deinen Kindern wegen einer Disziplinierungsmaßnahme. Man kann sein Kind beeinflussen, wenn man eine gute Beziehung zu ihm hat, nicht aber, wenn man sich von ihm entfremdet hat. Opfern Sie deshalb niemals die Beziehung wegen einer Sache, bei der es um Gehorsam und Bestrafung geht. Kinder spielen manchmal verrückt. Sie machen Fehler. Sie werden uns enttäuschen. Sie werden unreif, impulsiv und irrational handeln. Sie werden sich kurz gesagt verhalten wie Kinder.

Mitten in den Ungezogenheiten unserer Kinder wollen wir ihnen verständlich machen: *Du bist mir wichtig und ich werde dich immer lieben. Wir stehen das hier gemeinsam durch.*

Ich will damit auf keinen Fall sagen, dass Sie Ihren Kindern alles erlauben und Fehlverhalten ignorieren sollen. Aber behalten Sie immer im Hinterkopf, dass ein Kind viel mehr ist als sein Verhalten – im Guten wie im Schlechten.

Geben Sie den Gedanken auf, das perfekte Kind großziehen zu wollen. Geben Sie den Wunsch auf, ein perfekter Vater oder eine perfekte Mutter sein zu wollen. Geben Sie sich damit zufrieden, Sie selbst zu sein.

So nett wie die Leute im Mittleren Westen

Im vergangenen Winter wurde ich eingeladen, in Minnesota ein Elternseminar abzuhalten. Ich weiß nicht, woran es liegt, aber immer im Winter werde ich in einen der Staaten des Mittleren Westens der USA eingeladen, wo es so richtig kalt ist. Vermutlich ist Eisfischen einfach nicht genug und die Leute brauchen noch eine Abendbeschäftigung. Wenn Sie aus einer schneereichen Gegend stammen, wäre so ein Seminar wahrscheinlich kein Problem für Sie, aber ich komme aus dem sonnigen Kalifornien und bin nicht an Temperaturen unter zehn Grad gewöhnt.

Ich mag die Leute im Mittleren Westen. Sie sind so höflich und gastfreundlich. Ich habe das einmal bei einer Einladung zum Abendessen erwähnt und meine Gastgeberin erwiderte: „Ja, wussten Sie es denn nicht – das ist die sprichwörtliche Minnesota-Freundlichkeit?"

„Was ist denn das?", fragte ich.

„Es ist ein ungeschriebenes Gesetz, dass man nach außen hin immer freundlich sein muss. Man nimmt sich Zeit für ein Lächeln, einen Gruß, einen kurzen Plausch, und dann geht man wieder an seine Arbeit."

„Aha, das erklärt, warum hier alle so nett sind. Ich konnte mir auch nicht vorstellen, dass der viele Schnee die Menschen so aufmuntert."

„Aber es ist nur eine oberflächliche Freundlichkeit", erläuterte sie mir. „Dabei ist das im Grunde ganz furchtbar, weil niemand mehr sagt, was er wirklich meint."

„Wie meinen Sie das?"

„Wenn jemand zu Ihnen sagt: ‚Ist ja hochinteressant‘, dann meint er das nicht wirklich. Eigentlich will er sagen: ‚Das ist ja wohl der größte Blödsinn, den ich diesen Winter gehört habe.‘ Aber das sagt er natürlich nicht, wissen Sie? Denn das wäre ja nicht nett."

„Viele der Eltern haben so etwas im Anschluss an das Seminar zu mir gesagt", meinte ich etwas irritiert.

Sie nickte nur viel sagend und kaute ihr Roastbeef.

Ich war fasziniert. „Gibt es noch mehr, was ich wissen sollte?"

Sie nippte an ihrem Glas Wasser. „Wenn jemand einen Satz mit ‚Na dann, alles klar‘ beendet, bedeutet das: ‚Das war's dann. Mit dir bin ich fertig. Machen wir uns wieder an die Arbeit.‘"

> Geben Sie den Wunsch auf, ein perfekter Vater oder eine perfekte Mutter sein zu wollen. Geben Sie sich damit zufrieden, Sie selbst zu sein.

„Oh weh, das habe ich auch immer wieder gehört. Ich dachte, die Leute wären einfach nur höflich – und das waren sie in einem gewissen Sinn ja auch. Aber eigentlich heißt das, dass sie froh waren, dass ich endlich fertig bin!?"

„Da können Sie drauf wetten. ... Möchten Sie noch etwas Fleisch?" Sie reichte mir das Roastbeef und den Kartoffelbrei. „Ihr Vortrag war wirklich hochinteressant, wissen Sie", witzelte sie mit einem verschmitzten Grinsen.

Unsere Kinder brauchen keine zur Schau getragene oberflächliche Fröhlichkeit von uns. Sie brauchen keine Anfeuerer, sie brauchen *Eltern*. Wir müssen nicht Supermama oder Superpapa sein. Wir müssen auch nicht immer ernst sein. Wir dürfen und sollten auch mal über uns selbst lachen, und vor allem dürfen wir echt mit unseren Kindern umgehen. Wir – so wie wir sind! – sind

genau das, was unsere Kinder brauchen. Wir, so wie wir sind –
nicht irgendwelche strahlenden, höflichen, *netten* Eltern.

Lauras Vermächtnis

Laura war eine alleinerziehende Mutter mit einem heranwachsenden Sohn. Zu seinem 18. Geburtstag wollte sie ihm einige
wichtige Lebensweisheiten aus männlicher Sicht weitergeben.
Sie wandte sich an männliche Verwandte, Freunde und Lehrer
und bat sie, eine Erfahrung niederzuschreiben, durch die sie etwas Wichtiges fürs Leben gelernt hatten – entscheidende Momente, Niederlagen, Erfolge oder auch einfach nur eine Erkenntnis. Die Beiträge sammelte sie in einem Notizbuch und
fügte ein persönliches Vorwort hinzu. Sie schrieb ihrem Sohn Jason, dass sie als seine Mutter ihm leider nicht alles beibringen
könne, was er als Mann wissen müsse.

Da sein Vater die Familie bereits viele Jahre zuvor verlassen
hatte, besaß Jason kein richtiges männliches Rollenvorbild. Laura versuchte nicht, ihm den Vater zu ersetzen. Sie gestand sich
und ihm ein, dass sie das nicht konnte. Doch durch das Buch mit
den Weisheiten und viele andere kreative Ideen gab sie ihrem
Sohn wichtigen männlichen „Input" zu einer Zeit, in der er dies
besonders brauchte. Zu seinem Geburtstag kochte sie ihm sein
Lieblingsessen und überreichte ihm dann feierlich das Notizbuch.

Jason liest diese Texte von seinen „Quasi-Mentoren" immer
wieder. Sie sind für ihn zu einem richtigen Schatz geworden.

Das alles nahm seinen Anfang darin, dass Laura authentisch
war. Sie versuchte nicht, etwas darzustellen, was sie nicht war. Sie
war sie selbst und gab ihrem Sohn ein Vorbild für Echtheit – und
das hatte einen spürbaren positiven Einfluss auf ihn.

Der Status Quo oder:

Der Schlamassel, in dem wir stecken

Manchmal ist es nicht leicht, authentisch zu sein. Es ist eine große Herausforderung, unseren Kindern ein gutes Vorbild zu sein. Viele Eltern, mit denen ich mich unterhalten habe, fühlen sich unter Druck gesetzt. Sie haben das Gefühl, ständig unter kritischer Beobachtung zu stehen. Und sie haben Angst davor, echt zu sein.

Da ist etwas schiefgelaufen. Früher hatten Eltern mehr Rückhalt. Wenn ein Kind sich im Supermarkt daneben benahm, unterstützten die anderen Kunden es, wenn Mutter oder Vater einschritten. Wenn Sie heute versuchen, ein Fehlverhalten Ihres Kindes in der Öffentlichkeit zu unterbinden, sind Sie sofort umgeben von Möchtegern-Richtern mit Adleraugen, die das Handy bereits gezückt haben, bereit, jederzeit das Jugendamt zu rufen. Natürlich geht es nicht an, öffentliche Gewalt gegen Kinder zu ignorieren. Es ist aber leider heutzutage so, dass die meisten Eltern schon Hemmungen oder regelrecht Angst haben, ihre Kinder in der Öffentlichkeit zu kritisieren oder gar zu disziplinieren.

Irgendwo ist uns etwas verloren gegangen. Wir können uns nicht mehr auf die traditionellen sozialen Netze verlassen – die Großfamilie, Nachbarn, die Kirchengemeinde, kommunale Programme oder Schulen –, die früher Eltern in dem Bemühen unterstützt haben, ihre Kinder zu erziehen und zu fördern. Unsere Gesellschaft bietet nicht mehr das, was unsere Kinder für ihre Entwicklung benötigen.

Und so liegt alles an uns – den Eltern. Wir müssen in die Bresche springen. Wir müssen neue tragende Netze aufbauen. Wir müssen mit unserer Erziehung einen Plan verfolgen und dürfen uns dabei nicht ablenken lassen oder der Versuchung nachgeben, mit dem Strom zu schwimmen.

Es fängt bei uns an. Wird Ihr Kind ein zivilisiertes, gesellschaftsfähiges, gottesfürchtiges Mitglied der Gemeinschaft werden … oder wird aus ihm ein rüpelhafter, selbstverliebter, emotional schwacher Hedonist? Die Werte, die Sie Ihrem Kind tagtäglich vorleben, werden das bestimmen.

Unser Vorbild ist entscheidend. *Alles,* was wir tun, lehrt unser Kind etwas über das Leben und darüber, wie man zu einem reifen Menschen wird – oder eben nicht.

> Unser Vorbild ist entscheidend. Alles, was wir tun,
> lehrt unser Kind etwas über das Leben und darüber,
> wie man zu einem reifen Menschen wird – oder eben nicht.

Starke Eltern bringen starke Kinder hervor. Schwache Eltern bringen schwache Kinder hervor. Die Kinder übernehmen das, womit sie groß werden. Ein Kind, das seine Eltern manipulieren kann, indem es heult, trotzt oder schmollt, kann nie die emotionale Stärke entwickeln, die es dringend braucht, um mit Enttäuschungen, Wartephasen, Frustrationen und Langeweile umzugehen. Woher soll ein solches Kind die innere Stärke und Selbstbeherrschung haben, um Stolperfallen, Versuchungen und Suchtmitteln zu widerstehen?

Mir scheint, als wäre in unserer Gesellschaft das Pendel bis ins Extrem ausgeschlagen. Wir sind Gefangene eines kulturellen Klimas, das uns vorgaukelt, es sei unangemessen, unseren Kindern moralische Werte anzuerziehen.

Sehen Sie sich nur einmal um! Die meisten Kinder heute besitzen kein klares, verinnerlichtes Empfinden für Recht und Unrecht. Sie achten keine Regeln. Sie erkennen keine Autorität an. Und sie kennen die Konsequenzen ihres Verhaltens nicht. Ihre manipulativen Techniken sind vielleicht ausgefeilter geworden und sie haben „den Dreh raus", wie sie mit ihren Wünschen durchkommen. Doch das bringt keine moralische Integrität hervor.

Jeder Mensch sehnt sich nach echter Gemeinschaft, in der es keine Täuschung gibt, in der man hinter die Fassade blicken kann, in der eine Person innen und außen dieselbe ist. Paulus beschreibt in seinem Brief an die Kolosser, wie authentische Gemeinschaft aussieht:

Hört auf, euch gegenseitig zu belügen. Ihr habt doch euer früheres Leben mit allem, was dazugehörte, wie alte Kleider abgelegt. Jetzt habt ihr neue Kleider an, denn ihr seid neue Menschen geworden. Gott hat euch erneuert, und ihr entsprecht immer mehr dem Bild, nach dem er euch geschaffen hat. So habt ihr Gemeinschaft mit Gott und versteht immer besser, was ihm gefällt. Dann ist unwichtig, ob einer Grieche oder Jude ist, beschnitten oder unbeschnitten, ob er aus einem Volk ohne hohe Kultur kommt, ob er aus einem Nomadenvolk stammt, ob er ein Sklave oder Herr ist. Wichtig ist einzig und allein Christus, der in allen lebt (Kolosser 3,9–11, Hoffnung für alle).

Im ersten Jahrhundert war es revolutionär, dass Paulus sagte, dass Bezeichnungen wie Jude oder Beschnittener unwichtig seien. Er lebte in einer stark an sozialen Schichten orientierten Gesellschaft. Die Position, die man innerhalb der Gesellschaft einnahm, war sehr wichtig. Wir als postmoderne Menschen, die schon seit Generationen in einer Demokratie leben, können uns das nur schwer vorstellen. Auch wenn selbst wir noch mitbekommen, dass eben nicht alle Menschen gleich behandelt werden, auch wenn wir das von klein an immer wieder gehört haben.

„Wichtig ist einzig und allein Christus, der in allen lebt", sagt die Bibel. Unter dem Kreuz sind wir alle gleich. Niemand kann sich damit rühmen, dass er wegen seiner guten Beziehungen, seines Wohlstandes oder seiner guten Taten zu diesem Club gehört. Die „Eintrittskarte" ist das Eingeständnis, dass wir Sünder und moralisch gescheitert sind.

Wenn Eltern nicht echt sind

Manche Eltern strampeln sich ab, um perfekt zu sein. Sie sind besessen davon, ein fehlerfreies Leben vorzuspielen. Das ist ein Todfeind eines authentischen Lebens. Für unsere Kinder ist es unvorstellbar schädlich.

Tim Kimmel nennt diesen Erziehungsstil „Image-Kontrolle":
Das ist eine Erziehungsmethode nach Checkliste (...). Meine El-
tern wandten dieses Erziehungsmodell in den frühen Jahren ihrer
Erziehung an. Ein Erziehungsstil der Image-Kontrolle geht davon
aus, dass man einen guten Christen, der netten christlichen Nach-
wuchs großzieht, daran erkennt, dass der Betreffende allsonntäg-
lich den Gottesdienst besucht, wie er sich kleidet (beziehungsweise
nicht kleidet), wie er seine Haare trägt, welche Worte er in den
Mund nimmt (oder nicht in den Mund nimmt), welche Schule er
besucht hat (oder nicht besucht hat), welche Filme er sich ansieht
(oder nicht ansieht), wie viele Bibelstellen er auswendig kann und
welche Bibelübersetzung er liest. Das Problem dieses Erziehungsstils
liegt nicht in dem, was diese Eltern tun oder nicht tun. Im großen
Ganzen sind es wohlmeinende Menschen, die versuchen, die richti-
gen Entscheidungen zu treffen, doch sie handeln aus den verkehr-
ten Motiven heraus! Gute Dinge aus den falschen Motiven heraus
zu tun, bringt unerwünschte Ergebnisse hervor. Leider sind unsere
Kinder sehr gut in der Lage zu erkennen, wenn wir lieber nach ei-
ner Checkliste leben, statt Gott zu vertrauen, dass er uns führen
wird.[17]

Als Eltern ein makelloses Image aufrechtzuerhalten ist unmöglich und außerdem nicht gesund. Immer, wenn wir gerade
gut aussehen und alles auf die Reihe bekommen haben, kommen
diese kleinen Terroristen und jagen unser Gebäude in die Luft!
Kinder haben so eine Art an sich, falsche Fassaden zu entlarven –
besonders die ihrer Eltern.

Als Eltern ein makelloses Image aufrechtzuerhalten ist unmöglich
und außerdem nicht gesund.

Ein Image zu pflegen ist anstrengend. Es kostet viel emotionale
und physische Energie, die Fassade aufrechtzuerhalten. Manche
der besonders erschöpften Eltern, die mir begegnet sind, haben
sich dem Erziehungsstil der Image-Kontrolle verschrieben. Die

Dauer-Schauspielerei erfordert viel Adrenalin und höchste Konzentration.

Ein perfektes Image ist aber nicht nur sehr lästig, sondern es richtet innerlich schlimmen Schaden an wie eine heimtückische, todbringende Krankheit. Es vergiftet unsere Beziehungen, weil hier die Täuschung zum Umgangston in der Familie wird:

- „Du musst immer gut aussehen – in jeder Situation."
- „Fehler zu machen ist nicht drin. Wir machen auch keine Fehler."
- „Egal, was kommt, du darfst niemals Schande über die Familie bringen."
- „Wir sind eine christliche Familie und wollen vor anderen gut dastehen. Darum müssen wir über jeden Zweifel erhaben sein."

Niemand ist „über jeden Zweifel erhaben" und schafft es, ein perfektes, unbeflecktes Leben zu führen – das funktioniert einfach nicht, und deshalb darf man Kinder nicht dem Druck aussetzen, so etwas schaffen zu müssen. Wenn Sie als Eltern so tun, als würden Sie keine Fehler machen, legen Sie bei Ihren Kindern den Grundstein für ein verkorkstes Selbstbild und Unehrlichkeit.

> Wenn Sie als Eltern so tun, als würden Sie keine Fehler machen, legen Sie bei Ihren Kindern den Grundstein für ein verkorkstes Selbstbild und Unehrlichkeit.

Wenn man versucht, eine Fassade aufrechtzuerhalten, hinter der es bröckelt, dann funktioniert die eigene Familie nur noch über Täuschungsmanöver. Die Täuschung wird zum unausgesprochenen und doch ständig praktizierten Grundwert.

Ich hatte schon oft mit Eltern zu tun, die sich darüber beklagten, dass ihre Kinder sie anlogen; später bekam ich dann mit, dass sie selbst an der Kinokasse behaupteten, ihre 14-jährige

Tochter sei erst 12, um an billigere Karten zu kommen. Und ich entdeckte, dass diese Eltern sich nicht um ihrer Kinder willen Sorgen um deren Verhalten machten, sondern nur, weil sie Bedenken hatten, dieses Verhalten könne auf sie als Eltern zurückfallen. Ein Erziehungsstil der Image-Kontrolle ist eine Brutstätte für Heuchelei.

Kann man in einer Welt des schönen Scheins echt sein?

Unsere Kinder, die Kinder der Jahrtausendwende, sehnen sich nach authentischen Beziehungen. Sie kennen all den Reklameschwindel, die verlogenen Marketingstrategien und die vielen leeren Versprechungen der Politiker. Sie suchen nach jemandem, der weniger verspricht und mehr hält. Und dieser Jemand sollten Sie sein, die eigenen Eltern.

Wir wissen, dass Sie nicht perfekt sind. Das kann ich Ihnen beweisen.

Wissen Ihre Kinder, welchen Knopf sie bei Ihnen drücken müssen, damit Sie hochgehen? Wissen Ihre Kinder, wie sie Sie bearbeiten müssen, um etwas zu bekommen? Können Ihre Kinder Sie dazu bringen, genau das zu tun, was sie wollen?

Das dachte ich mir. Bei meinen Kindern ist es nicht anders.

Also lassen Sie diese fixe Idee von der perfekten Rolle los und geben Sie sich lieber damit zufrieden, Sie selbst zu sein. Wenn Sie authentisch sind, schaffen Sie eine Atmosphäre der Wahrhaftigkeit und der Barmherzigkeit. In einem solchen Umfeld wird Ihr Kind sich ebenfalls zu einem authentischen Menschen entwickeln können.

Das hatte auch Paulus im Sinn, als er in seinem Brief an die Kolosser weiter schrieb: *Ihr seid von Gott erwählt, der euch liebt und zu seinem heiligen Volk gemacht hat. Darum zieht nun wie eine neue Bekleidung alles an, was den neuen Menschen ausmacht: herzliches Erbarmen, Freundlichkeit, Bescheidenheit, Milde, Geduld. Ertragt einander! Seid nicht nachtragend, wenn euch je-*

mand Unrecht getan hat, sondern vergebt einander, so wie der Herr euch vergeben hat. Und über das alles darüber zieht die Liebe an, die alles andere in sich umfasst. Sie ist das Band, das euch zu vollkommener Einheit zusammenschließt (Kolosser 3,12–14).

Das sind die Merkmale authentischer Beziehungen. Wichtig ist zu erkennen, dass es sich hierbei nicht um eine Checkliste kulturell anerkannter Verhaltensmaßstäbe des „Clubs der perfekten Eltern" handelt. Es sind vielmehr die Grundregeln für das Gelingen von Beziehungen und zudem Charaktereigenschaften, die denen von Jesus entsprechen.

Wir können authentisch sein, wenn wir uns nicht in den Vordergrund drängen müssen, um Aufmerksamkeit zu bekommen. Wir können authentisch sein, wenn wir die stille Kraft besitzen, Milde walten zu lassen. Wir müssen nicht makellos aussehen. Authentizität hilft uns, nicht auf jedes schlechte Verhalten eines anderen einsteigen zu müssen. Wir versuchen nicht, etwas zu verbergen. Und wenn wir von anderen herausgefordert werden, müssen wir nicht darauf reagieren. Wir sind nicht nachtragend und besitzen die nötige Selbstbeherrschung.

> Authentische Menschen müssen nicht gewinnen. Für sie besteht das Leben nicht aus einem einzigen Wettkampf. Sie vergeben leicht – weil sie wissen, wie sehr sie selbst immer wieder Vergebung brauchen.

Authentische Menschen müssen nicht gewinnen. Für sie besteht das Leben nicht aus einem einzigen Wettkampf. Sie vergeben leicht – weil sie wissen, wie sehr sie selbst immer wieder Vergebung brauchen.

Authentische Menschen können andere lieben, weil sie gelernt haben, sich selbst mit ihren Stärken und Schwächen zu lieben. Sie sehen sich selbst realistisch.

Das Baumhaus

Vor einigen Jahren hörte ich Charles Swindoll über Authentizität referieren. Er erzählte die Geschichte von drei Kindern, die aus Resthölzern ein Baumhaus bauten. Als sie fertig waren, bewunderten sie ihr Werk.

„Wir brauchen ein paar Regeln", meinte der achtjährige Tommy.

„Wozu brauchen wir Regeln?", fragte die siebenjährige Latisha.

„Weil's unser Haus ist, und da will ich keinen drin haben außer uns", erklärte er.

„Was für Regeln denn?", fragte der sechsjährige Pablo.

„Weiß nich'. Ich will nur nicht, dass mir irgendjemand in unserem Baumhaus vorschreibt, was ich zu tun habe. Aber ich will nicht so viele Regeln, wie meine Mama zu Hause für mich hat." Tommy kratzte sich am Kopf.

„Und ich will nich', dass jemand behauptet, ich hätte nichts zu sagen, nur weil ich klein bin", führte Pablo aus.

„Ich hab 'ne Idee! Wartet hier, ich bin gleich wieder da", rief Latisha und rannte nach Hause.

Etwa fünf Minuten später kam sie mit einem Pappschild zurück. Auf den braunen Karton hatte sie mit einem dicken schwarzen Stift geschrieben:

Keiner tut, als wär er der Größte.
Keiner tut, als wär er der Kleinste.
Alle tun, als wären sie mittelgroß.

Ich denke, Latisha hatte verstanden, was Authentizität bedeutet. Wenn wir „tun, als wären wir die Größten" – so als wären wir besser als andere –, ist keine Authentizität möglich. Wir verprellen die anderen und sie wollen nichts mehr mit uns zu tun haben.

Wenn wir „tun, als wären wir die Kleinsten", sagen wir damit, wir wären es nicht wert, dass man sich mit uns abgibt. Wir leben in der falschen Annahme, andere wollten nichts mit uns zu tun haben. Wir meinen fälschlicherweise, dass andere das Leben besser auf die Reihe bekämen als wir selbst.

Aber wenn wir „tun, als wären wir mittelgroß" – wenn wir uns nicht aufspielen und nicht klein machen –, geben wir Raum für Authentizität.

Wir wollen echt sein und wünschen uns das auch für unsere Kinder, weil Authentizität Nähe schafft. Gesunde Eltern stellen neben die körperliche Nähe im Laufe der Entwicklung ihrer Kinder immer mehr die emotionale Nähe. Wenn Ihr Kind noch ganz klein ist, dann halten Sie es oft auf dem Arm, berühren es und verbringen viel Zeit mit ihm. Aber wenn es älter wird, ersetzen Sie etwas von dieser körperlichen Nähe durch emotionale Nähe. Ganz praktisch wird das zum Beispiel, wenn ein Kind in den Kindergarten kommt. Dann sind Sie nicht mehr die ganze Zeit bei ihm, vermitteln ihm aber durch Ihre Worte („Ich hole dich dann nachher wieder ab!") emotionale Nähe.

Wenn wir echt sind, gibt uns das die Chance, unseren Kindern selbst in den Jahren der Pubertät und danach noch nah zu sein. Authentische Menschen sind anziehend. Ich kann das nicht genau erklären, aber man merkt es ja deutlich am Gegenteil. Wenn ich es mit einem Menschen zu tun habe, der eine gewinnende Art hat, aber irgendwie unecht erscheint, neige ich dazu, diesen Menschen zu meiden. Sie wissen sicher, wovon ich spreche.

Die Welt, in der Jamie lebt

„Wenn die Leute nur wüssten, wie mein Vater wirklich ist", klagte die 15-jährige Jamie. „Er ist so ein Angeber. In der Gemeinde macht er immer auf lieb und nett, aber zu Hause ist er fies, egoistisch, ungerecht und unbeherrscht."

Ich konnte es kaum glauben. Der Jim, den ich kannte, war freundlich und umgänglich, engagierte sich im Kirchenvorstand und war ein talentierter Referent. „Hm, es heißt ja, jede Medaille hat auch eine Kehrseite, nicht wahr?"

„Ja, nur bis jetzt hat keiner meine Seite gehört. Danke, dass Sie mir zugehört haben."

„Aber klar. Ich lerne gerade, dass man kein Buch nach seinem

Umschlag beurteilen darf – und Menschen nicht nach dem An-
schein, den sie sich geben."

„Er ist so ein Heuchler! Warum sollte ich ihm gehorchen? Ich
kann ihn nicht respektieren. Er sagt mir, ich müsse alle seine
durchgeknallten Regeln befolgen, dabei bricht er selbst jedes
einzelne Gebot!"

Ich speicherte die Aussage „jedes einzelne Gebot" für ein spä-
teres Gespräch. „Was stört dich an ihm am meisten?"

„Er lügt. In der Gemeinde redet er in diesem hochgeistlichen
Tonfall, aber zu Hause flucht er rum und brüllt uns an. Er macht
allen etwas vor. Ich kann ihn nicht ausstehen."

Es sollte sich zeigen, dass Jamie Recht hatte. Manchmal rebellieren Kinder gegen ihre Eltern, weil sie spüren, dass etwas bei
ihnen nicht stimmig ist. Und dann ist es nur gut und gesund,
wenn sie aufbegehren. Es verhindert, dass sie ein Teil dieses to-
xischen Systems werden.

> Manchmal rebellieren Kinder gegen ihre Eltern, weil sie spüren,
> dass etwas bei ihnen nicht stimmig ist. Und dann ist es nur gut
> und gesund, wenn sie aufbegehren. Es verhindert, dass sie ein Teil
> dieses toxischen Systems werden.

Innerhalb weniger Monate hatte jeder in der Stadt gemerkt, was
für ein Schauspieler Jim tatsächlich war. Sein öffentliches Image
als netter, gläubiger Mann passte nicht zu seinem Verhalten zu
Hause und im Beruf. Er hatte eine außereheliche Beziehung,
und seine Gier und sein Mangel an moralischen Werten führten
dazu, dass er das Gesetz brach. Das brachte ihn letztlich ins Gefängnis. Er verlor sein Unternehmen, seinen guten Ruf und seine Familie.

Heuchelei zerstört die Familie.
Authentizität stärkt die Familie.

Ein Hoch auf die Mittelmäßigkeit

Ich kenne mich mit der Art von Eltern aus, die Erziehungsbücher kaufen und Seminare besuchen. In der Regel sind es gute Eltern, die *noch bessere* Eltern werden möchten. Das ist schön, aber auch frustrierend, weil die Eltern, die am dringendsten Unterstützung bräuchten, oft keinerlei Hilfe von außen suchen.

Aber, liebe Leser dieses Buches, ich weiß, dass viele von Ihnen unter den Folgen Ihres eigenen Perfektionismus leiden. Sie dürfen das ruhig zugeben. Schließlich geht es in diesem Kapitel ja um Authentizität – also wollen wir lernen, echt zu sein.

In meinen Seminaren bitte ich die anwesenden Eltern oft, den folgenden Satz zu Ende zu führen: „Man soll eine Sache entweder ..."

Die Teilnehmer begreifen meist auf Anhieb, was ich meine, und vollenden im Chor: „... ganz oder gar nicht machen."

Und dann frage ich sie: „Woher haben Sie diese Weisheit?"

Und sie antworten: „Von unseren Eltern."

Diplomatisch und vorsichtig, wie ich nun mal nicht bin, antworte ich ihnen: „Ihre Eltern hatten Unrecht!"

Erkennen Sie Fortschritte an und erwarten Sie keine Perfektion.

Denken Sie doch einmal darüber nach: Wenn etwas meine ganze Mühe wert ist, dann ist es selbst dann noch so, wenn ich diese Aufgabe mehr schlecht als recht erfülle und das Ergebnis eher kümmerlich ausfällt. Jeder Versuch, diese Aufgabe zu bewältigen, ist ehrbar, solange er in die richtige Richtung weist. Mein Tun muss nicht perfekt sein, um einen Wert zu besitzen.

Manchmal können wir erst lernen, etwas gut zu machen, wenn wir es versuchen. Wir lernen durch Ausprobieren. Ein dreifaches Hoch auf die Mittelmäßigkeit!

Ich weiß, das ist jedem Perfektionisten zuwider. Doch wenn wir wollen, dass unsere Kinder einen starken Charakter entwickeln, müssen wir ihnen Übungsfelder bieten. Wir müssen zulassen, dass sie ein paar Mal auf die Nase fallen oder sich die Knie aufschlagen. Es ist besser, sie lernen all das unter unserem Schutz und unseren wachsamen Augen, als wenn sie in einer großen, bösen Welt auf sich allein gestellt sind. Die Familie ist der Ort, an dem sie lernen können, ohne die volle Wucht der negativen Konsequenzen von Fehlern spüren zu müssen. Sie können etwas ausprobieren und Fehler machen, ohne daran zugrunde zu gehen. Versuchen Sie, die Fortschritte Ihres Kindes anzuerkennen, statt Perfektion zu erwarten.

Ihre Kinder wollen unbedingt mit Ihnen in Beziehung stehen. Psychologische Tricks, tolle Leistungen, Materialismus und selbst die beste Förderung ihrer Begabungen ist nicht das, was Ihre Kinder brauchen. Was Ihre Kinder brauchen, sind Sie.

> Ihre Kinder wollen mit Ihnen in Beziehung stehen. Psychologische Tricks, tolle Leistungen, Materialismus und selbst die beste Förderung ihrer Begabungen ist nicht das, was Ihre Kinder brauchen. Was Ihre Kinder brauchen, sind Sie.

Sieben Tipps, wie Sie Ihrem Kind dabei helfen können, echt zu sein

1. Geben Sie den Wunsch auf, ein perfekter Vater oder eine perfekte Mutter zu sein.
2. Vermitteln Sie Ihrem Kind auf altersgemäße Weise, wie Sie selbst aus Fehlern gelernt haben.
3. Erzählen Sie Ihrem Kind die Lebensgeschichten einflussreicher Persönlichkeiten und Vorbilder, die ihrerseits oft versagt haben, bevor sie erfolgreich wurden. (Beispiele hierfür wären Abraham Lincoln, Albert Einstein, Marie Curie, William Wilberforce.)
4. Vermeiden Sie es, Menschen aufgrund äußerer Merkmale wie Hautfarbe, Aussehen, Nationalität, Behinderung, Religion

oder politischer Orientierung in irgendeine Schublade zu drängen. Erinnern Sie sich und Ihr Kind vielmehr daran, dass Gott das Herz ansieht (vgl. 1. Samuel 16,7). Auf das Herz eines Menschen kommt es an, nicht auf die äußere Schale.

5. Wenn Ihr Kind sich falsch verhalten hat, dies aber offen eingesteht, dann sollten Sie bei der Bestrafung Milde walten lassen.
6. Arbeiten Sie Seite an Seite. Lassen Sie Ihr Kind sehen, wie Sie schwitzen! Nehmen Sie sich ein Projekt im Garten oder im Haus vor, bei dem man etwas lernen kann, Geduld braucht, im Team arbeiten muss und nicht gleich aufgeben darf. Wenn man miteinander an etwas arbeitet, lernt man sich gegenseitig von einer ganz anderen Seite kennen.
7. Spielen Sie miteinander. Sagen Sie Ihrem Kind: „Komm, wir räumen jetzt zwei Stunden die Garage auf, und danach nehmen wir uns ein Picknick mit an den See und lassen es uns gut gehen." Seien Sie auch bereit, sich auf die Wünsche Ihrer Kinder einzulassen. Tun Sie das, was Ihrem Kind Spaß macht, selbst wenn Sie dabei eine schlechte Figur machen.

Echtheit wird aus Barmherzigkeit geboren

Wenn Sie ein Vorbild für Authentizität suchen, dann betrachten Sie doch einmal Jesus. Johannes beschreibt ihn folgendermaßen: *Er, das Wort, wurde ein Mensch, ein wirklicher Mensch von Fleisch und Blut. Er lebte unter uns, und wir sahen seine Macht und Hoheit, die göttliche Hoheit, die ihm der Vater gegeben hat, ihm, seinem einzigen Sohn. Gottes ganze Güte und Treue ist uns in ihm begegnet* (Johannes 1,14).

Authentizität ist Wahrheit und Barmherzigkeit im Kontext von Beziehungen. Sie findet dort statt, wo wir den Mut haben, ehrlich voreinander zu sein. Keine falsche Fassade. Keine Versteckspiele. Es ist die Art von Beziehung, die auf Barmherzigkeit gegründet ist. Ich definiere Barmherzigkeit als *Liebe in Beziehung:* Weil ich den anderen liebe, lasse ich nicht zu, dass irgendetwas unsere Beziehung behindert.

Es geht nicht darum, perfekt zu sein – das ist gesetzlich. Jesus kam, um das Gesetz zu vollenden. Das Gesetz weist uns auf unsere Unzulänglichkeiten hin – wenn wir versuchen, perfekt zu sein, merken wir erst, wie unperfekt wir sind. Im Gegensatz dazu ist Jesus gekommen, um mit jedem Menschen eine authentische Beziehung einzugehen – mit jedem Mann, jeder Frau und jedem Kind. *In Jesus Christus aber ist uns seine Güte und Treue begegnet* (Johannes 1,17).

Erinnern Sie sich daran, wie Jesus die Fünftausend speiste? In Markus 6,30–43 wird uns von der Gewohnheit der Jünger berichtet, sich um Jesus zu versammeln und ihm zu berichten, „was sie alles in seinem Auftrag getan und den Menschen verkündet hatten" (Vers 30). Das war ihre tägliche Mitarbeiterbesprechung, doch an diesem speziellen Tag schlossen sich ihnen 5.000 Männer an – von den Frauen und Kindern ganz zu schweigen, die vermutlich noch einmal 10.000 Personen ausmachten! Können Sie sich diesen „Besprechungsraum" in seiner ganzen Größe vorstellen?

Und all diese Gäste waren hungrig. Sie waren viele Kilometer gelaufen, um bei Jesus zu sein. Jesus hatte Mitleid mit ihnen und nahm ein paar Laibe Brot und einige Fische von einem kleinen Jungen und machte damit auf wundersame Weise die gesamte Menge satt. Die Geschichte kennen Sie vermutlich. Aber das war nicht das einzig Außergewöhnliche, was hier passierte.

Nachdem er 5.000 (oder eben 15.000) Menschen gespeist hatte, zog Jesus sich mit seinen Jüngern zur „Vorstandssitzung" zurück. Und das ist der bemerkenswerte Teil der Geschichte: Da fehlt etwas!

In keinem der Evangelien wird berichtet, dass Jesus so etwas sagt wie: „Gut, Jungs, das war eine anständige Leistung heute, aber wir können es noch besser machen. Fünfzehntausend ist jetzt unsere persönliche Bestmarke. Aber ich glaube, mit einer besseren Kundenbindung, Johannes, und einer etwas umfangreicheren Logistik, Judas, und mit einer ausgedehnteren Medienpräsenz, Petrus, könnten wir ein noch höheres Niveau erreichen. Ach ja, und wir brauchen umfangreichere Marktanalysen. Wer kümmert sich darum?"

Wir hören an keiner Stelle, dass Jesus sagt: „Fünfzehntausend sind gut, aber das nächste Mal versuchen wir, zwanzigtausend zu erreichen!"

Jesus war die Leistung weitaus weniger wichtig als die Beziehungen.

Jesus war die Leistung weitaus weniger wichtig als die Beziehungen. Nach der wundersamen Massenspeisung puschte Jesus seine Mannschaft nicht zu „Spitzenleistungen", ja noch nicht einmal dazu, „das eigene Potenzial zu erreichen". Er führte keine Motivationsveranstaltung mit seinen Jüngern durch. Jesus schickte sie zu ihren Booten, während er die Menge nach Hause entließ (vgl. Matthäus 14,22–23). Nachdem er das getan hatte, „stieg er allein auf einen Berg, um zu beten" (Vers 23). Er musste geistlich und emotional auftanken.

Anschließend schloss er sich seiner Schar draußen auf dem See wieder an. Jesus wollte mit seinen Freunden zusammen sein, und weder Wind noch Wellen konnten ihn daran hindern. Er ging einfach auf dem Wasser hinaus zu seiner Mannschaft.

Noch ein Wunder. Doch es geschah nicht nur, um seine göttliche Herkunft zu beweisen. Es geschah auch, damit er bei denen sein konnte, die er liebte.

Barmherzigkeit und Wahrheit im Kontext von Beziehung.

Authentische Freundschaft.

Tim Kimmel beschreibt dieses Grundverständnis: *Diese Art von Barmherzigkeit macht ungeheuer viel aus, wenn sie aus Gott kommt und durch Sie hindurch zu Ihren Kindern fließt. Kinder, die in einem Elternhaus aufwachsen, in dem sie die Freiheit besitzen, sie selbst zu sein, sich verletzlich zu machen, offen zu reden und Fehler zu machen, lernen aus erster Hand, wie echte Liebe aussieht.*[18]

Wie würde eine wirklich authentische Familie wohl aussehen? Wie würde es sich auswirken, wenn Barmherzigkeit und Wahrheit alle Beziehungen innerhalb der Familie durchziehen würden?

5 Zuhören lernen

„Wie war die Party am Samstag?", fragte ich meine beinahe 16-jährige Tochter Nicole, während ich sie zur Schule fuhr.

„Echt geil, Papa. Der reinste Wahnsinn."

Ich wurde etwas unruhig.

„Es waren so viele Leute da, unglaublich! Als Kelly und ich ankamen, standen sicher so um die 50 Leute vor dem Haus. Wir gingen hinein und da hingen sicher nochmal 50 um ein Fass Bier herum."

Ich wäre ihr am liebsten ins Wort gefallen, aber ich beherrschte mich.

„Die Musik war viel zu laut, man konnte sich gar nicht unterhalten, deshalb gingen wir in den Garten. Da waren auch noch ein paar Leute und rauchten Joints." Sie hielt inne und schielte zu mir herüber.

Meine Hände umklammerten krampfhaft das Lenkrad. Ich biss mir auf die Lippen und nickte.

„Wir wollten natürlich nicht nach Gras stinken, deshalb sind wir wieder ins Haus gegangen. Aber wir erwischten die falsche Glastür und stolperten ins Schlafzimmer, wo ein Junge und ein Mädchen es gerade miteinander trieben."

Ich riss die Augen auf vor Schreck. Mein Griff um das Lenkrad wurde noch fester. Es kostete mich viel Mühe, nichts zu sagen, doch ich presste die Lippen zusammen und stieß nur ein „Hmmhm" hervor.

Sie blickte kurz zu mir herüber, um meine Reaktion zu testen, dann fuhr sie fort: „Na ja, da haben wir uns gedacht, dass das wohl nicht die Sorte Party ist, zu der wir gehen möchten, und wir haben uns verdrückt. Wir sind dann noch zu McDonalds gegangen und haben einen Milchshake getrunken."

Gott sei Dank für McDonalds!, dachte ich. „Das ist gut, Nicole. Nein, eigentlich ist das großartig! Starke Leistung! Ich bin stolz auf dich!"

Wir erreichten die Schule und ich gab ihr zum Abschied einen ausgesprochen herzlichen Kuss.

Jetzt überlegen Sie mal, liebe Eltern, was wohl passiert wäre, wenn ich ihr nach dem Wort „Bier" gleich ins Wort gefallen wäre.

Ja, richtig: Ich hätte das mit den Joints nicht erfahren. Und was wäre passiert, wenn ich ihr beim Wort „Joint" ins Wort gefallen wäre?

Richtig: Ich hätte das mit dem Sex nicht mitbekommen. Und was wäre gewesen, wenn ich es bei „miteinander treiben" nicht mehr ausgehalten und mit meinem Verhör begonnen hätte?

Ganz genau: Ich hätte den Teil der Geschichte nie gehört, in dem sie zur Heldin der Story wird.

Wenn wir unseren Kindern zuhören, ohne sie zu unterbrechen, geben wir ihnen die Möglichkeit, zu den Helden ihrer eigenen Geschichte zu werden. Das fällt nicht leicht. (Die Abdrücke meiner Fingernägel auf meinem Lenkrad beweisen das.) Aber es ist notwendig.

An dieser Stelle möchte ich einen Augenblick innehalten und etwas mit Druckerschwärze festhalten, das in anderen Erziehungsbüchern womöglich nicht auftaucht. Vertrauen Sie mir, ich habe schon hunderte Ratgeber gelesen und es noch in keinem gefunden. Das ist es, was ich sagen möchte: *Kinder können brutal sein.*

Uff! Es tut gut, mir das von der Seele zu reden. Es ist so erfrischend ehrlich. Lassen Sie es uns gemeinsam aussprechen: Kinder können brutal sein.

Sie haben das auch schon erlebt, nicht wahr? Aber Sie haben es vermutlich noch nie ausgesprochen. Es klingt nicht sehr „christlich", so etwas zu sagen. Aber es ist wahr. Manchmal sind Kinder geradezu boshaft. Ich möchte Ihnen ein Beispiel erzählen.

Etwa zwei Jahre nach dieser Bier-Joint-Sex-Orgie erlebte ich mit unserer zweiten Tochter, Brooke, ein Déjà-vu in dieser Hinsicht. Sie war fast 16 und ich fuhr sie zur Schule.

Nicht jeder Moment eignet sich, um seinen Kindern etwas beizubringen.

„Wie war die Party am Samstag, Brooke?"

Diesmal war ich besser vorbereitet und musste mir nicht auf die Lippen beißen. Ich hielt den Mund und hörte zu – ihre Geschichte klang ganz ähnlich, nur dass sie am Ende mit ihren Freundinnen zu *Burger King* ging.

Was hat das jetzt damit zu tun, dass Kinder grausam sein können? Nun, Nicole und Brooke hatten sich offensichtlich über ihre Party-Erfahrungen unterhalten und Strategien ausgetauscht. Es war dasselbe Szenario, bis auf ein Detail: Als wir die Highschool erreichten, lächelte Brooke mich an und meinte: „Papa, ich bin stolz auf dich!"

Ich war etwas verdutzt: „So, warum?"

„Weil du wirklich lernst, dich zu beherrschen."

Verstehen Sie, was ich meine? Kinder sind grausam! Sie hatte mit mir gespielt wie die Katze mit der Maus – und das die ganzen fünf Minuten lang, die wir brauchten, um zur Schule zu kommen.

Doch worum geht es mir eigentlich?

Nicht jeder Moment eignet sich, um seinen Kindern etwas beizubringen. Lassen Sie den einen oder anderen einfach verstreichen. Ihre Kinder werden Ihnen mehr als eine Chance geben, ihnen ins Wort zu fallen, sie zu tadeln oder zu verhören. Das ist ein Test! Sie werfen ihren Köder aus. Sie wollen herausfinden, ob sie Ihnen wirklich so viel bedeuten, wie Sie immer behaupten. Und das demonstrieren Sie, indem Sie ihnen zuhören – einfach nur zuhören, ohne sie zu korrigieren oder ihnen eine Predigt zu halten oder sie über Details auszufragen.

So ganz nebenbei zur Schnecke gemacht

Nehmen wir einmal an, Sie gehen mittags mit einer guten Freundin essen. Es ist ein sonniger Tag und Sie genießen die Atmosphäre auf der Terrasse Ihres Lieblingsrestaurants.

„Ich glaube, ich nehme ein Steak vom Angusrind", sagen Sie.

„Darf ich dir einen Salat ans Herz legen? Du siehst aus, als ob du etwas weniger Fleisch essen solltest", sagt Ihre Freundin wenig taktvoll.

Sie zucken innerlich zusammen und wechseln schnell das Thema. „Nach dem Essen würde ich gerne noch mal einen Blick auf die Schnäppchen im Einkaufszentrum werfen."

„Gute Idee", meint Ihre Freundin, „in dieser Hose siehst du wirklich nicht sehr vorteilhaft aus. Ach, übrigens, hast du demnächst mal wieder einen Termin beim Friseur? Deine Haare könnten etwas Zuwendung vertragen."

Ich vermute, Sie würden die Dame auf die Liste Ihrer ehemaligen Freundinnen setzen, nicht wahr? Wer braucht schon so ein Übermaß an Kritik und herablassenden Bemerkungen? Wir sicher nicht – und das Gleiche gilt für unsere Kinder.

Aber mit unseren Kindern machen wir so etwas ständig, ohne es noch zu merken:

- „Setz dich gerade hin. Deine Haltung ist ja fürchterlich."
- „Mach den Mund zu beim Essen. Das gehört sich nicht."
- „Ihr benehmt euch wie die Affen. Hört jetzt endlich auf damit!"
- „Du musst wirklich aufpassen, dass deine schulischen Leistungen nicht noch mehr nachlassen."
- „Deine Einstellung gefällt mir nicht."

Wenn ständig solche Kommentare über unsere Lippen kommen, zerstört das die Kommunikation zwischen uns und unseren Kindern. Ständige Kritik und Korrektur stehen jeder Form von Austausch und Offenheit im Wege.

Ich behaupte nicht, dass Sie Ihr Kind überhaupt nicht mehr

korrigieren sollen, aber Sie sollten es geschickt angehen. Überlegen Sie sich genau, wann und wo Sie was sagen. Wenn Ihr Kind Ihnen gerade etwas über sich selbst erzählen möchte, dann lassen Sie es ausreden. Widerstehen Sie der Versuchung, es zu unterbrechen und zu belehren, weil sich nicht jeder Augenblick für eine Lektion eignet. Lassen Sie manche dieser Augenblicke einfach verstreichen.

Wenn die Verbindung unterbrochen ist

Unsere Gesellschaft leidet an einer immer stärkeren Beziehungslosigkeit. Wir verbringen heute viel weniger Zeit mit Nachbarn und Freunden, als das früher üblich war. Oft empfinden wir es als Belastung, Freundschaften zu pflegen, egal ob die Freunde am Ort oder Hunderte von Kilometern entfernt wohnen.

Auch die Verbindung zwischen Eltern und Kindern ist unterbrochen. Wir haben kaum noch Zeit für ein Gespräch. Stattdessen haben wir jede Menge Informationen auszutauschen:

„Wann muss ich dich vom Tanztraining abholen?", fragt die Mutter ihre Tochter übers Handy, das sie aus Gründen der Zeitersparnis mit ihrem elektronischen Timer verbunden hat.

„Um sechs. Bring mir Klamotten zum Wechseln, was zu essen und meine Klarinette mit, ja?"

„Okay. Wie bist du heute zum Training gekommen?"

„Mrs Lighetti hat mich mitgenommen. Und wir sind nachher dran mit dem Fahrdienst. Du musst Jenny, Chris und Sarah nach Hause bringen. Wo bist du denn jetzt, Mama?"

„Auf der Stadtautobahn. Um wie viel Uhr muss Benny ins Karatetraining? Ohohoh! Fast wäre ich in einen Laster gekracht! ... Weißt du das noch?"

„Was soll ich wissen?"

„Wann Benny Karate hat."

„Keine Ahnung. Woher soll ich das wissen? Ich muss jetzt Schluss machen. Der Trainer ist da und ich kann meinen zweiten Schuh nicht finden. Hast du ihn gesehen?"

„Wen gesehen?"

„Ach egal. Bis nachher, Mama!"

„Warte, bleib noch dran. Ich krieg gerade noch 'nen Anruf rein. Vielleicht ist es dein Vater. Dann frag ich ihn!"

„Wegen dem Schuh?"

„Nein, wegen Bennys Karatetraining."

Klick.

Kommt Ihnen das bekannt vor? Wie stellen wir die Verbindung her? Wie lernen wir, inmitten von Lärm und Geschäftigkeit noch richtig zuzuhören? Wie sollen unsere Kinder lebenstüchtige Persönlichkeiten werden und ihren Charakter entfalten, wenn die meisten unserer Gespräche so ablaufen wie dieses?

Fragen Sie sich, was geschieht, wenn Eltern auf diesem Niveau stecken bleiben und sich niemals die Zeit nehmen, mit ihren Kindern über die tiefen Dinge des Lebens zu sprechen. Wir müssen wieder über reine Logistikfragen hinauskommen. Wir müssen mehr als Informationen austauschen. Wir brauchen Gespräche, bei denen beide Seiten gehört und verstanden werden.

> Wenn Eltern es versäumen, ihren Kindern ein Gefühl für Recht und Unrecht zu vermitteln, machen sie sich der Vernachlässigung schuldig.

Eltern mögen ihre Kinder noch so gut kleiden und ernähren, ihnen teures Spielzeug kaufen, sie zu außerschulischen Aktivitäten anmelden und sich sonstwie für sie krummlegen – doch wenn sie es versäumen, ihren Kindern ein Gefühl für Recht und Unrecht zu vermitteln, machen sie sich der Vernachlässigung schuldig. Wir behaupten von uns, eine Elterngeneration zu sein, die sich wirklich um ihre Kinder kümmert. Wenn das so ist, dann sollten wir moralische Werte schon im Kindergartenalter vermitteln und uns auch dann nicht aus der Verantwortung stehlen, wenn unsere Kinder in die Pubertät kommen und sämtliche Regeln hinterfragen. Es mag unpopulär sein, unseren Kindern gewisse Maßstäbe abzuverlangen, aber es ist lebenswichtig.

Vielleicht müssen wir unser Lebenstempo verlangsamen, damit wir genügend Zeit haben, um zuzuhören, die Verbindung aufrechtzuerhalten und unseren Kindern eine Leitlinie zu geben. Der Radiomoderator Michael Medved meint: *Wenn wir die Kindheit als eine Zeit besonderer Offenheit und Entfaltung betrachten, sollten wir unsere Kinder vor zu vielen Aktivitäten schützen, statt sie mitzuschleppen, weil* wir *diese Aktivitäten verfolgen wollen.*[19]

Ein Schrei, der gehört werden sollte

Unsere Kinder tun sich leicht damit, sich in einer Medien- und Informationsgesellschaft zu bewegen. Die moderne Technologie ist ihnen so vertraut wie früher ihr Schnuller. Doch vom Tosen dieser Datenflut wird alles andere übertönt. Die meisten von ihnen haben das Gefühl, „keine Stimme zu haben", und möchten über dieses Brausen hinweg gehört werden. Sie haben große Hoffnungen für die Zukunft, stehen der Gegenwart jedoch gleichgültig gegenüber.

Die meisten dieser Kinder würden gern ernsthafte Gespräche mit einem Erwachsenen führen, der für sie da ist und ihnen zuhört. Wie oben bereits gesagt, wünschen sich nahezu alle Kinder eine Art Mentor, und die meisten möchten mehr Zeit mit ihrem Vater verbringen.[20]

> Ihre Kinder haben ein lebhaftes Interesse daran, jemandem von ihren Ansichten zu erzählen und sich mit einem Erwachsenen über ihre Fragen auszutauschen. Und dieser Erwachsene können Sie sein!

Diese Kinder – Ihre Kinder! – haben ein lebhaftes Interesse daran, jemandem von ihren Ansichten zu erzählen und sich mit einem Erwachsenen über ihre Fragen auszutauschen. Und dieser Erwachsene können Sie sein! Anders als vorangegangene Generationen, in denen die Meinung der Eltern meist abgelehnt wurde, weil sie nicht als verlässliche Quelle für relevante Informationen galten, sind die heutigen Kinder bereit, uns eine Chance zu geben. Der Graben zwischen den Generationen ist Geschichte! Unsere Kinder schreien danach, gehört zu werden.

Bei meinen Studien in Zusammenarbeit mit George Gallup für mein Buch *The Seven Cries of Today's Teens* („Die sieben Aufschreie heutiger Teenager") entdeckten wir, dass 91 Prozent der befragten Jugendlichen ein „sehr starkes" oder „starkes" Bedürfnis empfanden, einmal wirklich angehört zu werden. Die Ergebnisse der Umfrage bestätigten, dass unsere Kinder und Jugendlichen, ob Jungen oder Mädchen, sich wünschen, dass ihre Ansichten gehört und ernst genommen werden.[21]

Warum?

Weil wir den anderen unsere Wertschätzung erweisen, wenn wir ihnen zuhören und echte Aufmerksamkeit zeigen. Dahinter steht der biblische Grundsatz, dass wir andere Menschen höher achten sollen als uns selbst. Wenn wir unserem Kind zuhören, vermitteln wir ihm die Botschaft, dass es wertvoll ist und uns etwas bedeutet.

Wenn unser Kind von uns ernst genommen wird, wird es sich geachtet und wertgeschätzt fühlen. Wenn wir zuhören, geben wir unserem Kind etwas von uns selbst, weil wir Zeit und Aufmerksamkeit für seine Meinung investieren. In unserer extrem schnelllebigen Gesellschaft voller prägnanter Sätze, wild wechselnder Trends und willkürlicher Entscheidungen ist es sehr beruhigend zu wissen, dass die eigenen Eltern sich die Zeit nehmen, um wirklich zuzuhören.

Übrigens müssen Sie nicht immer eine Lösung parat haben. Viele von uns sind darauf gepolt, immer alles sofort in Ordnung bringen zu wollen – wir haben für alles eine Lösung! Wir haben sogar schon die Lösungen für Probleme, von denen unsere Kinder noch nicht einmal wussten, dass sie sie haben.

Aber um ein guter Zuhörer zu sein, müssen wir nicht immer

gleich den Schlüssel für alles parat haben. Es kann sogar das Zuhören behindern, wenn wir schon die Lösung kennen oder zu kennen meinen. Wir sind dann so beschäftigt mit unserer weisen Antwort, dass wir uns gar nicht mehr auf die Person einstellen, die gerade mit uns spricht, und nicht mehr hören, was sie wirklich sagt.

Ein kleiner Tipp, den ich selbst gelernt und seitdem vielen Eltern in Beratungsgesprächen weitergegeben habe: Fragen Sie Ihr Kind: „Was möchtest du von mir?"

Manchmal können Sie diese Frage stellen, bevor Ihr Kind loslegt, und dann sagt es Ihnen vielleicht: „Hör mir einfach nur zu, Papa." Oder vielleicht auch: „Lass mich erstmal die ganze Sache erklären, bevor du was dazu sagst!" Wie auch immer, Sie haben dann wenigstens schon mal eine Ahnung, was Ihr Kind braucht. Ein anderes Mal werden Sie vielleicht intuitiv spüren, dass es das Beste ist, still zu sein und bewusst zuzuhören, bis Ihr Kind ausgeredet hat, und anschließend zu fragen: „Was möchtest du von mir?"

Übrigens ist das auch in der Ehe hilfreich! Dann müssen Sie bei Gesprächen nicht so viel in Ihren Ehepartner hineininterpretieren.

Der Psychologe Michael Nichols schreibt in seinem Buch *The Lost Art of Listening* („Die verlorene Kunst des Zuhörens"): *Zuhören ist eine Kunst, die der Offenheit für die Einzigartigkeit des anderen und der Toleranz gegenüber der Verschiedenartigkeit bedarf. Die größte Gefahr für das Zuhören in der Familie sind rigide Rollen, festgefahrene Erwartungen und Anpassungsdruck. (…) Eltern müssen auch mit jedem einzelnen Kind Zeit verbringen. Eine der besten Möglichkeiten, wie Eltern ihren Kindern aktiv zuhören können, bieten kleine Ausflüge mit jedem einzelnen Kind. Einmal pro Woche wäre ein gutes Ziel für solche Gespräche. Selbst wenn ein Kind eine gute Beziehung zu Vater oder Mutter hat, sind Gespräch und Nähe abseits der alltäglichen Zerstreuungen leichter. Die Zeit, die sich ein Vater oder eine Mutter nimmt, um mit seinem Kind ein Picknick zu machen oder eine Wanderung oder eine Fahrt in die Stadt zu unternehmen, könnte im Leben beider die beste Zeit sein.*[22]

So gelingt das Zuhören

Planen Sie für jedes Ihrer Kinder etwas Zeit zu zweit ein, möglichst wöchentlich. Nehmen Sie sich 20 bis 30 Minuten für Kindergartenkinder und 30 bis 40 Minuten, wenn die Kinder älter sind.

Hier nun sechs Tipps, die Sie im Blick haben sollten, wenn Sie mit Ihrem Kind zusammen sind:

- Machen Sie sich locker! Versuchen Sie, Spaß zu haben und in die Schuhe Ihrer Kinder zu schlüpfen. Gehen Sie es spielerisch an und machen Sie sich bewusst, dass im System Ihres Kindes die Währung Spaß und Spiel ist. Wenn Sie mit Ihrem Kind spielen, handeln Sie mit Wertpapieren.
- Nehmen Sie sich Zeit. Man kann Kinder nicht dazu drängen, ihr Herz zu öffnen. Das braucht Zeit und geschieht meist ganz nebenbei, wenn man es am wenigsten erwartet. Sie müssen ihm und sich genügend Zeit einräumen, damit es dazu kommen kann.
- Beenden Sie alles, was ablenkt. Legen Sie die Zeitung zur Seite. Schalten Sie den Fernseher, den Computer, das Handy aus und seien Sie ganz für Ihr Kind da. Wenn nötig, gehen Sie irgendwo hin, wo Sie nicht unterbrochen werden.
- Stellen Sie sich auf das ein, was Ihrem Kind Freude macht – selbst wenn Sie es schrecklich langweilig finden sollten. Nehmen Sie dieses Opfer 20 Minuten lang in Kauf. Stellen Sie Fragen. Geben Sie Ihrem Kind die Möglichkeit, einmal der Experte zu sein. Und wenn es ein paar Fakten durcheinander bringt, lassen Sie dies kommentarlos durchgehen, damit die Dinge im Fluss bleiben.
- Bauen Sie eine innige Beziehung zu Ihrem Kind auf. Versuchen Sie zu erspüren, ob Ihr Kind glücklich, traurig, aufgedreht, gelangweilt, besorgt, ernst, zuversichtlich oder unsicher ist. Sie könnten ihm mit einem Wortbild beschreiben, was Sie wahrgenommen haben. Wenn Sie draußen in einem Park sind, könnten Sie zum Beispiel sagen: „Du

siehst so fröhlich aus wie die Enten, die da vorne gefüttert werden."

- Die nonverbale Kommunikation wird es Ihnen ermöglichen, weitere Informationen zu erhalten: Achten Sie auf die Körpersprache und den Tonfall Ihres Kindes; auf das, was nicht gesagt wird. Manchmal besteht ein Gespräch mehr aus nonverbalen Botschaften als aus verbalen. Lassen Sie sich von den laut ausgesprochenen Aussagen nicht vom Eigentlichen ablenken.

Orte, die sich fürs Zuhören eignen

Haben Sie auch schon gemerkt, dass Ihre Kinder sich am leichtesten öffnen, wenn Sie mit ihnen im Auto unterwegs sind? Warum ist das so? Ich glaube, es liegt daran, weil sie sich dann ebenbürtig fühlen. Man sitzt sozusagen in einem Boot, in einem abgeschlossenen Raum. Wenn man im Auto fährt, ist Ablenkung bereits vorprogrammiert, was das Gespräch „ungefährlicher" macht.

Kinder öffnen sich leichter, wenn wir ihnen nicht geradewegs in die Augen blicken – ganz anders als bei Gesprächen unter Erwachsenen.

Haben Sie schon bemerkt, dass Kinder eher reden, wenn ihre Hände beschäftigt sind, zum Beispiel mit Tischdecken, Gemüse schneiden oder Abwaschen? Geben Sie ihnen Aufgaben, aber seien Sie zugleich bereit, die Aufgaben hin und wieder mit ihnen zusammen zu erledigen, um Gesprächsmöglichkeiten zu bieten.

Es gibt einige Orte und Aktivitäten, die sich besonders gut eignen, um seinen Kindern zuzuhören. Zum Beispiel:

- längere Autofahrten
- Spaziergänge
- ein Park mit Schaukel und Klettergerüst für kleinere Kinder
- ein Park mit Wiese zum Frisbee spielen für ältere Kinder
- Fahrradtouren

- Inliner fahren
- Sportveranstaltungen
- ein Museum
- ein Spaziergang zum Eiscafé (um die Kalorien wieder abzuarbeiten)
- ein Zoo oder Tierheim

Fragen Sie Ihre Kinder jeden Morgen: „Was gibt es heute Besonderes? Passiert heute irgendetwas Aufregendes?" Falls sie eine Arbeit schreiben, einen Wettkampf oder eine Aufführung haben, dann sagen Sie ihnen: „Ich werde an dich denken und für dich beten."

Abends, wenn Sie die Kinder ins Bett stecken, fragen Sie sie doch: „Hast du heute etwas Besonderes erlebt? Gibt es etwas, wofür ich mit dir beten sollte?" Und dann beten Sie mit ihnen. Wenn gemeinsame Gespräche und Gebete den Tag einrahmen – morgens wie abends –, bekommt Ihr Kind das Gefühl, gehört zu werden und geschätzt und geliebt zu sein.

Das beste Vorbild

Am besten können Sie die Fähigkeit zuzuhören bei Ihren Kindern fördern, wenn Sie ihnen ein gutes Vorbild sind. Zuhören ist eher eine Kunst als eine Wissenschaft, und man lernt sie am leichtesten durch Vorbilder. Wir als Eltern können von dem Vorbild lernen, das Gott uns gegeben hat:

Er ist denen nahe, die zu ihm beten –
allen, die aufrichtig zu ihm beten.
Er erfüllt die Bitten der Menschen,
die ihm gehorchen;
er hört ihr Schreien und rettet sie.
Der Herr beschützt alle, die ihn lieben.

(Psalm 145,18–20)

Offen, handlungsbereit und sensibel – was für ein Vorbild für christliche Mütter und Väter, dem es nachzueifern gilt!

> Wer gelernt hat, wie man zuhört, wird sein Kind besser verstehen und von seinem Kind besser verstanden werden. Er wird besser gerüstet sein, die Warnzeichen zu erkennen, wenn etwas nicht in Ordnung ist.

Wer gelernt hat, wie man zuhört, wird sein Kind besser verstehen und von seinem Kind besser verstanden werden. Er wird besser gerüstet sein, die Warnzeichen zu erkennen, wenn etwas nicht in Ordnung ist. Und er kann überhaupt erst anfangen, seinem Kind alle anderen wichtigen Fähigkeiten und Erkenntnisse weiterzugeben, wenn die Kanäle offen sind.

Wenn wir unseren Kindern zuhören und ihnen die Möglichkeit geben, auch ihre negativen, schmerzhaften und verwirrenden Gefühle zu äußern, wird der Weg frei, auch positive Gefühle zu entdecken und mögliche Lösungswege anzuhören.

Wenn wir zuhören, statt Vorträge zu halten, wollen wir ermutigen. Wir suchen nach etwas, durch das wir unser Kind bestärken und ihm einen Schubs in die richtige Richtung geben können.

Die Familientherapeuten Norm Wright und Gary Oliver meinen: *Was ist ein ermutigendes Umfeld? Es ist eines, in dem unsere Kinder erfahren, dass sie uns und Gott wertvoll sind. Es ist eines, in dem wir mehr Zeit darauf verwenden, sie aufzubauen und zu ermutigen, als sie zu schelten und zu korrigieren. Es ist eines, in dem wir sie achten, indem wir respektvoll mit ihnen reden. Ein ermutigendes Umfeld ist eines, in dem unser Augenmerk eher darauf gerichtet ist, sie bei etwas zu ertappen, was sie gut machen, als bei etwas, was sie schlecht machen. Wir investieren mehr Energie darauf, sie zu loben, weil sie sich verantwortlich verhalten, als darauf, sie zu kritisieren und zu maßregeln, weil sie unsere Erwartungen nicht erfüllen.*[23]

Helfen Sie Ihrem Kind, ein guter Zuhörer zu werden

1. Wenn Ihr Kind mit Ihnen reden will, dann bitten Sie es, zu Ihnen zu kommen und nicht durch drei Türen hindurch nach Ihnen zu brüllen.
2. Wenn Ihr Kind Ihnen etwas erzählen will, während Sie gerade am Telefon sind oder sich mit einem anderen Erwachsenen unterhalten, sollte es leise zu Ihnen kommen und Sie auf sich aufmerksam machen (einmal und nicht drängelnd). Lassen Sie es wissen, dass Sie ihm zuhören werden, sobald sich eine Gesprächspause ergibt (Ausnahme: akute Gefahr für Leib und Leben).
3. Bestehen Sie darauf, dass immer nur einer spricht und niemand den anderen unterbricht. Lassen Sie andere ausreden. Versuchen Sie außerdem, auch nicht helfend einzuspringen, wenn der andere ins Stocken gerät. Das ist nicht das Gleiche, wie den anderen zu unterbrechen, aber es ist trotzdem unhöflich. (Ausnahme: Jugendliche verhalten sich immer so, wenn sie als Herde auftreten. Lassen Sie sie gewähren.)
4. Halten Sie Ihre Kinder zu einem verantwortungsbewussten Umgang mit Worten an. Es sollte lernen, andere mit seinen Worten eher aufzubauen als abzuwerten. Unser Reden unter Kontrolle zu bekommen ist die erste Hürde, die wir nehmen müssen, um Selbstbeherrschung zu erlernen. Haben Sie ein wachsames Auge auf Gerüchte. Sagen Sie Ihrem Kind: „Wenn du weder mit dem Problem noch mit seiner Lösung etwas zu tun hast, dann halte dich raus und rede nicht darüber." Das dürfte etwa 80 Prozent der Gesprächsthemen unter Jugendlichen zwischen 12 und 16 Jahren herausfiltern.
5. Wenn Sie eines dieser plappernden Kinder haben, die viel zu viel und viel zu lange über dieselben (zumindest für Sie) langweiligen Dinge sprechen, stellen Sie eine Eieruhr auf 5 Minuten für Vorschulkinder oder auf 10 Minuten für ältere Kinder. Sagen Sie ihm: „Ich werde dir 5 (bzw. 10) Minuten mit meiner ganzen Aufmerksamkeit zuhören, dann muss ich XY machen." Mit dieser Methode geben Sie Ihrem Kind ein Vorbild,

indem Sie ihm zuhören, lehren es aber zugleich, sich angemessen kurz zu fassen.

6. Machen Sie sich von stereotypen Vorstellungen frei. Gehen Sie nicht einfach davon aus, dass Ihre Annahmen über Ihr Kind wahr sind. Zum Beispiel sollten Sie nicht einfach automatisch annehmen, dass Ihre Fünftklässlerin noch nicht über Jungs reden will. Gehen Sie nicht einfach davon aus, dass Ihr Sohn nicht mehr von Raupen, Käfern und Dinos fasziniert ist, nur weil er jetzt ein großer Zweitklässler ist. Nehmen Sie nicht einfach an, dass Ihre jugendlichen Kinder nicht über Politik, Religion, finanzielle Fragen oder Ethik reden wollen. Das waren in unserer Untersuchung die am häufigsten gewünschten Themen – und das sind die Dinge, über die wir im sozialen Miteinander Erwachsener niemals sprechen. (Stellen Sie sich nur vor: „Wie viel verdienen Sie im Monat?" Oder: „Türken Sie auch Ihre Einkommensteuererklärung?" – Solche Gespräche finden unter Erwachsenen nicht oder nur in Ausnahmefällen statt.)

7. „Verwöhnen" Sie Ihr Kind mit Ihrem Interesse an ihm und nicht mit materiellen Dingen. Wenn ein kleines Kind seinem Vater stolz die Bastelarbeit aus dem Kindergarten zeigt, ist es verletzend zu sagen: „Gib nicht so an, mein Schatz, das gehört sich nicht!" Gestatten Sie Ihrem Kind, immer mal bei Ihnen voll im Mittelpunkt zu stehen, Ihren Stolz zu spüren und einige Minuten ganz in Ihrer Bewunderung zu baden. Das wird ihm nicht schaden – ganz bestimmt nicht. Es wird sich vielmehr geliebt fühlen. Erlauben Sie Ihrem Kind, seine Errungenschaften vor Menschen vorzuführen, deren freundliche Annahme ihm sicher ist. Es braucht Erfolge und materielle Dinge nicht so sehr, wie es Ihre ungeteilte Aufmerksamkeit braucht.

Suchen Sie sich eine dieser sieben Anregungen aus und arbeiten Sie in dieser Woche mit Ihrem Kind an dieser einen Sache. Sie werden sehen, Ihr schlichter Wille zuzuhören wird ein ermutigendes Umfeld schaffen.

Wir zeigen unsere Liebe am besten, indem wir zuhören. Hören Sie zu?

6 Einfühlungsvermögen entwickeln

*I*ch frage junge Leute gerne: „Wer ist denn in euren Augen cool?" Oft nennen sie mir dann einen Schauspieler, Star, Sänger oder Sportler.

Dann frage ich sie: „Und was, wenn der coole Sänger nur einen einzigen Hit produziert oder der Sportler eine schwere Verletzung hat oder der Star am Horizont verschwindet, weil er sich als Flop erweist? Wäre er dann immer noch cool? Was, wenn er in zwei Jahren schon in dieser Show auftaucht, die sich mit längst verblassten Sternen befasst? Wäre er dann immer noch cool?"

„Natürlich nicht. Aber so was passiert doch eh nicht."

An diesem Punkt muss ich nur irgendeinen Helden aus der Welt von Glanz und Glamour erwähnen, der erst kürzlich aus dem Rampenlicht verschwunden ist, und schon habe ich die volle Aufmerksamkeit der Kids.

„Na gut, vielleicht passiert so was doch manchmal."

Ich ermutige sie: „Ihr müsst euch Vorbilder suchen, die mehr sind als nur cool. Man kann nicht immer cool sein – schaut euch doch nur eure Eltern an." Darauf folgt immer ein Lacher.

Ich hinterfrage die Haltung unserer Gesellschaft, die geradezu besessen ist vom Cool-Sein. Denn cool zu sein ist das falsche Ziel.

Dieses unbedingte cool-sein-Müssen beruht auf Unsicherheit. Es macht von der Meinung anderer abhängig, und die ist bekanntlich wie ein Fähnchen im Wind. Was heute cool ist, kann morgen schon mega-out sein. Wer ist angesagt und wer nicht? Wer immer „in" sein will, dreht sich um sich selbst und fragt sich fortwährend nur: *Wie sehe ich aus, wie fühle ich mich, werde ich meinen Spaß haben?* Wer dem Gefühl nachjagt, cool zu sein, lernt nie, mit anderen mitzufühlen.

> Was heute cool ist, kann morgen schon mega-out sein.
> Wer ist angesagt und wer nicht? Wer immer „in" sein will,
> dreht sich um sich selbst. Wer dem Gefühl nachjagt, cool zu sein,
> lernt nie, mit anderen mitzufühlen.

Mir ist ein starker Bruch aufgefallen zwischen Jugendlichen, die unbedingt cool sein wollen, und denen, die Einfühlungsvermögen zeigen. Nehmen Sie zum Beispiel die Art und Weise, wie sie ihre Frühlingsferien gestalten. Mir fiel die Spaltung in coole und einfühlsame Vertreter zum ersten Mal auf, als ich Jugendliche in Newport Beach, Kalifornien, betreute. Diejenigen, die „cool drauf" waren, reisten an sonnige Orte wie Florida, Cancún oder die Karibik. Manche Studenten reisten mit ihren Eltern für die eine Woche nach Europa, während andere in dieser Woche zwar ohne Eltern, aber mit deren Kreditkarte einen Funurlaub in Mexiko verlebten. Auch ich reiste eine Woche mit Highschool- und College-Studenten nach Mexiko – allerdings in die mexikanische *Wüste*. In das heiße, trockene, staubige, von Armut verfolgte Mexiko, nicht in eine schicke Ferienanlage am Meer mit Klimaanlage und tadellosem Service.

Wir arbeiteten uns gemeinsam den Buckel krumm und bauten Häuser für arme Familien. Rein äußerlich war es so, dass „meine" Jugendlichen einfach nicht so hip oder modebewusst waren wie die anderen. Doch auf einer tieferen Ebene war es so, dass die einen Mitgefühl besaßen und sich nicht nur um sich selbst drehten, während den anderen dieses Einfühlungsvermögen vollkommen fehlte.

Wie kommt es zu diesem Unterschied? Was führt dazu, dass ein junger Mensch eine Woche lang ununterbrochen feiern, saufen und einen draufmachen will, während der andere sich dafür entscheidet, Staub zu schlucken, in der glühenden Sonne zu schuften, mit verarmten mexikanischen Kindern zu spielen und in einem verdreckten Zelt zu schlafen?

Es gab einen Punkt, an dem letztere Jugendliche die Not der Menschen in Mexiko wahrgenommen haben und beschlossen, eine Woche ihres Lebens einzusetzen, um etwas zu bewirken. Haben sie die Kultur dort wirklich verstanden? Nein. Haben sie alle sozialpolitischen Zusammenhänge begriffen? Nein. Sprachen sie fließend Spanisch? Nein. Warum also entschlossen sie sich, diese eine Woche Semesterferien im Frühjahr in Mexiko nicht am Strand zu verbringen, sondern den Menschen dort zu dienen? Weil sie Einfühlungsvermögen besaßen.

Das ist erfrischend neu angesichts dieser ständigen Jagd nach dem, was cool ist. Cool zu sein ist in unserer Kultur auch Ausdruck einer „Was soll's"-Mentalität. Sie ist weit verbreitet, aber keineswegs erstrebenswert. „Taff" zu sein, über allem zu stehen und sich innerlich abzuschotten – das ist es, was in Musikvideos, Fernsehserien und den anderen Medien implizit verherrlicht wird. Das erklärt auch, warum wir den Ikonen der Popkultur nachlaufen.

Donald Miller sinnt in seinem großartigen, provokanten Buch *Blue Like Jazz* darüber nach: *Ich habe mich gefragt, warum wir Popstars zu Idolen machen. Ich habe natürlich eine Theorie. Ich glaube, wir haben einfach alle dieses Bedürfnis, cool zu sein; da ist diese unterschwellige Ansicht in unserer Gesellschaft, dass manche Menschen eben cool sind und andere nicht. Und wenn wir dann jemanden im Fernsehen oder Radio erleben, der cool wirkt, identifizieren wir uns mit dieser Person, um uns selbst unseren Wert zu bestätigen. Problematisch daran ist, dass diese Haltung eigentlich besagt, dass das, was Menschen glauben und wofür sie einstehen, nicht viel wert ist; es zählt allein, cool zu sein. Mit anderen Worten: „Ist doch schnuppe, woran ich im Leben glaube; die Hauptsache ist, dass ich cool bin."* [24]

Cool zu sein ist ein Götze. Es ist nur Schall und Rauch. Es ist ein fruchtloses Bemühen. Denn gerade, wenn man herausgefunden hat, was oder wer gerade cool ist, ändert sich alles und man ist doch wieder uncool.

Cool zu sein ist ein Götze, ein fruchtloses Bemühen.
Denn gerade, wenn man herausgefunden hat, was oder wer gerade
cool ist, ändert sich alles, und man ist doch wieder uncool.

Die Schauspielerin

Als ich mit meiner Frau Suzanne gerade das Flugzeug bestieg, das uns nach Kanada bringen sollte, entdeckte ich in der ersten Klasse eine junge, halbwegs berühmte Schauspielerin. Sie trug die obligatorische Sonnenbrille, nippte an ihrem Chardonnay und blätterte in einer Zeitschrift mit dem Titel *InStyle*. Sie hielt ihren Kopf gesenkt, doch ich erkannte sie trotzdem. Erst am Vortag hatte ich sie im Fernsehen gesehen. Sie hatte gerade eine hässliche Beziehung beendet; ihr Ex war selbst eine Berühmtheit, und darum war die Sache natürlich eine Schlagzeile wert.

Wir setzten uns und ich fragte Suzanne: „Hast du gesehen, wer in der ersten Klasse sitzt?"

„Nein."

Ich nannte ihr den Namen der Schauspielerin, doch sie konnte damit nichts anfangen. Danach vergrub ich mich in meinem Roman und vergaß die Frau bis zu unserer Landung. Beim Aussteigen fand ich mich auf einmal direkt hinter ihr wieder. Sie trug eine 200-Euro-Jeans und Schwindel erregende Absätze. Sie schien nicht sehr sicher darauf zu laufen – vermutlich hatte sie während des Flugs noch zwei oder drei weitere Gläser Chardonnay getrunken. Wir gingen durch den Zoll zu den Gepäckbändern. Überraschenderweise hatte niemand von den jungen Leuten auf unserem Flug sie erkannt, obwohl sie deutliche Staralüren aufwies. Für sie schien die großspurige Art, wie sie ständig ihre lange blonde Mähne nach hinten warf oder wie sie geradezu zwanghaft auf ihrem Handy herumhackte, cool zu sein. Ich weiß nicht genau, wie sie es anstellte, aber sie forderte ständig Aufmerksamkeit. Doch niemand schien davon Notiz zu nehmen.

Das machte sie wütend. Sie bekam einfach nicht die Beachtung, die sie mit ihren gut 20 Lebensjahren auf diesem Planeten für sich beanspruchte.

Wir folgten ihr, nachdem wir unser Gepäck geholt hatten – dem berühmten Star, der seinen Kofferkuli selbst schieben musste. Ich fand das sehr amüsant.

Schließlich stahl sich ein Lächeln auf ihr Gesicht, als sie einen Chauffeur erblickte, der ein winziges Schild mit ihrem Namen hochhielt. Erst da wurde sie von zwei erstaunten Teenies entdeckt. Sie sahen sie, und das war ihr Lohn: *Okay, gut, ich wurde erkannt, ich bin cool.*

Würde ich Ihnen den Namen der Schauspielerin nennen, so würden Sie mit ihr vermutlich nicht gerade die Fähigkeit verbinden, Mitgefühl für andere Menschen zu empfinden. Doch viele Mädchen wären gern wie sie. Viele Jungs würden sich liebend gerne mit ihr verabreden. Denn sie ist ... cool.

Mehr als nur cool

Es bringt nichts, cool zu sein und coole Kids großzuziehen. Darauf legt unsere Gesellschaft bereits genug Wert – in die Kerbe müssen wir nicht auch noch schlagen. Wir müssen Kinder erziehen, die weiter sehen als bis zu ihrer eigenen Nasenspitze und die Einfühlungsvermögen besitzen. Kinder, die bereit sind zu sagen: „Klar, es würde Spaß machen, die Ferienwoche durchzufeiern, aber ich werde lieber nach Mexiko gehen, um für arme Menschen Häuser zu bauen."

Wir brauchen Kinder, die das grassierende Anspruchsdenken hinterfragen und ein starkes Empfinden für andere entwickeln – die Fähigkeit *mit anderen* und *für andere* zu fühlen, selbst wenn diese anderen völlig anders sind als man selbst.

Wir Westler leiden Hunger. Einen Hunger, der nichts zu tun hat mit einem Mangel an Nahrung. Sehr viele von uns sind übergewichtig, und wir werfen mehr Nahrungsmittel weg, als andere essen. Nein, wir leiden Mangel an gesundem Menschenverstand. Man muss nicht lange suchen, um diesen Mangel in unserem öffentlichen Leben wahrzunehmen. Nur für den Fall, dass Sie nicht wissen, wovon ich spreche: Gesunder Menschenverstand ist die Fähigkeit, die es menschlichen Wesen erlaubt, in ihrem privaten und öffentlichen Leben kluge Entscheidungen zu treffen. Ein Mensch mit einem gesunden Menschenverstand verhält sich anderen gegenüber rücksichtsvoll und bedenkt, was sie brauchen oder wünschen.

Wir waren am vergangenen Wochenende mit einem Ehepaar essen, das wir seit Monaten nicht gesehen hatten. Die beiden sind klug und gebildet, und es ist faszinierend, sich mit ihnen zu unterhalten. Ich freute mich auf einen lohnenden Plausch bei einem schmackhaften Essen. Doch ein paar Tische weiter saßen zwei Ehepaare mit vier Kindern, einem Berg Essen – und offensichtlich völlig ohne besagten gesunden Menschenverstand. Das Baby schrie aus vollem Hals, so dass es mir in den Ohren wehtat und wir unser Gespräch nicht fortsetzen konnten. Die Mutter ignorierte es, was dazu führte, dass die Kleine ihre Stimme noch lauter erhob (Ich wusste bis dahin nicht, dass ein Kind so laut schreien kann!). Die Eltern schien das nicht zu stören, auch nicht das andere Elternpaar an dem Tisch. Ich bekam langsam Kopfweh.

Nach einigen Minuten begann der zweijährige Sohn des anderen Ehepaares zu weinen. Jetzt hatten wir also schon ein Schrei- und Heulduett. Und die vier Erwachsenen taten nichts, um dem Ganzen Grenzen zu setzen.

Das war rücksichtslos und unnötig. Doch solche Zeichen für den Mangel an gesundem Menschenverstand sind weit verbreitet. Falls Sie sich jetzt fragen: *Ja, was hätten sie denn tun sollen?*, gebe ich Ihnen hier ein paar Tipps:

- Gehen Sie mit kleinen Kindern nicht in teure Restaurants.
- Wenn Sie mit Kleinkindern essen gehen, nehmen Sie ein paar Kekse oder Obst mit, um sie bei Laune zu halten, bis ihr Essen kommt.
- Nehmen Sie immer etwas Spielzeug oder Stifte mit, damit die Kinder sich beschäftigen können.

- Tolerieren Sie kein Geschrei und belohnen Sie es nicht. Sagen Sie vielmehr: „Wenn du schreist, gehen wir zum Auto."
- Verderben Sie anderen Gästen nicht ihr Essen und ihre Konversation, wenn Sie nicht bereit sind, deren Rechnung zu übernehmen.
- Seien Sie bereit, sich Ihr Essen zum Mitnehmen einpacken zu lassen und zu gehen, falls es Ihnen nicht gelingt, Ihre Kinder unter Kontrolle zu bekommen.

Wenn wir möchten, dass unsere Kinder Einfühlungsvermögen für andere lernen, müssen wir Eltern anfangen, uns in andere hineinzuversetzen und ihre Bedürfnisse zu achten, besonders in der Öffentlichkeit. Erwarten Sie kein Einfühlungsvermögen von Ihren Kindern, wenn Sie selbst ihnen keine Rücksichtnahme gegenüber anderen vorleben.

Eine üble Generation

Der Kinder- und Familientherapeut Robert Shaw schreibt über die Notwendigkeit, dass Eltern ihren Kindern Mitgefühl für andere vermitteln: *Manche Eltern macht es glücklich, wenn sie ihren Kindern die Freiheiten und Dinge geben können, die ihnen selbst verwehrt blieben. Das gibt ihnen das Gefühl, bedeutsam und geliebt zu sein. Wenn diese Art der „Verhätschelung" in einem angemessenen Maß zugeteilt wird, ist sie nicht unbedingt schlecht. Doch wenn sie zu einem Ersatz für Liebe und Zuwendung wird und womöglich auch noch elterliche Schuldgefühle ausgleichen soll, sind Sie und Ihr Kind dabei die Verlierer. Welchen Schaden richtet ein solches Verhalten in der Entwicklung eines Kindes an? Der erste „Schaden", der meines Erachtens durch „manipulative Verhätschelung" angerichtet wird, ist die fehlende Ausbildung von Empathie und ein mangelndes Interesse, sich Situationen und Beziehungen auf hilfreiche Weise anzupassen. Wenn ein Kind alles bekommt und niemals das Wort „Nein" hört oder Grenzen erfährt, bekommt es nicht die Chance zu lernen, dass auch andere ein Leben, Emo-*

tionen, Bedürfnisse und einen eigenen Willen haben. Ohne ein gut entwickeltes Einfühlungsvermögen wird ein Kind nicht in der Lage sein, andere zu lieben.[25]

Die Eltern in dem Restaurant wollten cool wirken, sie wollten nicht streng erscheinen und ihre Kinder maßregeln. Vielleicht hatten sie in irgendeiner Zeitschrift einen Artikel von irgendeinem Guru gelesen, in dem gewarnt wurde, dass eine solche Form der Erziehung ein Kind erniedrigt und dass Bestrafungen, insbesondere in der Öffentlichkeit, eine Beschämung darstellen und Wachstum, Selbstbewusstsein und Kreativität des Kindes lähmen.

Ich würde sagen, auch diesem Guru mangelt es an gesundem Menschenverstand. Da schenke ich Shaws Worten mehr Glauben: „Ohne ein gut entwickeltes Einfühlungsvermögen wird ein Kind nicht in der Lage sein, andere zu lieben."

Wie entwickelt ein Kind Einfühlungsvermögen?

Liebe und Grenzen. Kinder mit warmherzigen, liebevollen und entschlossenen Eltern entwickeln Rücksichtnahme und Offenheit für andere. Solche Kinder haben ein Bewusstsein dafür, dass ihr unangemessenes Verhalten anderen schadet und bedauern dies. Kindern, die in geringem Maße Rücksicht (Mitgefühl) zeigen, ist nicht bewusst, dass ihr Fehlverhalten anderen zu schaffen machen könnte, und es stört sie auch nicht.

Eine Studie der *National Institutes of Mental Health* (Nationales Institut für geistige Gesundheit) hat herausgefunden, dass der Erziehungsstil einen spürbaren Einfluss darauf hat, ob und inwieweit ein Kind Einfühlungsvermögen für andere entwickelt. Wenn Eltern warmherzig und fair sind und klare Grenzen setzen, lernt das Kind Empathie. Wenn Eltern unangemessen streng oder kalt oder aber inkonsequent sind, entwickelt das Kind keine Empathie.

Angemessene Anleitung und die Durchsetzung von Grenzen lehren ein Kind, wie andere empfinden. Wenn Eltern zulassen, dass ihr Kind ungezügelt dahinlebt, lassen sie es eigentlich im Stich. Die Studie besagt, dass Kinder ein natürliches Einfühlungsvermögen besitzen. Sie suchen die Beziehung zu anderen und nehmen ihr Gegenüber wahr. Wenn Kinder wiederholt verletzt oder vernachlässigt werden, verlieren sie ihr Mitgefühl für andere. Ein Kind mit einer verminderten Empathie hat nicht die Liebe, Bindung, Anleitung und Zuwendung bekommen, die es gebraucht hätte, um sich entwickeln zu können.[26]

> Wenn wir immer wieder Kinder erleben, die sich in der Öffentlichkeit daneben benehmen, hat das damit zu tun, dass es keinen allgemeinen Konsens mehr gibt, was als „normal" anzusehen ist, weil wir so darauf versessen sind, „tolerant" zu sein.

Ich denke, wenn wir heutzutage immer wieder Kinder erleben, die sich in der Öffentlichkeit daneben benehmen, hat das damit zu tun, dass es keinen allgemeinen Konsens mehr gibt, was als akzeptabel oder gar als „normal" anzusehen ist. Weil wir so darauf versessen sind, „tolerant" zu sein, haben wir ein allgemein gültiges Bewusstsein für akzeptables Benehmen in der Öffentlichkeit verloren. Wir haben Angst, Grenzen zu setzen, weil wir ja irgendjemanden ausgrenzen könnten, wenn wir dies tun – und das verwerflichste Vergehen in diesem neuen Jahrtausend besteht darin, jemanden auszugrenzen.

Also leben wir mit schreienden Kindern im Nobelrestaurant und dem widerlichen Betragen Jugendlicher im Zug, weil wir meinen, wir müssten das tolerieren. *Wir müssen ja schließlich cool sein.*

Feige Eltern

> Kinder hatten früher Angst vor ihren Eltern. Das war schlecht. Heute haben die Eltern Angst vor den Kindern. Das ist noch schlechter.

In diesem Bemühen, cool zu sein, sind manche von uns feige geworden. Wir haben nicht nur Angst *um* unsere Kinder, wir haben sogar Angst *vor* unseren Kindern. Wir wollen nichts sagen, was sie ärgern könnte, also halten wir den Mund. Das Pendel schlägt zu weit aus. In den letzten 20 Jahren haben wir unser Verständnis für die Kinder verbessert, sind aber immer schlechter darin geworden, Grenzen zu setzen. Kinder hatten früher Angst vor ihren Eltern. Das war schlecht. Heute haben die Eltern Angst vor den Kindern. Das ist noch schlechter.

Wir ermutigen unsere Kinder zu sagen, was sie denken ... und lassen zu, dass sie unsere Gespräche mit anderen Erwachsenen unterbrechen.

Wir bringen mehr Zeit damit zu, uns zu überlegen, was wir unserem Kind schenken könnten, als mit der Frage, ob wir die Schenkerei nicht lieber sein lassen sollten.

Wir sind sehr gut darin, unsere Kinder zu allen möglichen Kursen anzumelden, aber wir wissen nicht mehr, wann wir auch einmal sagen sollten: „Jetzt reicht's!“

Wir sind engagiert bei den Sportveranstaltungen unseres Kindes dabei, aber uns geht kostbare Familienzeit mit tiefgehenden Gesprächen verloren.

Wir fühlen uns genötigt, sämtlichen Bitten unserer Kinder zu entsprechen, aber wir nehmen uns nicht die Zeit, bloße Wünsche und echte Bedürfnisse auseinanderzuhalten.

> Wir sind sehr gut darin, unsere Kinder zu allen möglichen Kursen anzumelden, aber wir wissen nicht mehr, wann wir sagen sollten: „Jetzt reicht's!“

Wir wollen cool sein und strapazieren unsere Nerven, um uns an den überspannten Terminkalender unserer Kinder anzupassen. Und wir gehen der unbequemen Aufgabe aus dem Weg, die Termine unserer Kinder zum Wohl der Familie einzuschränken.

Wir haben viel gelernt, wenn es darum geht, unsere Kinder zu fördern, aber weit weniger, wie wir unserer Ehe etwas Gutes tun können. Wir haben nicht gelernt, uns gegen die Forderungen unserer Kinder zu verteidigen.

Wir machen Rückschritte. Wir sind feige geworden.

Ich selbst habe an dieser Stelle auch zu kämpfen. Ich bin jedes Mal neu von mir selbst enttäuscht, wenn ich den egoistischen Forderungen meiner Kinder nachgegeben habe. *Warum mache ich das nur?*

Ich denke, es hat damit zu tun, dass wir unsere Kinder falsch sehen. Wir sehen sie als eine Art „Kunden" – und der Kunde hat immer Recht. In gewisser Weise sind wir zu Dienern unserer Kinder geworden.

Was William Doherty dazu zu sagen hat, ist wie ein Schlag ins Gesicht: *In der neuen „Kindheitskultur" werden Kinder als die Kunden elterlicher Dienstleistungen angesehen und Eltern als die Dienstleister und Vermittler kommunaler Dienste für ihre Kinder. Was dabei verloren geht, ist die andere Seite der menschlichen Gleichung: Kinder haben auch eine Verantwortung für ihre Familie und für die Gemeinschaft. In einer ausgewogenen Welt erwartet man von Kindern nicht nur, dass sie von Erwachsenen alles Mögliche empfangen, sondern auch, dass sie aktiv etwas für ihre Umwelt beisteuern; dass sie helfen, für die Alten, Jüngeren oder Kranken zu sorgen; dass sie ihren Beitrag zur Lebensqualität der Familie leisten und zum Gedeihen ihrer Schule und Stadt beitragen. Wenn Kinder nur Kunden von Eltern und Kommune sind, sind sie keine aktiven Mitglieder.*[27]

Damit unsere Kinder Mitgefühl für andere entwickeln können, müssen wir ihnen helfen zu entdecken, *dass sich die Welt nicht um sie dreht*. Wir sind nicht dazu da, Dienstleistungen für sie zu erbringen. Eltern sind nicht die Angestellten ihrer Kinder. Wir sind eine Familie und kein Wirtschaftsunternehmen. Wir müssen nicht die neuesten, besten, bequemsten und begehrtesten Dienstleistungen für unser Kind bereitstellen. Wir müssen bereit sein, den „Kunden" zu seinem eigenen Wohl zu verprellen. Wenn wir unseren Kindern zu sehr dienen, schaffen wir ein überhöhtes Anspruchsdenken bei ihnen und zerstören jeden An-

satz von Einfühlungsvermögen. Und wir als Eltern werden ver-
unsichert.

Eltern sind nicht die Angestellten ihrer Kinder.
Wir sind eine Familie und kein Wirtschaftsunternehmen.
Wir müssen nicht die neuesten, besten, bequemsten
und begehrtesten Dienstleistungen für unser Kind bereitstellen.

Wenn wir unseren Kindern dabei helfen wollen, Empathie zu
entwickeln, fängt das im Kleinen an – größtenteils mit Aufgaben,
die sie nicht freiwillig übernehmen wollen:

- ihr Spielzeug aufzuräumen
- sich vor dem Essen die Hände zu waschen
- rechtzeitig zum Essen zu erscheinen
- sich bei Tisch zu benehmen
- sich an einem höflichen Tischgespräch zu beteiligen
- zuzuhören, ohne anderen ins Wort zu fallen
- nach dem Essen beim Tischabräumen zu helfen
- Pflichten im Haushalt ohne Murren zu übernehmen
- ohne Quengeln zur festgesetzten Zeit ins Bett zu gehen

Wenn wir von unseren Kindern verlangen, dass sie solche Dinge
tun, helfen wir ihnen, einen Platz innerhalb der Familie zu finden. Sie werden zu aktiven Mitgliedern des Teams statt zu for-
dernden Konsumenten. Das gibt ihnen ein Gefühl für ihren
eigenen Wert und lehrt sie, dass nicht andere sie zu bedienen
haben, sondern dass jeder seinen Beitrag leistet. Es verlangt von
ihnen, dass sie Rücksicht nehmen auf die Empfindungen anderer. Es fordert sie heraus, das, „was ich gerade will", zurück-
zustellen, um zu schauen, was gerade dran ist. Es hilft ihnen,
Einfühlungsvermögen zu entwickeln.

Es ist schwer, in unserer Gesellschaft Einfühlungsvermögen
zu entwickeln, weil so vieles dagegen arbeitet. Das Gegenteil

von Empathie ist Narzissmus – und der besitzt eine riesige Fangemeinde. Wie heißt es so schön in diesem abgedroschenen Witz: „So, jetzt habe ich genug über mich geredet. Sprechen wir doch einmal über dich: Was hältst du von mir?" Oder: „Die Menschen sind schlecht; sie denken an sich – nur ich denk an mich!"

Isaak, der Wasserträger

Eine alte jiddische Erzählung spricht von einem wohlhabenden, vornehmen Herrn, der eine Leidenschaft für die alten hebräischen Schriften besaß. Er ging zu einem weisen alten Rabbi und erzählte ihm, was ihn bedrückte: „Ich glaube, ich habe den Sinn und die Bedeutung dieser Schriften verstanden, bis auf eines: Ich kann nicht verstehen, wie man erwarten kann, dass wir Gott auch für negative Erlebnisse danken sollen."

Der Rabbi wusste sofort, dass er ihm das nicht mit Worten erklären konnte. Darum sagte er zu dem feinen Herrn: „Wenn du das verstehen möchtest, musst du Isaak, den Wasserträger, besuchen."

Der wohlhabende Mann war irritiert von diesen Worten, doch da er wusste, dass der Rabbi ein weiser Mann war, ging er in eines der ärmeren Stadtviertel und traf dort auf Isaak, den Wasserträger, einen alten Mann, der seit über 50 Jahren diesem schäbigen, schlecht bezahlten und schweißtreibenden Beruf nachging. Der feine Herr erklärte Isaak den Grund für seinen Besuch.

Isaak unterbrach seine Arbeit. Schließlich, nach minutenlangem verblüfftem Schweigen, sagte er: „Ich weiß, dass der Rabbi der weiseste aller Menschen ist. Aber ich verstehe nicht, warum er Sie mit dieser Frage zu mir geschickt hat. Ich kann sie nicht beantworten, denn mir sind immer nur gute Dinge widerfahren. Ich danke Gott jeden Morgen und Abend für den reichen Segen, den er mir und meiner Familie zuteil werden lässt."

Es kommt auf die Einstellung an.

Isaak hatte die richtige Einstellung, und deshalb war er ein frohgelaunter, einfühlsamer Mann. In vielerlei Hinsicht war er sehr reich.

Einfühlsamkeit kann man lernen

Wenn Sie Ihrem Kind Mitgefühl und Einfühlungsvermögen vermitteln wollen, braucht das Opferbereitschaft. Es bedeutet, nicht den einfachen Weg zu gehen. Empathie ist im Grunde eine Form der Liebe, die sich in Taten ausdrückt.

Ihr ehrt Gott, den Vater, auf die rechte Weise, wenn ihr den Waisen und Witwen in ihrer Not beisteht und euch nicht an dem ungerechten Treiben dieser Welt beteiligt. ... Meine Brüder und Schwestern, was hat es für einen Wert, wenn jemand behauptet: „Ich vertraue auf Gott, ich habe Glauben!", aber er hat keine guten Taten vorzuweisen? Kann der bloße Glaube ihn retten? Nehmt einmal an, bei euch gibt es einen Bruder oder eine Schwester, die nichts anzuziehen haben und hungern müssen. Was nützt es ihnen, wenn dann jemand von euch zu ihnen sagt: „Ich wünsche euch das Beste; ich hoffe, dass ihr euch warm anziehen und satt essen könnt!" –, aber er gibt ihnen nicht, was sie zum Leben brauchen? Genauso ist es auch mit dem Glauben: Wenn er allein bleibt und aus ihm keine Taten hervorgehen, ist er tot (Jakobus 1,27; 2,14–17).

Ein Terminkalender voller Kurse und Aktivitäten, die die Begabungen Ihres Kindes fördern, wird kein Mitgefühl in Ihrem Kind wecken. Doch das kann geschehen, wenn Sie etwas von dem Geld, das Ihnen für Ihre Lebensmittel zur Verfügung steht, spenden, damit ein unterprivilegiertes Kind Nahrung, Kleidung, ein Dach über dem Kopf und eine Chance auf Schulbildung bekommt. Stellen Sie sich vor, wie Sie sich mittags an den Tisch setzen und Ihren Kindern sagen: „Einmal die Woche werden wir von jetzt an mittags nur Suppe essen. Mit dem Geld, das wir auf diese Weise sparen, werden wir eine Patenschaft für ein Kind übernehmen. Wir werden für dieses Kind beten, ihm schreiben und etwas von unserem Lebensmittelbudget für es einsetzen."

Wir müssen über die verlogenen und vergänglichen Probleme unseres satten Lebens hinauswachsen, die uns mit ihren Oberflächlichkeiten ablenken, und echte Opfer und wirkliches Mitgefühl investieren – aus unserem Herzen heraus.

Scotts Verwandlung

Scott ist 15 und ein typischer Teenager. Er liebt Basketball, Mädchen, Surfen und Computerspiele. Die Schule liebt er nicht. Seine Eltern sind … nun, sie sind beide Lehrer. Sie machten sich Sorgen wegen seiner schlechter werdenden Noten und seiner ganzen Einstellung, und darum brachten sie ihn zu mir, dem Familientherapeuten.

„Die Schule ist dir also nicht so wichtig?", fragte ich Scott.

„Nee, aber ich muss zur Schule gehen, damit ich Sport machen kann. Und ich häng auch gerne mittags mit meinen Freunden herum oder treffe mich mit Mädchen. Alles in allem ist es nicht schlecht."

„Und was läuft da zwischen dir und deinen Eltern in Bezug auf die Schule?"

„Sie meinen, ich könnte mehr leisten. Sie sind von meinen Noten enttäuscht. Die Noten sind ihnen megawichtig."

„Das ist ihre Welt, weißt du."

„Ja."

„Verlangen Sie zu viel?"

„Ja. Sie wollen, dass ich lauter Einser nach Hause bringe. Ich hab noch nie 'ne Eins geschrieben."

„Und was für Noten schreibst du im Moment?"

„Meistens Dreier und ein paar Vierer." Er saß mit übergeschlagenem Bein da, starrte auf seinen Turnschuh und spielte an dem Schuhbändel herum.

„Könntest du mehr leisten?"

„Ja, schon."

„Was müsstest du dafür ändern?"

„Weiß nicht."

„Würde dir Nachhilfe in Englisch helfen?"

„Denke schon."

„Und wie steht's mit Mathe?"

„Das krieg ich hin. Mathe ist mein bestes Fach. Ich muss halt nur lernen."

„Gut. Wie wäre es, wenn du in Mathe mehr lernst, dir Nachhilfe für Englisch besorgst und jeden Tag eine Stunde Hausaufgaben machst, selbst wenn du glaubst, du hättest nichts auf? Was braucht es, damit deine Spanischnote besser wird?"

„Einen guten Grund."

„Fährt deine Jugendgruppe nicht im Frühjahr nach Mexiko?"

„Ja. Ich war letztes Jahr mit. Das war cool. Aber dieses Jahr wollte ich mit meinen Freunden an den Strand."

„Hast du letztes Jahr welche von den Jugendlichen in Mexiko kennen gelernt?"

„Ja, aber über ein ‚Hola' sind unsere Gespräche nicht hinausgekommen."

„Könntest du dort nicht dein Spanisch anwenden? Würde es dir Spaß machen, wieder hinzufahren und dich diesmal richtig mit den Teens dort unterhalten zu können?"

Seine Miene hellte sich auf. „Ja, das wär schon cool. Ich würde echt gern manche von denen wieder sehen. Und ich glaube, inzwischen könnte ich mich schon ein bisschen mit ihnen unterhalten."

„Siehst du, da hast du deinen guten Grund! Denk doch demnächst beim Spanischunterricht daran, was du alles brauchst, um mit den Kids dort reden zu können. Guck gezielt nach den Vokabeln, die du für alltägliche Gespräche brauchst. Und mach dir um die Note erstmal gar keine Gedanken. Lern es, weil du es benutzen willst! Weil es einen Sinn hat!"

„Okay!" Er lächelte.

Ich riet seinen Eltern, dass sie ihre Erwartungen an ihn in punkto Noten herunterschraubten und dafür in anderen Bereichen mehr von Scott erwarteten und ihn dort auch mehr unterstützten. Sie waren einverstanden und wurden schon bald überrascht, wie sehr sich seine Einstellung und sein Betragen veränderten. Er war weniger streitsüchtig und launisch und deutlich kooperationsbereiter. Und ganz nebenbei schaffte er es, alle seine Noten zu verbessern. Scott bereitete sich ganz gezielt auf seinen Einsatz in Mexiko vor. Dank seiner neu entdeckten Spanischkenntnisse ergaben sich gute Gespräche mit Einheimischen, und einige Freundschaften entstanden. Er lernte, sich auf die Bedürfnisse und Empfindungen anderer einzulassen. Er lernte Mitgefühl.

Mitgefühl leben

*D*as ist auf jeden Fall besser als das trockene Stück Brot und die Eine-Zwiebel-Suppe, die wir in Ravensbrück bekamen", meinte die gut 70-jährige Frau, während sie sich eine große Portion von Mutters Kartoffelbrei mit Knoblauch auf den Teller lud.

„Was ist eine Eine-Zwiebel-Suppe?", fragte ich.

„Sie kochten immer einen großen Kessel Wasser mit nur einer Zwiebel darin. Manchmal warfen sie ein paar Küchenabfälle mit hinein. Und das nannten sie dann Suppe." Sie lächelte und ihre Wangen glänzten wie frischgebackene Brötchen. Sie hatte kaum Falten um die Augen. Für eine Frau, die den Holocaust überlebt hatte, hatte sie sehr viel Humor.

„So, Timmy, jetzt erzähl mir mal, was du gern machst. Ich habe gehört, du spielst Fußball."

„Ja, ich spiele seit drei Jahren. Ich bin Torhüter."

„Ich liebe Fußball – oder ‚Soccer', wie ihr Amerikaner es nennt. Mein Bruder Willem spielte in Holland auch Fußball. Er war ziemlich gut. Aber das war vor …" Sie verstummte.

In meiner Kindheit hatten wir oft Gäste zum Abendessen, aber diesmal war die Besucherin besonders interessant. Mit uns am Tisch saß Corrie ten Boom, die das Konzentrationslager überlebt und den Bestseller *Die Zuflucht* geschrieben hatte. Sie hatte sich damals im Widerstand engagiert und Juden in Holland vor der Verhaftung durch die Nazis bewahrt. Nun war sie in unserer Stadt, um einen Vortrag zu halten, und wir hatten das Privileg, sie unter unserem Dach zu beherbergen. Sie kam noch einige Male zu uns, und jedes Mal faszinierte sie uns mit ihren spannenden Erzählungen. Das war viel besser als Fernsehen!

Die ten Booms waren gläubige Christen gewesen, die ihr Leben riskierten, um anderen Menschen zu helfen. Ihr Heim stand jedem in Not Geratenen offen. Sie hatten sich jahrzehntelang für die sozialen Belange in Haarlem in den Niederlanden engagiert und ihr Glaube hatte sie dazu bewogen, ihren Brüdern und Schwestern, aber auch der Gesellschaft als Ganzes zu dienen.

Im Zweiten Weltkrieg wurde das Heim der ten Booms zu einer Zuflucht für Flüchtlinge, die von den Nazis verfolgt wurden. Ihr brennender Glaube brachte die Familie dazu, Juden und Mitglieder der holländischen Widerstandsbewegung zu verstecken. Meist lebten sechs oder sieben Illegale bei den ten Booms. So retteten die Familie und ihre Freunde im Laufe der Zeit beinahe tausend Juden das Leben.

Am 28. Februar 1944 wurden die ten Booms verraten. Ihr Haus wurde von der Gestapo durchsucht und die Familie abgeführt.

Für ihr Mitgefühl ließen vier ten Booms in den Konzentrationslagern ihr Leben. Corrie jedoch kehrte aus dem Todeslager zurück. Sie erkannte, dass ihr Leben ein Geschenk Gottes war und dass sie den Auftrag hatte, anderen davon zu erzählen, was sie und ihre Schwester Betsy in Ravensbrück erfahren hatten: „Es gibt keine Grube, die so tief wäre, dass Gottes Liebe nicht noch tiefer reichen könnte", und: „Gott wird uns die Liebe schenken, die uns in die Lage versetzt, unseren Feinden zu vergeben."[28]

Während Corrie von ihren Erlebnissen erzählte, versuchte ich den Mund zu halten, bis ich es schließlich nicht mehr aushielt. Ich platzte heraus: „Wie haben die Leute, die Hilfe brauchten, damals denn mit euch Kontakt aufgenommen? Hattet ihr einen Geheimcode oder so was?" Ich war ein großer Fan von Agentenfilmen.

„Ja", sagte Corrie lächelnd und strich mir über das Haar. „Wir hatten einen Code. Unsere Wohnung befand sich über der Uhrmacherwerkstatt meines Vaters und ich arbeitete dort mit. Ich war sogar die erste gelernte Uhrmacherin in ganz Holland. Ich dachte, ich würde mein Leben lang Uhren reparieren. Aber Gott hatte etwas anderes vor – das Leben lief nach seinem Uhrwerk."

Sie hielt inne, um zu sehen, ob ich ihr Wortspiel verstanden hatte. „Wenn jemand Hilfe brauchte, fragte derjenige: ‚Ich habe eine alte Uhr mit einem ungewöhnlichen Aussehen. Kennen Sie jemanden, der eine solche Uhr kaufen würde?'"

„Was hatte das zu bedeuten?"

„Es bedeutete, dass sie einen älteren Juden kannten und helfen wollten, ihn vor den Nazis zu verstecken."

„Das ist spitze. Hattet ihr keine Angst? Ich meine ja nur … ich habe Filme gesehen, in denen die Nazis ganz schön unangenehm werden konnten."

„Ja, wir hatten alle Angst. Das war damals eine Zeit, die einem große Angst machen konnte. Aber ich sage immer, es gibt keine Grube, die so tief wäre, dass Gottes Liebe nicht noch tiefer reichen könnte."

„Wie habt ihr es geschafft, trotzdem immer weiterzumachen? Die SS hat euch und die Werkstatt doch sicher überwacht."

„Ja, das haben sie. Aber ich habe Gottes Wort kennen gelernt, und es hat mir gute Dienste geleistet. Immer, wenn ich Angst bekam, dachte ich an Gottes Wort: ‚Du bist mein Schutz und mein Schild; ich hoffe auf dein Wort' – das steht in Psalm 119. Und weiter: ‚Erlöse mich von der Bedrückung durch Menschen, so will ich halten deine Befehle.'"

Ich war beeindruckt, wie gut Corrie die Bibel zitieren und faszinierende Geschichten erzählen konnte – und trotzdem noch mit uns Kindern auf dem Boden Monopoly spielte. Sie lachte ausgelassen, als sie die Gefängniskarte zog: „Da bin ich doch schon lange genug gewesen!" Sie wuschelte mir durch die Haare und hörte mir mit lebhaften Augen zu. Sie erinnerte mich an Jesus.

Wie erzieht man seine Kinder zu tätigem Mitgefühl?

Ich kann mir kaum eine Vorstellung davon machen, wie groß Corrie ten Booms Mitgefühl für die verfolgten Juden in ihrem Heimatland gewesen sein muss. Sie riskierte ihr Leben, um ihnen zu helfen. Sie versuchte nicht, sie zuerst zum Christentum zu bekehren. Sie lebte einfach nur ihren Glauben, und der motivierte sie zum Mitgefühl. Glaubensüberzeugungen, Mitgefühl und Mut sind tief miteinander verbunden.

Mitgefühl im Leben unserer Kinder zu nähren ist deshalb so schwer, weil es so viele Kräfte gibt, die dem entgegenzuwirken versuchen.

Mitgefühl im Leben unserer Kinder zu nähren ist deshalb so schwer, weil es so viele Kräfte gibt, die dem entgegenzuwirken versuchen. Aber unsere Kinder können durchaus auch zu Hause lernen, fürsorglich und mitfühlend zu sein. Corrie hat es gelernt. Und ihr Mitgefühl rettete Hunderten das Leben.

Der Pastor und Religionslehrer Doug Huneke wollte herausfinden, was Menschen dazu bringt, echtes Mitgefühl zu empfinden. Er interviewte 300 Menschen, die während des Holocausts Juden geholfen hatten. Er wollte wissen, warum einige eingriffen, während andere nur passiv zusahen. Was brachte diese Helden dazu, ihr Leben für andere zu riskieren? Er entdeckte, dass diese Menschen vier Charaktereigenschaften und sechs Erfahrungen gemeinsam hatten. Diese zehn Merkmale stellt er in seinem Buch *The Moses of Rovno* anhand der Geschichte eines besonders außergewöhnlichen Retters namens Fritz Gräbe im Einzelnen dar.[29]

Charaktereigenschaften eines Helden:
- Kühnheit
- die Bereitschaft, seine Stimme gegen das Unrecht zu erheben
- die Bereitschaft, Vorurteile zu hinterfragen
- eine einfühlsame Vorstellungskraft (die vor Augen malt, welche negativen Auswirkungen eine bestimmte Situation auf einen anderen Menschen hat)

Erfahrungen eines Helden:
- die Erfahrung, selbst ausgegrenzt oder abgewertet worden zu sein
- die Erfahrung von Leid in der Kindheit
- die Erfahrung, gemeinsam etwas zum Wohle anderer getan zu haben
- die Erfahrung einer engen Beziehung zu moralisch standfesten Eltern
- die Erfahrung, in einem Zuhause aufzuwachsen, in dem Gastfreundschaft hoch geschätzt wird
- die Erfahrung, einer Gruppe anzugehören, die der Nächstenliebe einen hohen Wert beimisst

Das ist doch eine wunderbare Aufzählung, die wir Eltern beachten sollten! Stellen Sie sich nur vor, wo diese Aufzählung überall zur Anwendung kommen könnte. Da ist Ihr Sohn, der ständig verletzte Vögel und verwaiste Insekten anschleppt. Regen Sie sich nicht darüber auf. Er ist ein kühner Retter! Vielleicht hat er das Zeug zum Helden.

Da ist Ihre Tochter, die immer eine dicke Lippe riskiert und in keiner Diskussion nachgeben will. Sie sind sich sicher, dass sie jetzt schon das Zeug zu einer Anwältin hat, obwohl sie doch erst zwölf ist. Flippen Sie nicht aus. Sie könnte später einmal ihre Hartnäckigkeit einsetzen, um für die Unterdrückten zu sprechen.

Da ist Ihr Sohn, der Sie sofort beschuldigt, ein Rassist zu sein, nur weil Sie eine kleine, unbedeutende Bemerkung über eine Person anderer Hautfarbe gemacht haben. Seine Sensibilität gegenüber Vorurteilen könnte ihn später zu einem Mann machen, der Diskriminierung und Ungerechtigkeit bekämpft.

Da ist Ihre Tochter, die Ihnen „übersensibel" erscheint und sich die schlimmsten Szenarien vorzustellen vermag. Doch eben diese Sensibilität könnte sie dazu bewegen, das Leid anderer zu lindern.

Da ist Ihr Sohn, der sich ausgegrenzt fühlt, weil er nicht in die Sportmannschaft aufgenommen wurde. Diese Ablehnungserfahrung ist vielleicht genau das, was Ihr Kind braucht, um Mitgefühl für andere Menschen zu entwickeln, die ausgegrenzt werden.

Da ist Ihr Sohn, der mit fünf Jahren schon zu einer längeren Behandlung ins Krankenhaus musste. Diese Erfahrung könnte ihn sensibel machen für andere Menschen mit gesundheitlichen Problemen oder Behinderungen.

Da ist Ihre Tochter, die in einem Jugendchor singt und dabei erlebt hat, wie toll es ist, gemeinsam mit anderen etwas auf die Beine zu stellen, was sie allein nicht geschafft hätte. Ihre positiven Erfahrungen führen dazu, dass sie auch bei anderen Gelegenheiten die Zusammenarbeit mit anderen sucht.

Da ist Ihre eigene moralische Stärke, die Ihren Kindern in der Beziehung zu Ihnen Sicherheit gibt. Das befähigt sie, in bestimmten Situationen das Richtige zu tun, weil sie vor Augen haben, wie Sie handeln würden.

Da ist Ihr Zuhause, ein Ort voller Lachen, Gastfreundschaft und Wärme – auch für Menschen, die anders sind als Sie selbst.

Können Sie erkennen, wie diese Charaktereigenschaften und Erfahrungen zusammengenommen dazu führen können, dass Kinder Mitgefühl lernen? Viel hängt vom eigenen Standpunkt ab. Eine bestimmte Erfahrung mag für Ihr Kind negativ sein, doch mit etwas elterlicher Aufmerksamkeit können Sie dieses Erlebnis in eine Lernerfahrung verwandeln, die sein Mitgefühl fördert. Schmerz bringt oft Mitgefühl hervor. Bewahren Sie Ihr Kind nicht vor jedem Schmerz. Diese Überbehütung führt zu einem Mangel an Charakterstärke und Empfindungsfähigkeit.

> Bewahren Sie Ihr Kind nicht vor jedem Schmerz.
> Diese Überbehütung führt zu einem Mangel an Charakterstärke und Empfindungsfähigkeit.

Sie haben vielleicht sehr darauf geachtet, dass Ihr Kind auf die richtige Schule geht, oder dafür gesorgt, dass es ein Musikinstrument spielen lernt. Das sind gute Ziele, aber sie machen Ihr Kind nicht unbedingt fürsorglicher oder einfühlsamer. Die Ironie ist, dass vielleicht gerade die Erfahrung, an einer Schule abgelehnt worden zu sein oder nicht in die bevorzugte Mannschaft aufgenommen worden zu sein oder nicht beim Musikwettbewerb gewonnen zu haben, viel für die charakterliche Entwicklung Ihres Kindes bewirken würde. Und das könnte in zehn Jahren mehr Bedeutung haben als die anderen Dinge.

Warum erziehen wir unsere Kinder nicht zu mehr Mitgefühl?

„Ich werde meiner Tochter nicht noch einmal erlauben, mit Ihnen nach Mexiko zu fahren!", rief der Vater aus. Sein Gesicht war gefährlich gerötet. „Sie verwandelt sich in ein Weichei! Inzwischen will sie nichts anderes mehr, als den Armen zu dienen."

„Es tut mir Leid, dass Sie das so empfinden. Wir wollten, dass die Kids sich mit der Not dieser Welt auseinandersetzen, statt davon isoliert aufzuwachsen. Die Nöte bleiben, auch wenn Ihre Tochter nächstes Jahr nicht mit uns nach Mexiko fährt. Ich glaube, der Aufenthalt in Mexiko hat ihr das Gefühl gegeben, eine Aufgabe im Leben zu haben, weil sie gebraucht wurde und sich einbringen konnte."

„Das bringt doch nichts! Sie soll sich um ihre Schulnoten kümmern und um ihren Tanzkurs und um ihr Tennis, wenn sie es auf die Uni schaffen will."

„Wir möchten, dass unsere Kinder nicht nur nette, angepasste Bürger werden – wir wollen, dass sie Mitgefühl lernen und sich leidenschaftlich für andere einsetzen."

„Aber nicht meine Tochter!" Er stürmte wütend davon. Und dieser Mann war Mitglied unserer Kirchengemeinde!

Warum halten manche Eltern ihre Kinder sogar aktiv davon ab, die Nöte anderer Menschen wahrzunehmen und Mitgefühl zu entwickeln?

Weil es deprimierend ist. Was kann eine einzelne Familie schon tun? Der Versuch, seinen Kindern die immense Not dieser Welt zu zeigen und gar noch etwas dagegen tun zu wollen, ist entmutigend und überfordernd.

Weil es politisch ist. Wir wollen uns nicht auf endlose Debatten zwischen Grün, Rot, Schwarz und Gelb einlassen.

Weil das nicht unsere Welt ist. Wir halten uns von solchen Gegenden fern – die sind zu schäbig und gefährlich für unsere Kinder.

Weil es nicht unsere Aufgabe ist. Warum kümmert sich nicht die Kirche oder das Sozialamt um diese Dinge? Das ist nicht Aufgabe der Familie. Oder vielleicht sollte sich die Schule an dieser Stelle engagieren – in Sozialkunde zum Beispiel. Muss das denn alles auf unseren Schultern lasten – auf den Eltern?

Weil wir unsere Kinder nicht verängstigen wollen. Warum sollte unser Kind sich über so schreckliche Dinge Gedanken machen müssen wie die Tatsache, dass in Afrika täglich Tausende von Kindern verhungern? Es ist doch noch ein Kind.

Weil es unbequem für mich und mein Kind wäre. Wir haben hart dafür geschuftet, ein angenehmes Leben zu haben. Diese Annehmlichkeiten will ich nicht wieder aufgeben.

Weil wir zu viel zu tun haben, um uns um die Angelegenheiten anderer Leute zu kümmern. Gibt es denn keine Behörden, die sich um so was kümmern? Wir haben nicht die Zeit, uns damit abzugeben.

Weil mir die Probleme anderer eigentlich ziemlich schnuppe sind. Ich kenne diese Leute nicht und will sie auch nicht kennen lernen. Ich habe selbst genug Probleme.

Das sind weitverbreitete Gründe, warum wir unseren Kindern kein tätiges Mitgefühl für andere Menschen vermitteln. Doch sie sind nicht biblisch. Sie widersprechen vielmehr völlig dem Wort und dem Herzen Gottes.

Warum wir unseren Kindern Mitgefühl für andere Menschen beibringen sollten

Jan Johnson drückt es in ihrem Bestseller *Growing Compassionate Kids* (*Kinder mit Mitgefühl heranziehen*) treffend aus: *Über die Jahre habe ich mich immer wieder in Einzelheiten der Kindererziehung verzettelt und die Bedeutung des Mitgefühls vernachlässigt. Doch immer, wenn ich das Evangelium höre oder lese, werde ich wieder dorthin zurückgeführt. In den biblischen Berichten begegnet mir immer wieder ein Jesus, der mich fasziniert und herausfordert. Er hat die Wahrheit über seine Person gepredigt und den Ausgestoßenen Heilung und Gemeinschaft angeboten. Er überschritt trennende Grenzen, ohne lange darüber nachzudenken, weil er nur das Herz des Menschen sah, der vor ihm stand. Er war eins mit Gott, dem Behüter der Ausgestoßenen. Jedes Mal, wenn mir das radikale Handeln von Jesus neu vor Augen steht, hinterlässt das in mir den Wunsch, ebenso zu handeln.*[30]

Auch ich bin, wie Johnson, immer wieder erstaunt über Jesus. Er folgt nicht dem Rat heutiger PR-Experten oder Werbefachleute. Statt sich mit den Siegertypen zu identifizieren, verbringt er seine Zeit mit den ewigen Verlierern. Und in ihm spiegelt sich das Herz seines Vaters wider.

Jesus hatte Mitleid mit den Armen. Er achtete auf ihre Nöte: *Der Geist des Herrn hat von mir Besitz ergriffen, weil der Herr mich gesalbt und bevollmächtigt hat. Er hat mich gesandt, den Armen gute Nachricht zu bringen, den Gefangenen zu verkünden, dass sie frei sein sollen, und den Blinden, dass sie sehen werden. Den Misshandelten soll ich die Freiheit bringen und das Jahr ausrufen, in dem der Herr sich seinem Volk gnädig zuwendet* (Lukas 4,18–19).

Wissen wir um die Nöte der Armen und Unterdrückten, kümmert uns ihr Schicksal? Etwa die Hälfte der gesamten Weltbevölkerung ist so arm, dass sie nicht genug zu essen hat. Und einige dieser Menschen leben sogar in Ihrer Stadt!

Jesus macht uns auf die Ausgestoßenen aufmerksam – auf die,

die man an den Rand der Gesellschaft gedrängt hatte: *Dann werden die, die den Willen Gottes getan haben, fragen: ,Herr, wann sahen wir dich jemals hungrig und gaben dir zu essen? Oder durstig und gaben dir zu trinken? Wann kamst du als Fremder zu uns, und wir nahmen dich auf, oder nackt, und wir gaben dir etwas anzuziehen? Wann warst du krank oder im Gefängnis, und wir besuchten dich?' Dann wird der König antworten: ,Ich versichere euch: Was ihr für einen meiner geringsten Brüder oder für eine meiner geringsten Schwestern getan habt, das habt ihr für mich getan.' Dann wird der König zu denen auf seiner linken Seite sagen: ,Geht mir aus den Augen, Gott hat euch verflucht! Fort mit euch in das ewige Feuer, das für den Teufel und seine Engel vorbereitet ist! Denn ich war hungrig, aber ihr habt mir nichts zu essen gegeben; ich war durstig, aber ihr habt mir nichts zu trinken gegeben; ich war fremd, aber ihr habt mich nicht aufgenommen; ich war nackt, aber ihr habt mir nichts anzuziehen gegeben; ich war krank und im Gefängnis, aber ihr habt euch nicht um mich gekümmert'* (Matthäus 25,37–43).

Jesus hatte auch mit anderen Randgruppen Mitleid – wie sieht es mit Ihnen aus? Hier einige Ideen, wie Sie gemeinsam mit Ihren Kindern etwas tun können:

- *Die Armen und die, die nicht genug zum Anziehen haben.* Anregung: Durchstöbern Sie Ihren und den Kleiderschrank Ihres Kindes und geben Sie die Kleidung, die Sie schon eine Weile nicht mehr angezogen haben, in eine Kleidersammlung (am besten eine private, bei der Sie sicher sein können, dass die Sachen auch wirklich bei denen ankommen, die sie benötigen). Es gibt auch viele andere Möglichkeiten, wie sich Kinder aktiv für andere Kinder einsetzen können. Überlegen Sie als Familie, ob Sie ein Patenkind in der Dritten Welt unterstützen können. Meist kostet das nur einen geringen Betrag im Monat, an dem sich Ihre Kinder beteiligen können (zum Beispiel hier: www.ora-international.org). Das Gemeindejugendwerk der Evangelisch-freikirchlichen Gemeinden in Deutschland hat ein Projekt entwickelt, das „Kinder helfen

Kindern" heißt und Infos und Materialien für die Unterstützung hilfsbedürftiger Kinder in Südafrika einsetzt. Hier finden Sie auch Anregungen für Themengottesdienste, Gespräche und Fundraising-Ideen: http://www.gjw.de/05-mitarbeiter/kinder/missionsprogramm/khk.html. Wenn Sie mehr im eigenen Land bleiben wollen, gibt es auch hier eine Fülle von Einsatzmöglichkeiten. Als Beispiel sei das Kinder- und Jugendwerk „Arche" in Berlin genannt, das täglich rund 300 Kindern aus sozial schwachen Familien eine Anlaufstelle, ein warmes Essen und viel Liebe bietet: www.kinderprojekt-arche.de. Auch hier sind Helfer und Spender immer willkommen.

- *Die Kranken.* Es gibt in jeder Stadt Kinder (und auch Erwachsene) mit unheilbaren Krankheiten. Wie könnte Ihre Familie diese Menschen ermutigen? Könnten Sie mit Ihren Kindern einem kranken Kind einen Wunsch erfüllen oder eine Freude machen (zum Beispiel ein Picknick im Grünen, ein selbst einstudiertes Puppen-Theaterstück oder ein Besuch mit Ihrem Familienhund am Krankenbett, soweit das erlaubt ist)? Auch hier gibt es viele Gruppen und Vereine, die sich schwer kranker Kinder angenommen haben und gern Spenden und Unterstützung annehmen, zum Beispiel: www.hilfe-fuer-kranke-kinder.de oder www.aktion-kindertraum.de. Oft ist es auch eine große Hilfe, wenn Eltern schwer kranker Kinder eine Anlaufstelle in der Nähe des Krankenhauses haben, wo sie kurzfristig einmal übernachten können und moralische Unterstützung finden. Fragen Sie doch einmal in einer Kinderklinik in Ihrer Nähe nach, ob hier Bedarf besteht.

- *Diejenigen, die im Gefängnis sind.* Mir bricht das Herz bei dem Gedanken an Jugendliche im Strafvollzug oder Kinder, deren Väter im Gefängnis sitzen. Fragen Sie sich selbst: *Sollte ich mich hier engagieren?* Wie wäre es, wenn Sie zu einem jungen Häftling Briefkontakt aufnehmen oder eine christliche Gefangenenhilfsorganisation unterstützen? Oder wenn Sie Weihnachtsgeschenke, Freizeiten oder die Begleitung von Kindern solcher Häftlinge übernehmen? In Deutschland gibt es zum Beispiel die Organisation „AFEK e.V.", die schon seit Jahren Indianercamps mit Kindern von Strafgefangenen durchführt. Dort werden immer Mitarbeiter und Unterstützer gesucht: www.afek-ev.de

- *Die Fremden.* In unserem Land leben unzählige „Fremde" – manche kommen aus dem Ausland, manche aus anderen Bundesstaaten. Sie alle brauchen Annahme und Kontakte. Sprechen Sie in der Familie darüber: „Wie können wir als Familie Fremde willkommen heißen?" Fangen Sie bei dem neuen Mitschüler an oder bei der Familie, die in Ihre Nachbarschaft gezogen ist.

Wir müssen Mitgefühl und Mut miteinander kombinieren, wenn wir Gottes Herz widerspiegeln wollen – denn Gott will, dass den Unterdrückten Gerechtigkeit widerfährt: *Verteidigt die Armen und die Waisenkinder, verschafft Wehrlosen und Unterdrückten ihr Recht! Befreit die Entrechteten und Schwachen, reißt sie aus den Klauen ihrer Unterdrücker!* (Psalm 82,3–4)

Unsere Aufgabe geht also über die Erziehung unserer Kinder zu netten Menschen hinaus. Wir sollen unseren Kindern helfen, Mitgefühl zu empfinden und auch zu zeigen, indem sie sich *für* eine gute Sache einsetzen, und Mut zu demonstrieren, indem sie sich *gegen* Missstände stellen.

Unsere Aufgabe geht über die Erziehung unserer Kinder zu netten Menschen hinaus. Wir sollen unseren Kindern helfen, Mitgefühl zu empfinden und zu zeigen, indem sie sich für Gutes einsetzen und gegen Missstände stellen.

Wie Sie in Ihren Kindern Mitgefühl für andere wecken können

Seien Sie Ihnen ein Vorbild. Zeigen Sie Ihnen, dass Sie selbst Interesse am Schicksal anderer Menschen haben.

- Geben Sie ihnen Gelegenheit, ihr Mitgefühl zu zeigen. Nehmen Sie sich einmal im Monat Zeit, um zusammen mit Ihren Kindern etwas zu tun, wodurch Sie ihre Anteilnahme am Leben anderer Menschen stärken und ihnen bewusst machen, dass sich die Welt nicht um sie dreht.
- Zeigen Sie selbst Mitgefühl im Umgang mit Ihren Kindern. Unsere Kinder geben uns oft Gründe, wütend zu sein, doch wenn wir innehalten und nicht aus momentanem Zorn heraus reagieren, geben wir ihnen ein Vorbild für gelebte Gnade. Unsere Kinder werden daraus lernen. Sie erleben, wie wir unseren Zorn zurückhalten und uns in unser Gegenüber einfühlen.
- Mitgefühl zeigt sich auch in der Art und Weise, wie Sie sich um Haustiere und Gartenpflanzen kümmern. Selbst kleine Kinder können lernen, für andere zu sorgen, wenn sie sich um ihr Haustier oder ihr eigenes kleines Gartenstück kümmern – auch wenn sie gerade keine Lust haben oder lieber spielen möchten. Mitgefühl bedeutet auch, die Welt mit den Augen des jungen Welpen zu sehen, der gerade Ihre Schuhe zerkaut hat!
- Sorgen Sie dafür, dass Ihre Kinder an der Fürsorge für Ihre Angehörigen – Opa und Oma oder „adoptierte" Großeltern – beteiligt sind. Ältere Menschen haben Bedürfnisse, die Kinder gut erfüllen können. Und im Gegenzug haben sie viel Liebe, Zeit und tolle Geschichten zu bieten. Das hilft beiden Seiten, sich wertgeschätzt, einbezogen und geliebt zu fühlen.
- Helfen Sie Ihrem Kind dabei, sich über andere Menschen Gedanken zu machen. Stellen Sie ihm Fragen, bei denen Mitgefühl gefordert ist. Sehen Sie sich gemeinsam die Nachrichten

an und sprechen Sie über das Gesehene – über Armut, Aus-
beutung, Naturkatastrophen, Krieg und Hunger. Um ihm
solche Dinge auch im Alltag näher zu bringen, könnten Sie es
zum Beispiel fragen: „Wie fühlt man sich wohl, wenn man
neu an einer Schule ist und niemanden kennt?"

- Suchen Sie persönliche Beispiele. Versuchen Sie, die Dinge
mit konkreten Personen zu verbinden. Wenn Sie zum Beispiel
eine Patenschaft für ein Kind übernehmen und beim Essen
regelmäßig für dieses Kind beten, schaffen Sie eine Verbindung zwischen den globalen Umständen (Armut und Hunger als weitverbreitetes Problem in unserer Welt) und einer
konkreten Person. Falls jemand eine abwertende Bemerkung
über eine bestimmte ethnische Gruppe macht, könnten Sie
dem zum Beispiel entgegenhalten: „Unsere Nachbarn kommen auch aus diesem Land und sie sind doch überhaupt nicht
so, nicht wahr?"

- Suchen Sie regelmäßig Gelegenheiten, Gäste zu empfangen.
Wenn wir ein Vorbild für Gastfreundschaft geben, zeigen wir,
dass Fremde und Freunde uns so wichtig sind, dass wir unseren oftmals hektischen Alltag für sie unterbrechen. Wir opfern Zeit, Geld und Bequemlichkeit, um sie bei uns willkommen zu heißen.

Suchen Sie echte Begegnungen

„Wer ist mein Nächster?", werden Sie vielleicht fragen und damit die Worte des Gelehrten des jüdischen Gesetzes aus dem
Lukasevangelium wiederholen (vgl. Lukas 10,29). Wem sollte
unser Mitgefühl gelten?

Wenn wir dem Fingerzeig Jesu folgen, fällen wir diese Entscheidung auf der Basis eines „auf den Kopf gestellten" Wertge-
füges: Statt die Reichen und Berühmten zu bewundern, machen
wir auf die Armen und Vergessenen aufmerksam. Statt es den
Mächtigen nachzutun, versuchen wir, die Unterdrückten zu
stärken. Statt den Starken hinterherzujagen – zum Beispiel ge-

feierten Sportgrößen oder Filmstars –, widmen wir einen beträchtlichen Teil unserer Zeit, unseres Geldes und unserer Aufmerksamkeit den Schwachen und Kranken. Das Reich Gottes stellt unsere Wertmaßstäbe auf den Kopf.

Jan Johnson erklärt: *Jede Gesellschaft hat ihre Werthierarchie. Zu denen ohne Stimme gehören alle, die auf der kulturellen Leiter unter den anderen stehen. Sie müssen aufgrund ihrer gesellschaftlichen Position still bleiben. Wir können einige Beziehungen zwischen Mächtigen und weniger Mächtigen erkennen:*

- Kinder gegenüber Erwachsenen
- Frauen gegenüber Männern
- Angehörige von Minderheiten anderer Hautfarbe gegenüber der jeweiligen Mehrheit
- Arme gegenüber der Mittelschicht; die Mittelschicht gegenüber den Reichen
- schlecht bezahlte Arbeiter gegenüber Facharbeitern
- weniger Intelligente gegenüber den Intelligenteren
- die Arbeiterschicht gegenüber dem Management
- einfache Arbeiter gegenüber Akademikern

Wenn diejenigen ohne Stimme das Wort ergreifen, nimmt sie keiner ernst, weil sie nicht den Status, das Geld, das Alter oder das Wissen besitzen, um von anderen respektiert zu werden. Jesus jedoch setzte regelmäßig einfache Leute ohne Stimme auf Positionen, die mit einer größeren Macht ausgestattet waren.[31]

Wenn wir diesen Geringsten gegenüber tätiges Mitgefühl zeigen und unseren Kindern beibringen, die wahrzunehmen, die keine Stimme besitzen, werden wir zu den Händen und Füßen Jesu Christi.

8 Das Urteilsvermögen schulen

„Ich mag unseren Hauskreis, aber es bleiben immer mehr Leute weg. Irgendwas stimmt mit unserem Leiter nicht, Tony", erzählte Robert aufgeregt.

Ich hatte die Supervision dieser neu gegründeten Gruppe übertragen bekommen. „Hat schon mal einer der Pastoren mit eurem Leiter gesprochen?"

„Nein. Ich glaube, Tony ist einfach zu diesem Leiterseminar gegangen, hat die Formulare ausgefüllt und angefangen, den Hauskreis zu leiten. Ich glaube, ihn hat kaum jemand gekannt, bevor wir die Gruppe angefangen haben."

„Aha. Wissen wir irgendetwas über sein persönliches Leben?"

„Na ja. Er macht Sachen, die keinen rechten Reim ergeben. Ich weiß nicht über alles Bescheid, aber irgendwas ist komisch an ihm. Er hat so eine ungute Ausstrahlung und steckt alle damit an. Außerdem hat er reichlich seltsame Ansichten! Gestern Abend zum Beispiel hatten wir eine Riesendiskussion darüber, ob Jesus der einzige Weg zu Gott ist. Tony hat das doch tatsächlich in Frage gestellt. Und er leitet die Gruppe!"

„Was hat er gesagt?"

„Er findet das zu ‚eng'. Er glaubt, Gott habe ‚verschiedene Kanäle für seine Gnade und Kraft', wie er das nennt. Vor zwei Wochen wollte jemand für einen Jugendlichen beten lassen, der sich auf einen Wicca-Kult eingelassen hatte. Da hat er ihn unterbrochen und den Hexenkram in Schutz genommen."

„Ich werde mit ihm reden, Robert. Danke für deinen Anruf."

Ein paar Tage später traf ich Tony, den undurchsichtigen Hauskreisleiter. Er trug ziemlich viel Schwarz (wie klischeehaft) und ein Hemd, dessen drei oberste Knöpfe offen standen, so dass man seine behaarte Brust sehen konnte. Als er meine Hand drückte, zeigte er ein strahlendes Lächeln. „Hallo, wie geht's? Schön, Sie kennen zu lernen. Ich hab Sie schon ein paar Mal gesehen, aber noch nicht mit Ihnen gesprochen."

Ich glaubte, einem der „Drei Tenöre" gegenüberzustehen, der sich irgendwie nach Texas verirrt hatte. „Hallo, Tony. Ich möchte alle Hauskreisleiter persönlich kennen lernen, und Sie sind ja noch recht neu bei uns. Erzählen Sie doch ein wenig von sich."

Er erzählte ein wenig von sich, aber es klang alles ziemlich vage.

„Tony, glauben Sie, dass Jesus Christus der einzige Weg zur Erlösung ist? Glauben Sie, dass er am Kreuz für unsere Sünden bezahlt hat und von den Toten auferstanden ist?"

Er rutschte auf seinem Stuhl herum, schaute an die Decke und sagte: „Nein, vermutlich nicht so, wie Sie daran glauben. Ich denke nicht, dass Gott so ... so konservativ ist."

„Was meinen Sie damit?"

„Gott hat viele Erscheinungsformen und kann meiner Meinung nach den Hinduismus, den Islam und auch Wicca ebenso benutzen, um Menschen zu sich zu ziehen, wie Ihren traditionellen christlichen Glauben. Viele Wege, ein Gott." Als er sich nach vorne beugte, wurde unter seinem Hemd eine Halskette mit einem Pentagramm sichtbar.

„Warum tragen Sie ein Pentagramm?"

„Ich glaube an seine Kraft. Wir können mehr Macht haben, wenn wir das wollen."

„Sie sprechen nicht von der Kraft, die wir durch Jesus haben, nicht wahr?"

Seine Augen blitzten mich an. Das Bild des freundlichen Typen aus New Jersey verschwand und etwas Kaltes trat hervor. „Nein, der wird meiner Ansicht nach total überschätzt."

„Sie stehen mit dunklen Mächten in Verbindung, kann das sein?"

Er sagte ungerührt: „Ja, ich bin ein Druide. Schon seit Jahren. Wir haben hier im Ort einen Coven (eine Gruppe Gleichgesinnter)."

Ich atmete tief durch. „Wir sind eine christliche Gemeinde und glauben, dass Jesus Christus der Sohn Gottes ist und uns den einzigen Weg geöffnet hat, auf dem wir die Gnade und Vergebung Gottes erfahren können. Sie täuschen die Menschen, und ich möchte nicht, dass Sie weiter diesen Hauskreis leiten."

„Klar, kein Problem, das macht mir nichts aus. Es gibt noch viele Fische im weiten Meer. Das ist eh nur ein Haufen verbohrter Bibelfreaks."

Tony war ein praktizierender Hexer, der in unserer Gemeinde eine Leitungsposition innehatte! Er hatte die Gemeindeleiter getäuscht und war ganz locker unter unserem Radar hindurchgeschlüpft – mit der klaren Absicht, die Teilnehmer in die Irre zu führen.

Gott sei Dank hatte mein geistliches Urteilsvermögen mir gezeigt, was hier los war. Robert und ich waren in der Lage gewesen, relativ bald etwas zu erkennen, das andere nicht gesehen hatten – nämlich, dass Tony gegen uns arbeitete und nicht für uns.

Ich weiß, das ist kein Beispiel aus dem familiären Umfeld, aber es zeigt auf dramatische Weise auf, was geschehen kann, wenn das nötige Urteilsvermögen fehlt. Es steht zu viel auf dem Spiel – in der Familie vielleicht noch mehr als in der Gemeinde.

Wir als Eltern brauchen Urteilsvermögen. Unsere Kinder brauchen Urteilsvermögen. Urteilsvermögen erlaubt es uns, die Motive eines Menschen einzuschätzen und zu erkennen, ob er gegen oder für uns ist. Wir leben in einer Gesellschaft „jenseits der Unschuld", in der wir wachsam sein und die Dinge klar sehen müssen. Wir dürfen nicht jedem Menschen blind vertrauen. Wir müssen tiefer blicken. Wir müssen unser Urteilsvermögen einsetzen.

Urteilsvermögen – das wünschen wir unseren Kindern. Aber was ist das eigentlich?

Wir leben in einer Gesellschaft „jenseits der Unschuld",
in der wir wachsam sein und die Dinge klar sehen müssen.

Ich möchte Urteilsvermögen als *die Fähigkeit bezeichnen, auch unter Druck noch weise Entscheidungen treffen zu können.* Es ist eine erhöhte mentale Blickschärfe. Es ist die Wahrnehmung, die unter die Oberfläche geht und das wahre Wesen einer Sache oder Person entdeckt und enthüllt.

Wir als Eltern brauchen in vielen Situationen Urteilsvermögen, zum Beispiel …

- um zu wissen, ob eine Betreuungsperson unserer Kinder vertrauenswürdig ist
- um zu entscheiden, welcher Kindergarten/welche Schule für unser Kind am besten ist
- um zu erkennen, wann unser Kind reif ist für den Kindergarten/die Schule
- um wahrzunehmen, wenn bestimmte Kinder keine guten Spielkameraden für unsere Kinder sind
- um zu spüren, wann wir unsere Kinder mit zu vielen Aktivitäten überfordern
- um wachsam zu sein, wenn Medien oder Altersgenossen negativen Einfluss auf unsere Kinder haben.

Auch unsere Kinder brauchen Urteilsvermögen, wenn sie sich in der Welt bewegen wollen. Sie können von uns lernen, klug zu urteilen, wenn wir für sie da sind. Aber wenn wir das nicht übernehmen, werden sie etwas anderes lernen. Richard Louv, der Verfasser des Buches *Childhood's Future (Die Zukunft der Kindheit)*, warnt: *An wen wenden sich unsere Kinder, wenn wir nicht genug Zeit für sie haben? An andere, die Zeit für sie haben – manche davon meinen es gut mit ihnen, andere nicht. Sie wenden sich an ihre Altersgenossen, an Cliquen, an frühe Sexpartner, an den elektronischen Mikrokosmos der Computer und Videospiele.*[32]

Einfacher ausgedrückt: Sie müssen Ihre Kinder dazu anleiten, kluge Entscheidungen zu treffen und Dinge oder Menschen klar zu beurteilen, sonst werden sie von der jeweils gerade vorherrschenden Welle gesellschaftlicher Entwicklungen davongespült – heute ist das vor allem der allgegenwärtige Hedonismus. Statt aus einem stabilen Wertgefüge heraus zu urteilen, werden sie ihre Entscheidungen anhand der Frage treffen, was am meisten Spaß bringt, was gerade hip ist oder was für sie persönlich herausspringt. Wenn Sie nicht möchten, dass Ihre Kinder sich mit der Mentalität von Werbespots identifizieren, müssen Sie ihnen beibringen, weise zu urteilen – sich auf der Basis zeitloser Grundsätze klug zu entscheiden. Wenn wir das unterlassen, setzen wir sie dem vorherrschenden Wind weltlicher Werte aus.

> Wenn Sie nicht möchten, dass Ihre Kinder sich mit der Mentalität von Werbespots identifizieren, müssen Sie ihnen beibringen, weise zu urteilen – und nicht ihre Entscheidungen danach zu treffen, was am meisten Spaß bringt, was gerade hip ist oder was für sie persönlich herausspringt.

George Barna erinnert uns daran, dass Kinder ihren Platz auf dem „Kriegsschauplatz Erde" haben: Wenn wir unsere Aufgabe gut erfüllen und unseren Kindern beibringen, Gott von ganzem Herzen, mit ihrem ganzen Denken, ihrer ganzen Kraft und von ganzer Seele zu lieben, dann werden sie ihre Zeit nicht mehr in Diskussionen über moralische Fragen wie Abtreibung, Homosexualität, Spielsucht oder Pornografie verschwenden müssen. ... Wenn wir unserem Nachwuchs erfolgreich die Grundsätze und Wünsche Gottes vermitteln und in unseren Kindern einen Hunger nach Gerechtigkeit und eine Leidenschaft für Gott wachrufen, wird ihr Bedürfnis, einen Kulturkrieg anzuzetteln, schwinden, weil die Kultur aus ihrem Inneren heraus verändert wird. Das Zusammenwirken ihres Charakters und ihrer Überzeugungen wird die Konturen der Kultur neu definieren.[33]

Vorbereiten statt behüten

Ich werde oft in Diskussionen um die „richtige Schule" hinein-
gezogen: Öffentliche Schule oder christliche Privatschule? Oder
die Kinder besser gleich zu Hause unterrichten? Manchmal jedoch ist die Wahl der Schule gar nicht entscheidend. Die Frage
ist eher, wie die Eltern ihre Rolle sehen. Bei den meisten Familien ist das sogar entscheidender als die Frage, in welcher Schule
die Kinder durchschnittlich 6 Stunden am Tag zubringen. Viel
wichtiger ist doch: Was geht in den restlichen 18 Stunden im Leben der Kinder vor sich?

Viel entscheidender als die Frage, in welcher Schule die Kinder
durchschnittlich 6 Stunden am Tag zubringen, ist doch:
Was geht in den restlichen 18 Stunden im Leben der Kinder vor sich?

Manche Eltern meinen, es sei ihre Aufgabe, ihre Kinder von den
Gefahren und dem Leid der Welt fern zu halten. Diese Einstel-
lung bestimmt ihre Entscheidungen schon, wenn ihr Kind das
Kindergartenalter erreicht.

Es ist in der Tat wichtig, dass wir unsere Kinder schützen,
besonders solange sie noch klein sind. Doch wenn sie reifer werden, tun wir gut daran, unser Augenmerk weniger auf das Behüten und mehr auf das Vorbereiten zu lenken. Denn es ist
lebenswichtig für unsere Kinder, dass sie vorbereitet sind auf die
Herausforderungen des Lebens.

Ich trete vermutlich deshalb so vehement für diese Haltung
ein, weil ich jahrelang bei den Pfadfindern war und unser Motto
lautete: „Sei vorbereitet!" Das ist ein gutes Motto. Wenn wir auf
Herausforderungen und Entscheidungen gut vorbereitet sind,
ist die Chance, dass wir uns klug entscheiden, wesentlich höher.
Dumme und gefährliche Entscheidungen treffen wir dann, wenn
wir unvorbereitet sind.

Ich habe viele Eltern erlebt, die sich nur darauf konzentriert haben, ihre Kinder zu behüten, und die Seite der Gleichung vernachlässigt haben, bei der es darum geht, Kinder auf das Leben vorzubereiten, wie es nun mal ist – und das führte schließlich zur Katastrophe.

Man kann eine vorbereitende Haltung bereits pflegen, solange die Kinder noch recht klein sind. Einem dreijährigen Kind sagt man zum Beispiel: „Es ist gut, wenn du lernst, dein Mittagessen selbst zu essen, allein aufs Klo zu gehen und dir nach der Toilette die Hände zu waschen, weil das die Kinder im Kindergarten auch machen. Und wenn du in den Kindergarten gehen möchtest, musst du diese drei Dinge können."

Der Gedanke dahinter ist, dass Sie Ihrem Kind helfen, *selbstständiger zu werden, während Sie immer weniger machen.* Sie befinden sich in einer Art Countdown zur Selbstständigkeit. Wenn Ihr Kind auf die Welt kommt, besitzen Sie die 100-prozentige Verantwortung für Ihr Kind. Doch je älter Ihr Kind wird, desto mehr Freiheit, Entscheidungen und Eigenverantwortung übertragen Sie ihm.

> Helfen Sie Ihrem Kind, mehr zu übernehmen, während Sie selbst weniger machen.

Ihr Kind wird diese Chance gern ergreifen. Warum? Weil Sie ihm etwas anbieten, was es sich wünscht – Freiheit und Selbstständigkeit. Doch bevor Sie die Zügel zu locker lassen, sollten Sie sicher sein, dass Ihr Kind auch ohne Sie eine kluge Wahl treffen wird. Im folgenden Schaubild finden Sie eine hilfreiche grafische Darstellung.

Vielleicht hilft Ihnen dieses Schaubild, Ihr Kind auf die Selbstständigkeit vorzubereiten. Sagen Sie in etwa Folgendes: „Als du ein Baby warst, haben wir ganz und gar die Verantwortung für dich übernommen. Wir mussten dich tragen, füttern, dir die Windeln wechseln und durften dich niemals allein lassen. Doch als du älter wurdest, konntest du immer mehr Dinge selber ma-

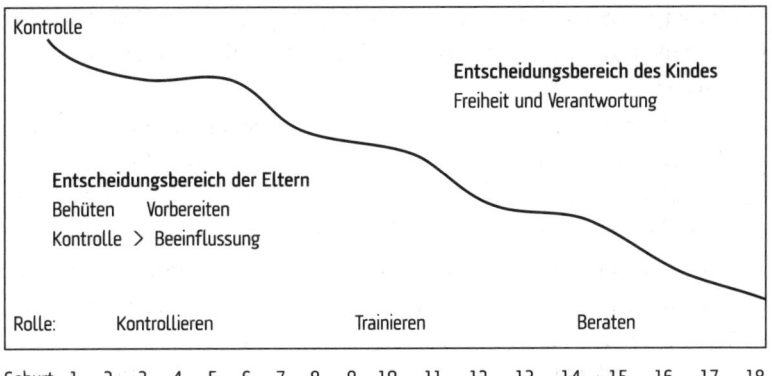

100% 90% 80% 70% 60% 50% 40% 30% 20% 10% 0%

Kontrolle

Entscheidungsbereich des Kindes
Freiheit und Verantwortung

Entscheidungsbereich der Eltern
Behüten   Vorbereiten
Kontrolle > Beeinflussung

Rolle: Kontrollieren   Trainieren   Beraten

Geburt 1 2 3 4 5 6 7 8 9 10 11 12 13 14 15 16 17 18

Der Countdown in die Selbstständigkeit

chen. Das soll auch so weitergehen, indem wir dir mehr Freiheit und Verantwortung übertragen. Wir wollen dir mehr Entscheidungsfreiheit geben. Du wirst lernen müssen, wie man sich klug entscheidet, weil du mit den Ergebnissen deiner Entscheidungen leben musst – den guten wie den schlechten."

Übertragen Sie Ihrem Kind an jedem Geburtstag eine Entscheidungsbefugnis mehr. Präsentieren Sie diese schriftlich – das gibt ihr viel mehr Gewicht und erinnert Sie auch immer wieder beide an Ihre jeweilige Verantwortung: „Jetzt, wo du 13 bist, bekommst du all die Rechte, Privilegien und Pflichten einer/eines 13-Jährigen übertragen. Du darfst jetzt zum Beispiel andere Kinofilme anschauen. Geh klug mit dieser Entscheidungsfreiheit um, denn du weißt ja, welche Werte in unserer Familie zählen."

Sie helfen Ihrem Kind, mehr Verantwortung zu übernehmen, während Sie immer weniger für es entscheiden. Auf diese Weise sind unsere Kinder gezwungen, sich ihre eigenen Gedanken zu machen. Und das hilft ihnen, Urteilsvermögen zu entwickeln.

Erziehung per Fernbedienung

Wäre es nicht toll, wenn es eine Fernbedienung für unsere Kinder gäbe?

Stopp: Das Kind verharrt reglos.

Ton aus: Das Kind schweigt.

Kanalwechsel: Das Kind ändert sein Verhalten oder das Gesprächsthema.

Pause: „Damit will ich mich jetzt nicht herumschlagen, also ..."

Standby: Versetzen Sie sich selbst oder Ihr Kind per Knopfdruck in den Schlafmodus.

Zurückspulen: „Hoppla, das ist mir nur so rausgerutscht." Löschen und noch mal von vorne.

Play: Alle lachen und spielen miteinander.

Schneller Vorlauf: Die Pubertät gefällt mir nicht, also schnell vorspulen.

Menü: Das Kind bereitet voller Freude Ihr Lieblingsmenü zu und serviert es Ihnen.

Wenn sich die Technik doch immer am Markt orientieren würde! So eine Fernbedienung würde den absolut reißenden Absatz finden!

Wissen Sie was? Es gibt eine Möglichkeit, das eigene Kind aus der Ferne zu „steuern". Man braucht dazu kein Halsband mit Elektroschockfunktion, wie es sie für Hunde gibt, kein Nachtsichtgerät und keine Bestechungsmaßnahmen. So können Sie aus der Ferne Einfluss auf Ihr Kind nehmen:

● Definieren Sie Ihre Erwartungen und schreiben Sie sie auf.

● Beschließen Sie, welche Konsequenzen es haben soll, wenn diese Erwartungen nicht erfüllt werden. Schreiben Sie auch diese auf.

● Teilen Sie Ihrem Kind Ihre Erwartungen und die Konsequenzen (positiv wie negativ) mit. Machen Sie Ihrem Kind bewusst, dass *es selbst* die Wahl hat. Ihre Rolle wird sein, die Konsequenzen auch tatsächlich folgen zu lassen. Das weiß Ihr Kind im Voraus, also muss es nicht jammern, manipulieren oder einen Wutanfall bekommen – schon gar nicht, wenn es älter als 14 ist!

- Kommen Sie auf diese Vereinbarung zurück und bekräftigen Sie sie, falls nötig. Sie sollten eine Kopie der Abmachung behalten. Wenn Ihr Kind sich falsch verhält, dann fragen Sie es: „Was steht in unserer Abmachung?" „Weiß nicht mehr", sagt es dann vielleicht und starrt auf den Teppich. „Hol den Zettel her." „Den hab ich verloren." „Zufällig habe ich noch eine Kopie davon hier. Da steht: ‚Wenn ich mein Fahrrad bis Sonnenuntergang nicht in die Garage geräumt habe, darf ich drei Tage lang nicht damit fahren.' Also stell dein Fahrrad jetzt in die Garage und ich schließe sie dann ab."

Kein Stress. Kein Herumgebrülle. Keine Wutausbrüche wegen einer Disziplinarmaßnahme. Sie helfen Ihrem Kind, indem Sie es für *seine* Entscheidungen zur Rechenschaft ziehen. Auf diese Weise lernt es, genau hinzuschauen und sich klug zu entscheiden, selbst wenn Sie nicht anwesend sind. (Im Anhang finden Sie hierzu ein Arbeitsblatt.)

„Erziehung per Fernbedienung" bedeutet, wegzukommen von der Kontrolle und stattdessen zu echter *Einflussnahme* zu gelangen. Wir können unsere Kinder ohnehin nicht kontrollieren. Sobald sie in den Kindergarten kommen, bekommen wir nicht mehr alles mit, was in ihrem Leben passiert. Aber wir können ihnen helfen, sich Werte anzueignen, Konsequenzen abzuwägen und ihre Entscheidungen vorausschauend zu treffen. So fördern wir das Urteilsvermögen unserer Kinder.

Wir können unsere Kinder ohnehin nicht kontrollieren. Sobald sie in den Kindergarten kommen, bekommen wir nicht mehr alles mit, was in ihrem Leben passiert. Aber wir können ihnen helfen, sich Werte anzueignen, Konsequenzen abzuwägen und ihre Entscheidungen vorausschauend zu treffen.

Wenn wir unsere Kinder nicht nach und nach darauf vorbereiten, in dem ganz normalen Wahnsinn ihres Umfelds zu leben, werden sie nicht darin klarkommen. Ich kenne Eltern, die ihre Kinder die gesamte Kindheit über in einem sterilen christlichen „Inkubator" gehalten haben, nur um dann erstaunt festzustellen, dass die lieben Kleinen, sobald sie in die Pubertät kamen, sämtliche christlichen Werte aktiv oder passiv abgelehnt haben.

Es reicht nicht, wenn wir unsere Kinder von außen behüten. Wir müssen sie von innen heraus vorbereiten und dann bewusst loslassen. Ich weiß, das klingt riskant, aber wir sollen in einer faden und dunklen Welt „Salz und Licht" sein. Jesus hat dies als Erster formuliert: *Ihr seid das Salz für die Welt. Wenn aber das Salz seine Kraft verliert, wodurch kann es sie wiederbekommen? Es ist zu nichts mehr zu gebrauchen. Es wird weggeworfen, und die Menschen zertreten es* (Matthäus 5,13). Wenn wir mit unseren Kindern in unserem bequemen und behaglichen Salzstreuer bleiben, wozu soll das gut sein?

Mir scheint, als wären manche christlichen Eltern nur damit beschäftigt, ihre Kinder zu sehr edlen Salzstreuern zu machen. Sie bestehen aus feinstem Kristallglas, mit einem silbernen Aufsatz mit perfekt gestalteten Löchern darin. Doch das Salz bleibt im Streuer und verliert seine Kraft.

Ich spreche Woche für Woche mit kirchenfernen Menschen. Wissen Sie, wie die die Mehrzahl der Christen sehen? Sie sind „irrelevant"; „Sie bewegen nichts mehr in dieser Welt." Wir müssen unsere Aufgaben wieder besser erfüllen. Wir müssen unseren Kindern besser dabei helfen, Salz zu sein und den Geschmack Gottes auf dieser Erde zur Entfaltung zu bringen. Gute Eltern geben dem Leben *Würze*.

Tim Kimmel warnt uns davor, uns in einen „christlichen Kokon" zurückzuziehen: *Eltern, deren Ziel es ist, ein geistlich ‚sicheres' Kind großzuziehen, bekommen in der Regel am Ende genau das: ein geistlich sicheres Kind. Aber sie bekommen oft auch ein geistlich schwaches Kind. Das Kind ist schwach, wenn es darum geht, sich dem brutalen Druck einer gefallenen Welt entgegenzustemmen. Bläst ihnen erst einmal der volle Wind ins Gesicht, gehen sie unter. Auf der anderen Seite erkennen Eltern, die ihre Kinder zu starken Menschen erziehen wollen, dass dies nicht geschehen kann, wenn die Kinder ihre geistlichen Muskeln nicht trainieren. Sie erkennen, dass fehlendes Leiden an der Gesellschaft dazu führt, dass auch der geistliche Gewinn ausbleibt.[34]*

Das Spiel „in der Zone"

Ich liebe den Wahnsinn, der sich jeden März im College-Basketball abspielt. Man kann nie sicher sein, was passiert, wenn man lauter talentierte Jugendliche auf dem Spielfeld hat. Ein gutes Team kann sowohl in der „Zone" (also im markierten Bereich um den Korb) als auch außerhalb sein Spiel flüssig aufbauen und zeigt außerdem noch ein ausgezeichnetes Verteidigungsspiel.

Gute Eltern sind mit einem solchen Team vergleichbar: Sie spielen in der Zone genauso wie außerhalb und sind zudem noch gute Verteidiger.

Suzanne und ich haben uns entschlossen, an unserer Technik in der „Zone" zu arbeiten, als unsere Mädchen noch sehr klein waren. Wir wollten ihnen bestimmte Charakterstärken, Fähigkeiten und Erfahrungen vermitteln, die ihnen im Leben helfen sollten. Suzanne war Sozialarbeiterin und ich in der Jugendarbeit tätig, daher wussten wir, in welche Schwierigkeiten Kinder und Familien geraten können. Wir hielten es für das Beste, unsere Kinder nicht wie im Kloster zu isolieren, sondern sie mit der nötigen inneren Stärke auszurüsten, um in die Welt hinauszugehen. Wir meldeten sie unter anderem in einer ganz normalen öffentlichen Schule an. Uns erschien das richtig. Mir ist bewusst, dass nicht jeder das so sieht, aber für uns war es das Richtige.

Der Kampf um unsere Kinder entscheidet sich nicht in ihren Köpfen, sondern in ihren Herzen.

Aber wir wussten, dass wir unbedingt das Urteilsvermögen unserer Kinder fördern mussten, bevor sie zur Schule gingen. Dieses „Spiel in der Zone" ist ein Zusammenspiel unseres Urteilsvermögens und unseres Herzens. Wir machten uns nicht so sehr Sorgen wegen der pluralistischen Weltanschauung, der Verfechter der Evolutionstheorie oder glaubensfeindlicher Einstellungen, denen sie dort vielleicht begegneten. All diese Dinge konnten wir gut auffangen und sogar positiv nutzen, indem wir nach der Schule beim Essen darüber redeten. Was uns Sorgen machte, war das Herz unserer Kinder. Der Kampf um unsere Kinder entscheidet sich nicht in ihren Köpfen, sondern in ihrem Herzen.

Der Prophet Jeremia sagt dies überdeutlich: *Nichts ist so abgründig wie das menschliche Herz. Voll Unheil ist es; wer kann es durchschauen? Ich, der Herr, sehe bis auf seinen Grund, ich kenne die geheimsten Wünsche der Menschen. Ich gebe jedem, was er aufgrund seiner Taten verdient hat* (Jeremia 17,9–10).

Wir müssen darauf achten, wie es um das Herz unserer Kinder bestellt ist und worauf es ausgerichtet ist. Wenn wir uns nur auf die äußeren Dinge konzentrieren, die unsere Kinder beeinflussen, könnten wir das Wesentliche übersehen.

Wenn wir unser ganzes Augenmerk darauf richten, unsere Kinder vor allem Möglichen zu beschützen, achten wir allein auf die Negativeinflüsse. Wir konzentrieren uns auf den Feind. Wir versuchen, Bollwerke zwischen unseren Kindern und der bösen Welt aufzurichten. Wir entwickeln eine Festungsmentalität: „Ich will nicht, dass diese bösen Menschen oder Ideen eindringen und mein Kind verführen." Diese Einstellung orientiert sich an externen Dingen und konzentriert sich auf die Machtfrage. „Ich muss mächtiger und stärker sein als der Feind. Ich muss eine uneinnehmbare Festung aufbauen." Eine solche Einstellung wird in der Regel von Angst angetrieben.

Im Gegensatz zu dieser beschützenden Haltung wählten wir den Ansatz der *Vorbereitung*. Diese Strategie erkennt ebenso die Kräfte des Feindes, doch sie betrachtet sie aus einer äußeren *und* aus einer inneren Perspektive heraus. Dieser Ansatz ist bemüht, die innere Stärke des Kindes im Herzen zu kräftigen. Sie konzentriert sich auf innere Dinge statt auf externe.

Die Festungsmentalität ist statisch. „Bleibt in eurem Bunker. Versteckt euch vor dem Feind. Wagt lieber keinen Ausfall."

Diese Strategie ist kein Versteck, sondern eine innere Stärke, die aus dem Herzen des Kindes nach außen wirkt. Sie beruht nicht auf Macht, sondern auf Vollmacht – der Vollmacht, die wir haben, weil wir Kinder Gottes sind.

Eine Strategie des „Spiels in der Zone" ist dynamisch und übertragbar. Sie kann sich verändern und anpassen und man kann sie überallhin mitnehmen, weil sie ja im Herzen des Kindes wohnt. Sie ist kein Versteck, sondern eine innere Stärke, die aus dem Herzen des Kindes nach außen wirkt. Sie beruht nicht auf Macht, sondern auf *Vollmacht* – der Vollmacht, die wir haben, weil wir Kinder Gottes sind und der Heilige Geist in uns wohnt. Das gibt uns Zuversicht. Die Strategie des „Spiels in der Zone" wird vom Glauben angetrieben, nicht von der Angst. *Weil unsere Kinder an Jesus Christus glauben* – so konnten wir uns immer wieder bewusst machen –, *können sie allem die Stirn bieten, was das Leben ihnen bringt.*

Machen Sie es ihnen nicht zu leicht

Zeigen Sie mir eine Frau mit Urteilsvermögen, und ich zeige Ihnen eine Frau, die so manches Mal zu kämpfen hatte. Zeigen Sie mir einen Mann, der weise Entscheidungen trifft, und ich zeige Ihnen einen Mann, der so manche schlechte Wahl getroffen hat, bevor er klug wurde.

Es ist eine ständige Versuchung für Eltern, es ihren Kindern leicht zu machen. Sie gegen die harte Wirklichkeit abzuschotten. Sie vor Auseinandersetzungen zu bewahren. Sie schützen zu wollen. Doch dieser Schuss geht mit Sicherheit nach hinten los!

Es ist eine ständige Versuchung für Eltern, es ihren Kindern leicht zu machen. Sie vor Auseinandersetzungen zu bewahren. Sie schützen zu wollen. Doch dieser Schuss geht mit Sicherheit nach hinten los!

Als ich meine Mädchen in die reale Welt hinausschickte, brachte mich das dazu, intensiv und häufig für sie zu beten. Es zwang mich, die Bibel zu lesen. Es nötigte mich, meine Erziehung im Licht biblischer Grundsätze zu sehen. Es verlangte von mir, immer die Kommunikation mit ihnen aufrechtzuerhalten und mich für sie zu engagieren. Es erforderte, dass ich ihnen mein Herz zuwandte. Es zwang mich dazu, selbst im Glauben zu wachsen.

Ich entdeckte, dass Gott nicht jede Herausforderung aus dem Weg räumt. Nein, er benutzt sogar die Herausforderungen, um uns reifer zu machen, uns zu zeigen, wie sehr wir ihn brauchen, oder unsere Loyalität zu ihm auf den Prüfstand zu stellen.

Denken Sie an das Volk Israel, das endlich ins Gelobte Land ziehen durfte, nachdem es 40 Jahre darauf gewartet hatte und die untreu gewordene Generation gestorben war. Ihre Eltern hatten vor schwierigen Herausforderungen gestanden und Schlachten geschlagen, doch diese Generation war gekennzeichnet vom Warten. Sie hatten noch nie einen Krieg ausgestanden. Sie sollten das Land erben. Wie viel leichter hätte es noch sein können? Keine Arbeit mehr. Keine Schmerzen. Kein Blutvergießen.

Aber Moment mal – warum gibt es noch all diese bösen Buben? In der Bibel steht: *Folgende Völker ließ der Herr im Land übrig, um den Gehorsam der Israeliten durch sie auf die Probe zu stellen – aber auch, um ihnen Gelegenheit zu geben, sich im Kriegführen zu üben. Alle Männer Israels, die die Kämpfe um das Land nicht mehr selbst erlebt hatten, sollten diese Gelegenheit bekommen* (Richter 3,1–2).

Auch unsere Kinder brauchen Übungsfelder – natürlich keine physischen Kriege, aber „Kampfeshandlungen" auf der geistlichen, emotionalen und kulturellen Ebene. Es sind noch Feinde im Land übrig, durch die unsere Kinder auf die Probe gestellt werden.

Die Festungsmentalität gibt keine echte Sicherheit; sie ist ein momentaner Trugschluss. Wirkliche Sicherheit entsteht, wenn man angesichts seiner Feinde stark ist. Beschützen Sie Ihr Kind in der Hoffnung, der Feind werde es so nicht erreichen? Oder bereiten Sie Ihr Kind durch die Schulung seines Urteilsvermögens und anderer „Kampftechniken" vor?

„Ich mache mir Sorgen wegen meines Sohnes Jared. Er scheint nicht die nötige Motivation, Disziplin und Ausdauer zu besitzen, die man in dieser Welt braucht. Er ist bald mit der Schule fertig, und ich glaube nicht, dass er bereit ist, auf eigenen Beinen zu stehen", meinte Greg, ein erfolgreicher Geschäftsmann.

„Wie kommen Sie denn auf diese Befürchtung?"

„Na ja – wir haben ihm ein Handy geschenkt und er hat eine riesige Rechnung zusammentelefoniert. Wir haben ihm ein Auto gegeben, und er hat es zu Schrott gefahren. Er hat einfach kein Verantwortungsbewusstsein."

„Haben diese Vorkommnisse irgendwelche Konsequenzen nach sich gezogen?"

„Ja, wir haben ihm die Sachen eine Weile weggenommen."

„Muss Jared Aufgaben im Haushalt übernehmen?", fragte ich.

„Nein." Greg blickte nach unten. „Ich weiß, er sollte Aufgaben haben, aber er will einfach nichts tun und irgendwie haben wir es aufgegeben."

„Ich verstehe, warum Sie sich Sorgen machen. Sie haben guten Grund dazu. Jared ist wirklich nicht darauf vorbereitet, auf eigenen Füßen zu stehen. Sie haben es ihm zu leicht gemacht. Er ist nicht zum Kämpfer erzogen worden. Er ist ein regelrechter Weichling."

„Das stimmt. Er jammert wegen jeder Kleinigkeit."

„Sie müssen Ihren Erziehungsansatz ändern. Teilen Sie ihm

mit, dass es die nächsten Monate anders laufen wird. Sagen Sie ihm, dass es Ihnen leid tut, dass Sie es ihm bisher so einfach gemacht haben. Sie haben erkannt, dass er so nicht selbstständig werden kann, und deshalb werden Sie jetzt anders mit ihm umgehen, damit kein Weichei aus ihm wird. Vielleicht wird er beleidigt sein, aber das ist nun mal die Wahrheit."

„Okay", nickte Greg gedankenverloren.

„Greg, die Schwierigkeiten und Kämpfe und die Ausdauer, die *Sie* mit 20 hatten, haben Sie so erfolgreich gemacht, wie Sie heute sind. Berauben Sie Jared nicht dieser Herausforderungen. Sie sind gut für ihn. Wenn Sie es ihm zu leicht machen, halten Sie ihn künstlich klein. Stellen Sie ihn vor Situationen, in denen er sich entscheiden und die Konsequenzen tragen muss. Durch Ausprobieren und Auf-die-Nase-fallen wird er lernen, Situationen richtig einzuschätzen."

Willkommen im Trainingscamp

George Barna berichtet, dass vier von fünf Eltern in den USA (das sind 85 Prozent) glauben, sie wären für die moralische und geistliche Entwicklung ihrer Kinder verantwortlich. Aber mehr als zwei von drei Eltern schieben diese Verantwortung an Lehrer oder Gemeindemitarbeiter ab. Dass sie ihre Kinder buchstäblich geistlich im Stich lassen, zeigt sich daran, wie selten sie mit ihren Kindern glaubensorientierte Dinge unternehmen. Weniger als 10 Prozent der Eltern, die regelmäßig mit ihren Kindern den Gottesdienst besuchen, lesen gemeinsam in der Bibel oder beten gemeinsam (außer zu den Mahlzeiten) oder dienen Gott gemeinsam als Familie. Die meisten besitzen kein echtes gemeinsames Glaubensleben.[35]

Die meisten Familien besitzen kein echtes gemeinsames Glaubensleben.

Wie können wir Kämpfer vorbereiten, wenn wir die Verantwortung an andere delegiert haben, und selbst das nur als Teilzeitjob?

Liebe Eltern, ich muss Ihnen zwei Dinge sagen:

1. Es ist Ihre Aufgabe, Ihre Kinder moralisch und ethisch zu schulen. Die Schule und die Gemeinde sollte das unterstützen, aber es ist Ihre Verantwortung.
2. Es ist nicht zu spät, um jetzt damit zu beginnen.

Greg ging aus dem Beratungsgespräch nach Hause und sprach mit Jared. Er gestand ihm gegenüber ein, dass er als Vater seine Rolle falsch ausgefüllt hatte. Er hatte gedacht, sein Job wäre es, seinen Sohn zu behüten und zu versorgen, doch nun hatte er erkannt, dass es in der jetzigen Phase mehr um eine Vorbereitung aufs Leben ging. Greg erzählte Jared sogar, dass er es ihm von nun an *unbequem* machen werde, um ihn selbstständiger zu machen.

Erst war Jared schockiert. Sein Leben war sehr bequem gewesen, und er hatte sich an den Komfort gewöhnt. Doch irgendwo tief in seinem Inneren wusste er auch, dass er sich auf die nächste Lebensphase vorbereiten musste, und das bedeutete, dass er selbst Verantwortung übernehmen würde.

Greg traf sich von da an regelmäßig mit einem anderen Vater, um darüber zu sprechen, wie sie ihre Söhne besser in die Selbstständigkeit anleiten konnten. Sie erarbeiteten einen ungefähren Plan und setzten sich dann individuell mit ihren Söhnen zusammen.

Anschließend besprach Greg alles mit seiner Frau und sagte dann zu Jared: „Von jetzt an bis zu dem Zeitpunkt, wo du aufs College gehst, wollen wir dir jeden Monat etwas mehr Freiheit geben, aber wir wollen auch sehen, dass du kluge Entscheidungen triffst, wenn wir die Leine länger lassen. Wir wollen in den nächsten vier Monaten erleben, dass du Urteilsvermögen entwickelst – dass du deine Einsicht und dein Urteilsvermögen einsetzt, um weise zu entscheiden. Über ein paar Dinge möchten wir mit dir reden ... Was meinst du?"

Spätestens jetzt stand Jareds Mund weit offen vor Erstaunen. Aber er stürzte sich auf die Chance zu beweisen, dass er ein Mann war. Er machte einige Fehler, aber er machte sie über dem Sicherheitsnetz seiner Familie. Er konnte mit seinem Vater darüber sprechen und aus jedem dieser Fehler lernen. Er gewann durch diese Erfahrungen an Urteilsvermögen. Er lernte, genauer hinzuschauen und die Konsequenzen zu bedenken. Er erkannte, dass seine Entscheidungen Folgen hatten.

Jared spürte die Dringlichkeit und Entschlossenheit seines Vaters, ihn auf das College vorzubereiten. In seinem tiefsten Innern wusste er, dass er trainieren musste, um ein Kämpfer zu werden. Und das tat er.

9 Liebevoll Grenzen setzen

*E*ileen war eine der besten Jugendmitarbeiterinnen unserer Gemeinde. Sie war blond, hübsch und klug. Mit ihren 17 Jahren spielte sie geradezu begnadet Klavier und hatte Angebote für ein Stipendium von mehreren angesehenen Universitäten in der Tasche. Eines Tages kam sie in mein Büro, setzte sich aufs Sofa und schlug die Beine übereinander. Sie trug einen graublauen Trainingsanzug, obwohl es ein heißer Sommertag war.

„Schön, dass du da bist", sagte ich. Mir fiel auf, dass ihre sonst strahlenden blauen Augen matt und trübe wirkten.

„Klar doch, ich bin immer gerne zu Ihnen gekommen, um zu reden. Sie waren immer für mich da, besonders nach der Scheidung meiner Eltern. Worum geht's?" Sie sah zierlicher und zerbrechlicher aus als in meiner Erinnerung – dabei hatte ich sie erst vor einer Woche das letzte Mal gesehen. Irgendwie schien sie jeden Tag weniger zu werden.

„Eileen, ich weiß, dass du dabei bist, dich für ein College zu entscheiden. Ich bin stolz auf dich, auf deine tollen Noten, auf deine Mitarbeit in der Gemeinde, auf dein geistliches Wachstum und die Art und Weise, wie du dein musikalisches Talent einbringst. Ich bin wirklich stolz auf dich." Ich hielt inne, um die Worte wirken zu lassen.

Sie wurde rot und blickte auf ihre Schuhe. „Danke."

„Du liegst mir wirklich am Herzen, und was ich dir heute sagen muss, sage ich, weil du mir nicht egal bist. Eileen, ich glaube, du bist irgendwie getrieben. Hast du dich schon mal dabei ertappt, dass du meinst, die Dinge beeinflussen zu können, wenn du nur alles perfekt machst?"

„Ja, das habe ich tatsächlich. Ich habe mir gedacht: *Wenn ich gut genug bin, werden sich meine Eltern nicht scheiden lassen. Wenn ich lauter Einser nach Hause bringe, werden sie stolz auf mich sein.* Ich habe wohl gedacht, sie würden so glücklich sein, dass sie ihre Streitereien vergessen – keine Ahnung." Sie knabberte an einem ihrer Fingernägel herum.

„Genau. Und darüber möchte ich mit dir sprechen. Die Scheidung deiner Eltern hat nichts mit dir zu tun. Du bist nicht schuld daran. Du konntest die Ehe deiner Eltern nicht retten. Dafür tragen deine Eltern die Verantwortung, nicht du. Du könntest noch viel tollere Leistungen erbringen, als du es ohnehin schon tust, und es würde nichts ändern."

„Hm, theoretisch ist mir das ja auch klar. Aber dann habe ich immer wieder solche Gedanken wie: *Wenn ich nur besser gewesen wäre. Wenn sie nicht für meine Klavierstunden und meine Zahnspange hätten zahlen müssen. Wenn ich nur einen Job gehabt hätte, um meinen finanziellen Beitrag zu leisten.* Ich bringe fast den ganzen Tag mit solchen Hätte-ich-doch-nur-Gedanken zu." Sie tupfte sich eine Träne aus dem Gesicht.

„Bringt das was?"

„Nein, aber es ist längst eine Gewohnheit geworden."

„Du hättest die Dinge gerne unter Kontrolle, nicht wahr?" Ich reichte ihr ein Taschentuch.

„Ja, aber leider klappt das nicht. Ich muss mich auf all die anderen Sachen konzentrieren."

„In deinem Bemühen, die perfekte Tochter, die perfekte Schülerin, die perfekte Jugendleiterin, die perfekte Musikerin zu sein, hast du entdeckt, dass du nicht alles kontrollieren kannst. Also hast du dich wie besessen auf die Dinge gestürzt, die du kontrollieren kannst. Und das hat dein Denken völlig in Beschlag genommen."

Sie blinzelte. „Hey, können Sie meine Gedanken lesen!?"

„Du konntest den alltäglichen Wahnsinn in deiner Familie nicht kontrollieren, also hast du dich auf deinen Körper und auf das Essen fixiert. Das konntest du selbst bestimmen und hattest das Gefühl, dass dir das Halt gibt. Aber so war es nicht."

Sie starrte auf den Teppich und schüttelte langsam den Kopf. „Ist schon gut, Eileen. Ich will dir helfen. Auf keinen Fall werde ich dir irgendwelche Vorwürfe machen. Aber ich mache mir Sorgen um dich."

Langsam hob sie den Kopf. Sie sah blass aus, als habe sie soeben einen schrecklichen Befund von ihrem Arzt erhalten. „Ich wollte einfach nur gut aussehen." Der Bann war gebrochen. Das Geheimnis war raus. Licht durchflutete zum ersten Mal die Finsternis ihrer Essstörung.

„Du wolltest, dass andere dich mögen. Ich weiß." Ich ergriff ihre Hand. „Und das tun wir auch – so wie du bist. Du musst nicht dünn sein, damit wir dich lieben. Du musst noch nicht einmal eine gute Schülerin sein oder eine gute Christin oder eine gute Pianistin. Du brauchst einfach nur du selbst zu sein. Ich mag dich!"

Sie fing an zu weinen.

Wir sprachen über ihre Obsession, perfekt zu sein, um sich von anderen angenommen zu fühlen. Ich half ihr zu erkennen, dass sie aufgrund ihrer inneren Verletzung so getrieben von diesem Gedanken war. Niemand ist vollkommen, deshalb musste auch sie nicht vollkommen sein, sagte ich ihr. Sie dürfe wütend, traurig, besorgt oder ängstlich sein. Sie müsse diese negativen Gefühle nicht wegdrücken und so tun, als gäbe es sie nicht. Ich sagte ihr, dass sie sich zu viel Verantwortung auflud und dass sie Schutz und Entlastung brauchte. Mit Gottes Unterstützung half ich ihr zu erkennen, dass sie Grenzen setzen musste.

Es dauerte eine Weile, doch schließlich sah sie ein, dass dieses Leben ohne gesunde Grenzen sie beinahe umgebracht hätte. Als sie sich wegen ihrer Essstörung in ärztliche Behandlung begab, wog sie nur noch 37 Kilo!

Ordnung

Gott ist ein Gott der Ordnung. Jeder Tag ist auf 24 Stunden begrenzt. Die Ozeane haben ihre Grenzen. Die Erde bewegt sich auf einer festgelegten Umlaufbahn – und das ist gut so, denn sonst würde das Chaos ausbrechen. Wir brauchen Ordnung.

Doch manchmal gerät unsere Welt aus den Fugen – wie bei Eileen. Ihr Leben war außer Kontrolle geraten. Sie konnte die Vorgänge in ihrer Familie nicht kontrollieren. Sie hatte das Gefühl, etwas tun zu müssen, also versuchte sie, gute Noten zu erzielen und immer gut drauf und schlank zu sein. Es fiel ihr schwer, Nein zu sagen. Sie lud sich zu viel Verantwortung auf. Nach einer Weile verschwammen die Grenzen. Sie verlor jegliches Gefühl für die rechte Ordnung in ihrem Leben.

Unsere Kinder brauchen Grenzen. Grenzen sind wichtig für ein ausgewogenes und gesundes Leben. Eine Grenze ist eine Linie, die kennzeichnet, wofür ein Mensch verantwortlich ist und wofür nicht. Grenzen helfen uns, unsere Identität zu bestimmen.

> Unsere Kinder brauchen Grenzen. Grenzen sind wichtig für ein ausgewogenes und gesundes Leben. Eine Grenze ist eine Linie, die kennzeichnet, wofür ein Mensch verantwortlich ist und wofür nicht. Grenzen helfen uns, unsere Identität zu bestimmen.

Henry Cloud und John Townsend sind Experten, wenn es um Grenzen geht. Sie haben einige Bestseller zu diesem Thema geschrieben: *Nein sagen ohne Schuldgefühle, Liebevoll Grenzen setzen* und *Grenzen setzen – Beziehungen bauen* heißen einige davon. In ersterem schreiben sie: Grenzen definieren uns. Sie definieren, was ich bin und was ich nicht bin. Eine Grenze zeigt mir, wo ich aufhöre und ein anderer beginnt, sie vermittelt mir ein Gefühl für Besitzverhältnisse. Zu wissen, was ich besitzen darf, und dafür die Verantwortung zu übernehmen, gibt mir Freiheit. Wenn ich weiß, wo mein Garten beginnt und endet, besitze ich die Freiheit, damit zu tun, was ich will. Verantwortung zu übernehmen eröffnet mir viele Möglichkeiten. Doch wenn ich mein Leben nicht „in Besitz nehme", werden meine Entscheidungsspielräume und Möglichkeiten sehr begrenzt.[36]

Grenzen sind ein wichtiger Schutz. Sie erlauben uns, unsere persönlichen Freiräume zu entdecken. Wir brauchen Grenzen, um unsere Emotionen und unser Selbstempfinden zu schützen. Grenzen schützen unser Herz. *Behüte dein Herz mit allem Fleiß, denn daraus quillt das Leben,* steht in Sprüche 4,23.

Grenzen stecken auch ab, was uns nicht gehört. Wir haben zum Beispiel eine niedrige Steinmauer, die unseren Vorgarten von dem unserer Nachbarn trennt. Mein Rasen ist auf meiner Seite und der meines Nachbarn auf seiner. Ich mähe meinen Rasen und er seinen. Ich habe nicht ein einziges Mal erlebt, dass mein Nachbar in *meinem* Garten Arbeiten erledigt. Ich hätte kein Problem damit, aber es ist nie vorgekommen! Warum? Weil wir eine eindeutig definierte Grundstücksgrenze haben – eine Grenze, die ihm hilft, seinen Besitz zu definieren und zu unterscheiden, wofür er und wofür ich verantwortlich bin. Die klare Trennlinie beugt Problemen vor. Was wäre wohl, wenn wir nicht genau wüssten, wo die Grenze verläuft? Was würde passieren, wenn er die Grenze verschieben und seinen Garten einen Meter in meinen Besitz verlegen würde?

> Wir sind anderen gegenüber und für uns verantwortlich; aber wir sind nicht für andere verantwortlich.

Wenn die Grenzen klar sind und respektiert werden, kommt es zu weniger Problemen. Doch Eileen war nicht klar, was ihr Besitzstand (ihre Verantwortung) war und was nicht. Sie war nicht für die Ehe ihrer Eltern verantwortlich. Ihr Therapeut in der Klinik half ihr zu begreifen, dass wir zwar *anderen gegenüber* und *für uns selbst* verantwortlich, dass wir jedoch *nicht für andere* verantwortlich sind.

Eine befreiende Einsicht

„Ich habe erst jetzt entdeckt, wie sehr meine Kindheit mein Leben als Erwachsene beeinflusst hat", erzählte Carolina, die mit über 40 zu mir in die Beratung gekommen war. „Als ich ein Kind war, versuchte ich immer, den Frieden zwischen meiner Mutter und meinem Vater zu wahren. Ich sagte zu meiner Mama: ‚Papa hat es nicht so gemeint. Er hat nur wieder zu viel getrunken.' Ich versuchte, die Wogen zu glätten. Ich übernahm zu 150 Prozent Verantwortung für das, was sich in unserer Familie zutrug, und für die Gefühle, die das bei jedem Einzelnen auslöste."

„Wie hat sich das auf Sie ausgewirkt?"

„Na ja, ich habe es dann später bei meinem Mann genauso gemacht. Ich trug die ganze Verantwortung, und über kurz oder lang trug ich auch die ganze Schuld. Es spielte keine Rolle, dass ich gar nicht im Raum gewesen war, als der Teller zerbrach – *ich* war schuld daran."

„Und wie sehen Sie das jetzt?"

„Ich fange an zu lernen, dass ich mich vor anderen Menschen verantworten muss. Darum komme ich zu Ihnen. Ich möchte mich vor einem anderen verantworten. Ich will darüber reden und es aussprechen, statt alles runterzuschlucken und innerlich zu kochen. Aber ich bin auch *für mich* verantwortlich. Ich muss initiativ werden und aufhören, die Opferrolle zu spielen. Andererseits muss ich nicht für andere verantwortlich sein. Ich habe genug damit zu tun, mich um mich selbst zu kümmern."

„Wir verlieren leicht das Gleichgewicht und übernehmen entweder zu viel oder zu wenig Verantwortung", nickte ich bestätigend.

„Ja, so ist das wohl. Ich habe sechs Monate für diese Erkenntnis gebraucht", bekannte Carolina. „Aber jetzt weiß ich, was meins ist und was nicht. Zum ersten Mal in meinem Leben fühle ich mich frei!" Sie lächelte. „Ich fühle mich nicht schuldig. Es ist, als wäre eine Last von meinen Schultern gefallen."

Was ich beim Wandern gelernt habe

Ich bin früher gern gewandert – vor etwa 15 Jahren und mit 15 Pfunden weniger. Ich erinnere mich noch daran, wie gut es tat, wenn mir jemand etwas von meiner Last abnahm. Besonders dann, wenn wir steile Serpentinen hinaufmarschierten und sich der Rucksack anfühlte, als sei er mit Steinen gefüllt. Mein Mitwanderer streckte dabei manchmal seine Hand aus und hob den Rucksack von unten etwas an, was meine Schultern einen Augenblick entlastete. Er übernahm nicht die ganzen 25 Kilo, vermutlich stemmte er nur so um die 3 bis 5 Kilo – aber für mich war das eine ungeheure Hilfe, körperlich und emotional.

Davon spricht auch der Galaterbrief: *Helft einander, eure Lasten zu tragen. So erfüllt ihr das Gesetz, das Christus uns gibt* (Galater 6,2).

Stellen Sie sich einem anderen Menschen zur Seite und helfen Sie, ihm die Last zu erleichtern. Es ist immer noch seine Last. Sie nehmen sie ihm nicht vom Buckel und laden sie sich selbst auf. Sie machen die Last einfach nur einen Augenblick lang leichter für ihn.

Ein weiterer Vers hilft uns, das Gleichgewicht guter Grenzen zu verstehen. In Galater 6,5 heißt es: *Jeder wird genug an dem zu tragen haben, was er selbst vor Gott verantworten muss.* Eine andere Übersetzung lautet: *Denn ein jeder wird seine eigene Last tragen.* „Last" ist an dieser Stelle ein Bild für unsere Verantwortung für unser Verhalten im Alltag. Jeder Mensch ist für sein Verhalten selbst verantwortlich. Anders als die schweren Lasten, die uns „mühselig und beladen" machen, ist diese „Last" eher wie ein Tagesrucksack – Sie wissen schon: so einer, den man benutzt, um seine Sportsachen oder das Sandwich fürs Mittagessen zu transportieren. Es wird von uns erwartet, dass wir dieses Päckchen selber tragen, aber für die schweren Wanderrucksäcke können wir uns Hilfe holen.

Oder anders gesagt: Seien Sie nicht faul und unverantwortlich. Laden Sie keinem anderen Ihr Tagespäckchen auf, nach dem Motto: „Hier, nimm das mal für mich." Tragen Sie Ihre eigene Last und seien Sie bereit, es einem anderen etwas leichter zu machen, der mit schwerem Gepäck zu kämpfen hat.

Problematisch wird es, wenn Menschen so tun, als wären die schweren Lasten (eine Scheidung, anhaltende Arbeitslosigkeit, eine Krebserkrankung oder finanzielle Probleme zum Beispiel) einfach nur ihr tägliches Päckchen. Sie versuchen dann, eine Last allein zu tragen, die zu schwer für sie ist.

Andere wiederum tragen nicht genug. Das sind die Menschen, die in einem dauerhaften Zustand der Bedürftigkeit verharren, weil sie meinen, ihr Tagesrucksack wäre eine erdrückende Last.

Verwechseln Sie die schweren Lasten Ihres Lebens nicht mit Ihrer Verantwortung im Alltag und umgekehrt.

Kinder und Grenzen

Wir müssen unseren Kindern ein Gefühl für Grenzen vermitteln, damit sie sich nicht wie Carolina 40 Jahre lang mit falschen Lasten herumschlagen. In einer gesunden Familie weiß jedes Familienmitglied, wo seine Verantwortlichkeit beginnt und wo sie endet. Es herrscht Ordnung. Die Erwartungen sind eindeutig und realistisch. Sie sind nicht so übertrieben, dass sie Kinder dazu bringen, etwas vorzuspielen. Die Erwartungen von Eltern haben ebenso viel mit dem Herzen des Kindes zu tun wie mit seinem äußerlichen Verhalten und seiner Leistung.

> Die Erwartungen von Eltern haben ebenso viel mit dem Herzen des Kindes zu tun wie mit seinem äußerlichen Verhalten und seiner Leistung.

Ich bin ein Fan von Familiensystemen. Ich suche in meiner und in anderen Familien nach den inneren Systemen, die diese Familie funktionieren lassen oder ihr Funktionieren verhindern. Wir alle haben unsere Systeme. Sie entstehen in der Regel durch Erwartungen, Rollen, Verantwortlichkeiten, Werte und Grenzen. In manchen Familien sind die Systeme gesund und passen auf die Bedürfnisse der einzelnen Familienmitglieder. Mit anderen Worten, die Familie funktioniert. In anderen Familien ist das System schlecht, weil es einem oder allen Familienmitgliedern schadet.

Das ist kein populär-psychologisches Spielchen. Diese Erkenntnis ist so alt wie die fünf Bücher Mose. Ja, sie ist sogar Teil der Zehn Gebote: *Wirf dich nicht vor fremden Göttern nieder und diene ihnen nicht. Denn ich, der Herr, dein Gott, bin ein leidenschaftlich liebender Gott und erwarte auch von dir ungeteilte Liebe. Wenn sich jemand von mir abwendet, dann bestrafe ich dafür auch seine Kinder, sogar noch seine Enkel und Urenkel. Wenn mich aber jemand liebt und meine Gebote befolgt, dann werde ich auch noch seinen Nachkommen Liebe und Treue erweisen, und das bis in die tausendste Generation* (2. Mose 20,5–6).

Wer will schon auf den Sünden seiner Eltern sitzen bleiben? Das wäre so, als würde man einen Supermarkt betreten und müsste noch vor dem Einkauf erst einmal eine Menge Geld bezahlen, weil die eigenen Eltern dort jahrelang anschreiben ließen. Das ist nicht fair – schon gar nicht nach unserem westlichen Denken, in dem der freie Wille des Einzelnen betont und die Verantwortung für die Familie heruntergespielt wird.

Es mag uns nicht fair erscheinen, aber es trifft zu: Unsere Eltern geben ihre Schwächen, Vorurteile, Eigenheiten und Sünden an uns weiter. Wir müssen sie nicht übernehmen, aber aller Wahrscheinlichkeit nach werden wir uns am Vorbild unserer Eltern orientieren, wenn wir nicht bewusst darüber nachdenken und sorgsam wählen.

Es mag uns nicht fair erscheinen, aber es trifft zu: Unsere Eltern geben ihre Schwächen, Vorurteile, Eigenheiten und Sünden an uns weiter. Wir müssen sie nicht übernehmen, aber wir werden uns am Vorbild unserer Eltern orientieren, wenn wir nicht bewusst darüber nachdenken.

Im zweiten Teil der Bibelstelle steckt eine wunderbare Botschaft: Gott erweist seine Liebe bis in die tausendste Generation! Der Fluch und all die Verrücktheiten Ihrer Familie mögen drei oder vier Generationen beeinträchtigen, doch Gottes Liebe wird *tausend Generationen* Ihrer Familie prägen! Die gute Nachricht ist, *dass der Segen größer ist als der Fluch.*

Sprechen Sie es laut aus: Der Segen ist größer als der Fluch.

Sie stammen vielleicht aus einer völlig durchgeknallten Familie, aber Sie müssen die Psychosen, die Sucht, die Schrankenlosigkeit nicht an Ihre Kinder vererben. Sie haben die Wahl. Sie können die Generation des Wandels sein!

Ich stelle euch heute vor die Wahl: Wollt ihr Segen oder Fluch? Der Segen wird euch zuteil, wenn ihr die Weisungen des Herrn, eures Gottes, die ich euch heute verkünde, befolgt. Der Fluch trifft euch, wenn ihr sie missachtet, wenn ihr den Weg, den ich euch weise, verlasst und euch anderen Göttern zuwendet, von denen ihr bisher nichts gewusst habt (5. Mose 11,26–28).

Wenn wir unsere Kinder mit dem Entschluss erziehen, göttliche Charaktereigenschaften in ihnen zu fördern, und wenn wir ihnen diese Eigenschaften vorleben, geben wir ihnen damit die Möglichkeit, den „fremden Göttern", die in unserem Land leben, zu widerstehen. Wir segnen sie mit Kraft. Wir segnen sie mit Weisheit. Wir segnen sie mit einem reichen geistlichen Erbe, das ihr Leben noch beflügeln wird, wenn wir längst nicht mehr da sind.

Um nach vorne zu schauen, muss man zurückblicken. Cloud und Townsend ermahnen uns: *Die Muster, die Sie in Ihrer Kindheit zu Hause gelernt haben, setzen sich ins Erwachsenenalter mit den gleichen Spielfiguren fort: mangelnde Konsequenzen bei unverantwortlichem Verhalten, Angst vor Konfrontation, fehlende Grenzen, Verantwortung für andere übernehmen statt für sich selbst, Handeln aus Zwängen und Abwehr oder Neid. Diese Muster sind nicht neu, sie wurden nur niemals angegangen, aufgelöst und vergeben. Diese Muster sitzen tief. Sie haben gelernt, Ihr Leben um Ihre Familienangehörigen herum zu organisieren, und deshalb können Sie allein durch ihre Anwesenheit in alte Muster zurück-*

fallen. Sie handeln automatisch aus Ihrer Erinnerung heraus und nicht Ihrer Reife gemäß. Um sich zu verändern, müssen Sie diese „Familiensünden" benennen und sich bewusst von ihnen abwenden. Sie müssen sie als Sünden bekennen, umkehren und die Art und Weise verändern, wie Sie damit umgehen. Der erste Schritt, um Grenzen zu ziehen, ist, sich die alten Familienmuster, die Sie bis in die Gegenwart hinein fortführen, bewusst zu machen.[37]

Mut

Grenzen setzen bedeutet mutig zu handeln. Grenzen setzen bedeutet Mut in Beziehungen.

Ich wollte von Anfang an, dass meine Töchter mutig sind. Ich kenne all die Märchen von der hilflos schluchzenden Prinzessin im Turm, die schließlich von einem Ritter in glänzender Rüstung gerettet wird, aber dieses Bild gefiel mir nicht. Warum konnte die Prinzessin sich nicht wehren und *sich selbst* aus dem Turm befreien? Warum konnte sie nicht ihre Schönheit und ihren Verstand einsetzen, um einen Weg nach draußen zu finden? Und warum saß sie überhaupt in diesem Turm fest? Ich ließ mich nicht auf diese Geschichten ein. Wenn schon, dann wollte ich mir meine Töchter auf weißen Pferden vorstellen, wie sie gerade dabei sind, andere zu retten. Ich meine, warum sollte man sich mit der Opferrolle zufrieden geben, wenn man der Held sein kann?

> **Warum sollte man sich mit der Opferrolle zufrieden geben, wenn man der Held sein kann?**

Ich wollte, dass unsere Töchter mutig sind. Ich wusste, dass sie nicht von anderen ausgenutzt werden – *obwohl sie Mädchen sind* –, wenn sie stark sind und wissen, wo sie die Grenzen ziehen müssen. Ja, ich war sogar noch militanter: Meine größte

Angst war, dass Menschen, besonders Männer, sie ausnutzen könnten – emotional, sexuell und mental. Ich wollte ihnen so viel Selbstvertrauen mitgeben, dass solche Blutsauger keine Chance hatten. Ich wollte, dass unsere Töchter stark und mutig genug sind, um Menschen mit bösen Absichten abzustoßen und Menschen mit gutem Charakter anzuziehen.

Sei mutig und entschlossen! Du wirst diesem Volk das Land, das ich ihren Vorfahren mit einem Eid zugesagt habe, als bleibenden Besitz zuteilen. Halte dich mutig und entschlossen an das, was mein Diener Mose gesagt hat! Befolge mein Gesetz, das er dir übergeben hat, und lass nicht das Geringste davon außer Acht; dann wird dir alles gelingen, was du unternimmst. Sprich die Weisungen aus meinem Gesetzbuch ständig vor dich hin und denke Tag und Nacht darüber nach, damit dein ganzes Tun an meinen Geboten ausgerichtet ist. Dann wirst du Erfolg haben und wirst alles, was du beginnst, glücklich vollenden. Ich sage dir noch einmal: Sei mutig und entschlossen! Hab keine Angst, und lass dich durch nichts erschrecken; denn ich, der Herr, dein Gott, bin bei dir, wohin du auch gehst! (Josua 1,6–9).

Glauben Sie diese Worte? Glauben Sie tatsächlich, dass Gott bei uns ist, wo auch immer wir hingehen? Wenn Sie es glauben, werden Sie die Kraft und den Mut haben, Eltern mit Grenzen zu sein. Wenn Ihre Kinder an Gott glauben, werden Sie Mut haben, weil Gott bei ihnen ist. Sie selbst werden vielleicht nicht bei ihnen sein, aber Gott ist immer da. Wie bereits gesagt, möchte ich nicht vergessen, dass derselbe Heilige Geist, der in mir ist, auch in meinem Kind lebt.

Ein Kind, das mutig Grenzen setzt,

- wird in der Lage sein, dem Gruppendruck Gleichaltriger zu widerstehen;
- wird ein klar definiertes Selbstempfinden besitzen, das ihm sagt, wer es ist und was ihm wichtig ist;

- wird in der Lage sein, über sein unmittelbares soziales Umfeld hinauszublicken;
- wird selbstbewusst, mutig und kompetent sein;
- wird nicht so leicht kurzfristigen Verlockungen nachgeben (Sex, Drogen, Alkohol);
- wird die Enttäuschungen seines Lebens verarbeiten;
- wird sich nicht von Vorgesetzten, Lehrern, Trainern oder anderen Personen einschüchtern lassen, die ungerecht, brutal oder gefährlich sind;
- wird vermutlich ein positives Bild von Autorität besitzen, weil es damit ihr Vorbild und das Wesen Gottes verbindet.

Meiner Ansicht nach ist es angemessen, mit Kindern über 12 Jahren über die Frage zu sprechen: „Wo wäre es sinnvoll, Grenzen zu setzen? Wo gebe ich nach, obwohl ich eigentlich Nein sagen sollte?"

Vielleicht sagen Ihre Kinder dann: „Mama, du musst nicht bei jedem Turnier für die Verpflegung der Mannschaft sorgen. Du machst zu viel. Lass auch mal andere Eltern ran."

Oder Sie sagen: „Du musst nicht immer die sein, die im Anschluss an die Jugendstunde aufräumt. Ich warte jede Woche eine halbe Stunde auf dich. Sag deinem Leiter, dass du diese Aufgabe nur noch alle vierzehn Tage übernimmst."

Vielleicht sagt Ihr Sohn: „Papa, du sitzt in vier verschiedenen Gremien und Ausschüssen, und ich weiß, dass dir mindestens zwei davon tierisch auf den Geist gehen. Warum machst du mit den beiden nicht Schluss und machst nur noch die, die dir Spaß machen?"

Oder Sie als Eltern sagen: „Warum musst du eigentlich immer Gina abholen? Sie könnte doch auch einmal fahren!"

Verstehen Sie das Prinzip?

Manchmal geht es einfach darum, dass wir unseren eigenen blinden Fleck nicht sehen. Jugendliche lieben es übrigens, auf solche Dinge hinzuweisen. Also spielen Sie den Ball doch zurück und lassen Sie ihn ein wenig hin und her hüpfen. Spielen Sie ihn nicht zu hart, formulieren Sie Ihre Ideen als Vorschläge und seien Sie bereit, sie auch wieder fallen zu lassen. Vergessen Sie nicht: Das Ziel ist, dass Ihr Kind und besonders Ihr Teenie lernt, *selbst* Grenzen zu setzen – nicht dass Sie es für Ihr Kind tun.

Eltern, die mutig Grenzen setzen, könnten zum Beispiel …
- am Wochenende nicht arbeiten, um Zeit für die Familie zu haben;
- jeden Monat etwas Geld für den gemeinsamen Familienurlaub beiseite legen;
- beim Lebensmitteleinkauf etwas sparen, um ein bedürftiges Kind zu unterstützen;
- einschränken, wie oft die Familie essen geht;
- die Anzahl der außerschulischen Aktivitäten der Kinder begrenzen;
- ein Stellenangebot ablehnen, wenn damit lange Anfahrtswege verbunden sind;
- begrenzen, wie lange Videospiele, Fernsehen oder Internet genutzt werden dürfen;
- regelmäßig Sport treiben und sich gesund ernähren;
- Glücksspiele, Tabak, Alkohol, Fernsehserien und andere potenzielle Suchtmittel meiden;
- jeden Morgen mit Gebet und Bibellesen beginnen, um die für den Tag nötige Kraft und Weisheit zu empfangen.

Das Konzert

Wenn wir wirklich glauben, dass Gott bei unserem Kind ist, sollten wir ihm mehr und mehr gestatten, seine eigenen Entscheidungen zu treffen. Ein Schritt auf diesem Weg ist es, wenn wir ihm beibringen, mutig eigene Grenzen zu setzen.

Das ist nicht leicht, weil unsere Kinder manchmal falsche Entscheidungen treffen. Dann möchten wir zu Hilfe eilen und sie vor Leid und Ärger bewahren. Aber das sollten wir nicht tun.

Meine Tochter Brooke ist eine begabte Schülerin und Sportlerin. Auf der Highschool gehörte sie einem Volleyballteam an, das für die Meisterschaft nominiert war. Sie spielte im Verein und in der Schulmannschaft. Sie war gut im Blocken, und es machte Spaß, ihr beim Spielen zuzusehen. Aber sie war auch eine loyale Freundin. Sie hat über die Jahre intensive Freundschaften gepflegt; manche stammen noch aus Kindergartentagen – und dabei ist sie inzwischen auf dem College.

Eine ihrer langjährigen Freundinnen machte ihr einmal ein verfrühtes Geburtstagsgeschenk: Tickets für ein Konzert mit dem beliebten Sänger Jack Johnson. Sie planten diesen besonderen Ausflug Monate im Voraus.

Nach etwa der halben Spielzeit wurde der Terminplan für die Volleyballspiele geändert und ein ganz großes Spiel gegen einen Erzrivalen wurde auf das Datum gelegt, an dem das Konzert stattfand.

Brooke kam zu Suzanne und mir und fragte: „Was soll ich machen? Jen hat die Karten gekauft und sie sind sehr teuer gewesen. Wir haben das seit Monaten geplant. Ich wusste ja nicht, dass es da zu Terminkonflikten kommen würde."

Mein erster Impuls war zu sagen, sie habe eine Verpflichtung dem Team gegenüber und solle Jen sagen, dass sie leider nicht zum Konzert mitgehen könne. Doch dann sprachen Suzanne und ich darüber und machten uns bewusst, wie wir Brooke erzogen hatten: Wir wollten, dass sie dankbar für Geschenke war und loyal zu ihren Freundinnen stand und dass sie ihre Schulzeit genoss – schließlich geht es nicht allein um Leistung. Also sagten wir am darauffolgenden Tag: „Wir überlassen die Entscheidung dir. Wie du dich auch entscheidest, wir stehen hinter dir. Du bist alt und reif genug, um das Richtige zu tun. Wenn du dich entscheidest, zum Konzert zu gehen, musst du das deinem Trainer aber rechtzeitig mitteilen, damit er vor dem Spiel entsprechend planen kann."

Ich hatte erwartet, dass sie das Konzert sausen lassen würde, um am Spiel teilzunehmen. Ich selbst hätte das so gemacht.

Aber sie entschied sich für Jen und das Konzert. Sie teilte ihrem Trainer mit, dass sie nicht an dem Spiel teilnehmen könne, weil sie an dem Termin bereits eine Verpflichtung habe, und dass es zu diesem Konflikt nur aufgrund der Änderung des Spielplans gekommen sei.

Der Trainer war sehr wütend. Er stieß ein paar Ausdrücke aus, die nicht im Wörterbuch stehen, und forderte Brooke auf, ihre Prioritäten zu überdenken.

Doch Brooke blieb mutig bei der Grenze, die sie gezogen hatte. Sie sagte zu ihrem Trainer: „Freunde und die Verpflichtungen, die man bereits eingegangen ist, sind wichtig. – Tut mir leid."

Man mag mit ihrer Entscheidung nicht übereinstimmen, und ich bin mir immer noch nicht sicher, ob ich damit im Reinen bin. Aber der Punkt ist: Es war *ihre* Entscheidung und sie stand dazu. Sie ging zum Konzert und hatte viel Spaß daran.

Ihr Trainer war beleidigt und reagierte unreif. Ohne sie verlor das Team gegen den Erzrivalen, und das machte ihn noch wütender. Um es ihr heimzuzahlen, stellte er Brooke für den Rest der Spielzeit nicht mehr auf. Sooft wir ihm begegneten, warf er uns feindselige Blicke zu.

Grenzen haben ihren Preis. Brooke verlor durch ihre Entscheidung die Ehre, in der Mannschaft aufgestellt zu werden. Aber der Mut, mit dem sie eine Grenze gezogen hatte, war eine lehrreiche Erfahrung für ihr ganzes Leben.

10 Bewusste Zufriedenheit

Würze deine Besonnenheit mit etwas Torheit. Es ist gut, im rechten Augenblick töricht zu sein.
Horatio

Vielleicht habe ich mir dieses Zitat zum Lebensmotto gesetzt – und ich fürchte, es existieren sogar einige Fotos, die das belegen. Das beunruhigt mich. Ich bin bekannt dafür, gerne mal ein bisschen verrückt zu sein, und das nicht immer im rechten Augenblick. Doch das macht nichts. Auf lange Sicht ist es mir lieber, meine Kinder lächeln über mich und sagen mit einem Hauch von Peinlichkeit: „So ist halt mein Papa", als dass sie die Stirn runzeln und ihren wahren Verwandtschaftsgrad zu mir verleugnen.

Außerdem halte ich das für ausgleichende Gerechtigkeit. Oft genug bringen uns die Kids in Verlegenheit, weil sie zum Beispiel auf dem Familienfoto in der Nase bohren. Also blamieren wir sie, wenn sie Teenies sind, allein schon durch die Tatsache, dass wir auf diesem Planeten existieren. Das ist nur fair.

Vielleicht haben Sie auch schon diesen Spruch gehört: „Kinder sind eine Botschaft, die wir in eine Zukunft senden, die wir vielleicht niemals erleben werden." Nun ja, das klingt etwas deprimierend. Aber Tatsache ist, dass wir als Eltern zukünftige Erwachsene darauf vorbereiten, sich auf ihre zukünftigen Familien vorzubereiten. Warum sollten wir sie nicht mit einem Lächeln in die Zukunft schicken? Machen wir unser Zuhause doch zu einem Ort des Lachens. Seien wir unseren Kindern ein Vorbild in Sachen Zufriedenheit. Zeigen wir ihnen doch, wie man fröhlich sein kann.

In diesem Buch geht es eigentlich darum, fröhliche Kinder großzuziehen. Wenn unsere Kinder die genannten Charaktereigenschaften – Vision, Authentizität, Zuhören-Können, Einfühlungsvermögen, tätiges Mitgefühl, Urteilsvermögen und die Fähigkeit, Grenzen zu setzen – entwickeln, werden sie Freude an ihrem Leben haben. Sie werden andere Menschen mit offenen Armen empfangen können, statt immer auf der Suche nach dem nächsten Nervenkitzel zu sein und andere nur zu benutzen. Sie werden sich nicht den Verlockungen von „Sex, Drogen und Rock 'n Roll" hingeben. (Na gut, vielleicht knicken sie bei Rap oder HipHop ein wenig ein.)

Zufriedenheit kann man wählen

Wenn man sich dafür entscheidet, mit seinem Leben zufrieden zu sein, braucht man:

- die innere Freiheit, anders zu sein
- einen ausgeprägten Sinn für Humor und
- einen „inneren Computer", der standardmäßig auf Dankbarkeit eingestellt ist!

Wenn Sie diese drei Eigenschaften haben, wird Ihr Zuhause fröhlich sein.

Eine unglückliche Familie blickt immer auf das, was gerade nicht zu haben ist. Dort wird in der Regel viel gejammert – und auch Eltern, nicht nur Kinder, können quengelig sein. Das Gegenteil einer quengeligen Familie ist eine zufriedene Familie.

Wie lernt und vermittelt man Zufriedenheit?

Zufriedenheit hat nicht unbedingt etwas mit Komfort oder gar Luxus zu tun. Machen Sie es Ihren Kindern nicht zu leicht; denn wenn Sie das tun, rauben Sie ihnen die Chance auf echte Zufriedenheit: *Ein Gefühl von Kompetenz und Selbstbewusstsein entsteht aus Verantwortung. Finanzberater raten reichen Eltern, die Hausangestellten nicht die Betten der Kinder machen zu las-*

sen, ihre Zimmer aufzuräumen, den Hund zu bürsten oder den Geschirrspüler zu füllen – lauter Aufgaben, die auch schon kleinere Kinder selbstständig erledigen können. Übertragen Sie den Kindern Pflichten und halten Sie regelmäßige Familienkonferenzen, damit jeder sich daran gewöhnt, die Dinge offen auszusprechen – auch die Eltern. Ob es in diesen ersten Diskussionsrunden nun darum geht, wohin es im nächsten Urlaub gehen soll oder was man für die Gegend, in der man wohnt, Hilfreiches tun kann – immer geht es darum, Beziehungen und Fähigkeiten zu fördern, bevor die Kinder im „Vorstand" sitzen und die Macht haben, Geld auszugeben und nochmals Geld auszugeben.[38]

Zufriedenheit kann man ungefähr so definieren: Mit mir selbst und mit dem, was ich habe, im Frieden zu leben. Es geht nicht um materielle Besitztümer. Es geht nicht um Wohlstand. Die Wurzel echter Zufriedenheit ist vielmehr geistlicher Natur. Mir sind zufriedene Menschen in den Treppenaufgängen verfallener Plattenbauten in Rumänien begegnet. Ich fand sie in Hütten aus Lehm und Bambus in Honduras. Ihre Zufriedenheit hing nicht von ihrer Lebenssituation ab, sondern von ihrer Einstellung.

> Zufriedene Menschen blicken immer auf die Dinge, für die sie dankbar sind. Selten haben sie Zeit, sich darüber Gedanken zu machen, was sie nicht haben.

Zufriedene Menschen blicken immer auf die Dinge, für die sie dankbar sind. Selten haben sie Zeit, sich darüber Gedanken zu machen, was sie nicht haben. In mancher Hinsicht sind sie reicher als die Menschen in wohlhabenden Ländern.

Tim Stafford bringt unsere „Zufriedenheits-Armut" auf den Punkt: Manche Menschen werden ihr ganzes Leben lang von Unzufriedenheit geplagt. Ihr Ehepartner enttäuscht sie. Sie mögen ihren Job nicht. Sie würden gern anders aussehen. Sie wurden von ihren Kindern im Stich gelassen. Ihre Freunde gehören nicht den Kreisen an, die sie sich wünschen würden. Ich kenne

Leute – und Sie vermutlich auch –, die so säuerlich wirken, dass keiner mehr in ihrer Nähe sein möchte. Es sind Menschen, bei denen das Glas immer schon halb leer ist. Es hat wenig damit zu tun, was sie besitzen oder was sie erreichen. Es hat mit einem tiefer liegenden, geistlichen Zustand zu tun. Welche Gabe könnte wertvoller sein, als unseren Kindern das Geheimnis der Zufriedenheit zu vererben?[39]

Zufriedenheit hilft uns und unseren Kindern dabei, unser Lebenstempo zu verlangsamen und zeitliche Überbelastungen zu vermeiden. Zufriedenheit gibt uns die Freiheit zu einem einfacheren Lebensstil. Zufriedenheit hilft uns, der Konsumfalle und der Überschuldung zu entgehen. Sie hilft uns, uns daran zu erinnern, dass wir nicht gleich etwas auf Kredit kaufen müssen, nur weil wir es im Moment gern hätten.

Zufriedenheit ist ein geistlicher Zustand, der unsere Disziplin fördert und zugleich von ihr gestärkt wird. Zufriedenheit wird durch geistliche Übungen – wie Bibellesen, Gott danken, Fasten, Geben, Dienen – genährt. Diese Übungen sind Tore zur Zufriedenheit.

Ich kenne eine Familie, die ein Notizbuch auf dem Esstisch liegen hat, in das sie jeden Tag die Dinge schreibt, die für sie einen Segen bedeuten. Diese Leute beginnen jeden Tag damit, mindestens eine Sache aufzuschreiben, für die sie dankbar sind; und beim Abendessen fügen sie eine weitere hinzu. Jedes Jahr sammeln sich so über 700 Gründe an, warum sie zufrieden sein können. Da ist es leicht, dankbar zu sein. Zufriedenheit beginnt im Kleinen.

Allzu leicht blicken wir nur auf das, was wir nicht haben. Wir werden geradezu bombardiert von Werbespots, die unsere Unzufriedenheit schüren soll: *Wenn du dieses Produkt hättest, wärst du glücklicher, sexuell anziehender, hättest schöneres Haar, eine reinere Haut oder rundum mehr Freude am Leben.* Die Botschaft der Bibel geht genau in die entgegengesetzte Richtung: *Seid nicht hinter dem Geld her, sondern seid zufrieden mit dem, was ihr habt. Gott hat doch gesagt: ‚Niemals werde ich dir meine Hilfe entziehen, nie dich im Stich lassen'* (Hebräer 13,5).

Zufriedenheit bedeutet, gelassen zu sein angesichts der Dinge, die wir haben und nicht haben. Es bedeutet zu wissen, dass uns das Wesentlichste niemals genommen werden kann. Es ist die Zusicherung, dass einer für uns sorgt und uns nicht im Stich lässt. Gott wird uns nie verlassen. Mit dieser Gewissheit können wir zufrieden sein.

Nehmen Sie sich selbst nicht zu ernst – Ihre Kinder tun es auch nicht

Kinder großzuziehen ist halb Freude und halb Guerillakrieg. (Ed Asner)

Meist geht es in diesem Buch um ernste Themen, doch dieses Kapitel ist anders – und es könnte das wichtigste von allen sein. Möglicherweise müssen Sie als Mutter oder Vater einfach lockerer werden. Sie müssen vielleicht Ihren Humor neu entdecken. Vielleicht sollten Sie gerade jetzt das Buch zur Seite legen und sich eine Komödie im Fernsehen anschauen, denn vermutlich brauchen Sie mal eine Verschnaufpause. Der weise Schauspieler Ed Asner meint: „Kinder großzuziehen ist halb Freude und halb Guerillakrieg."

Es muss noch einmal gesagt sein: Spielen ist ein wichtiges Element im Kinderalltag. Kinder arbeiten mit der Aktie „Spaß". Erwachsene arbeiten mit Zeit und Geld, in „anrechenbaren Stunden" und „Stundentarifen". Doch die Währung, in der Kinder denken, ist Spaß. Das wirtschaftliche Hauptkriterium eines Kindes lautet: „Wird es Spaß machen?"

Erwachsene arbeiten mit Zeit und Geld, in anrechenbaren Stunden und Stundentarifen. Doch das wirtschaftliche Hauptkriterium eines Kindes lautet: „Wird es Spaß machen?" Je mehr Spaß wir mit unseren Kindern haben können, umso mehr Einfluss bekommen wir auf ihr Leben.

Ich habe herausgefunden, dass dies ein universales Prinzip ist. In allen sozio-ökonomischen Umfeldern, ob in Nordamerika, Afrika oder sonstwo, wollen Kinder ihren Spaß haben. Wenn das so ist, warum sollten wir dann nicht die Kraft, die im Spaß steckt, für unsere Ziele nutzen? Warum stärken wir nicht die Vorliebe unserer Kinder für das, was Freude bringt? Mir scheint, je mehr Spaß wir mit unseren Kindern haben, umso mehr Einfluss bekommen wir auf ihr Leben. Und manchmal können wir sie mit lustigen Dingen eher erreichen als mit ernsten.

In der Jugendarbeit habe ich gelernt, dass man Kindern moralische und geistliche Wahrheiten besser vermitteln kann, wenn man freundlich ist, die Namen sämtlicher Kinder kennt und für Spaß offen ist. Natürlich muss sich alles die Waage halten und das Treffen sollte nicht zur Comedy-Stunde verkommen. Aber man kann den Teil mit dem Spaß nicht einfach übergehen und gleich zu den schweren Themen kommen. Wir ließen uns dämliche, manchmal geradezu blöde Sketche, Aktionen, Spiele und Videos einfallen, um die Kids zum Lachen zu bringen. Selten trugen diese Mittel eine unmittelbare Botschaft, und wenn, dann war der Bezug zum Thema des Tages ziemlich weit hergeholt. Aber das machte nichts. Wenn Kinder lachen, öffnen sie ihr Herz. Wenn Kinder lachen, öffnen sie ihr Denken. Wenn Kinder lachen, entspannen sie sich und fühlen sich zur Gruppe oder Familie zugehörig. Also lasst uns lachen!

Vielleicht denken Sie jetzt: *Aber ich bin Ingenieur – ich bin darauf programmiert, keinesfalls lustig zu sein. In dieser Welt läuft so viel schief. Wir sollten ernst bleiben.*

Lassen Sie mich eine schockierende Einsicht weitergeben, die Ihnen vielleicht helfen wird: Ihre Kinder lachen ohnehin schon über Sie – da können Sie genauso gut mitlachen! Wenn Ihre Kinder acht Jahre oder älter sind, können Sie sicher sein, dass sie sich an so einige lustige Erlebnisse mit Ihnen zurückerinnern (zumindest waren sie aus Sicht der Kinder lustig!).

Humor hilft in siebenfacher Hinsicht

1. Humor hilft Ihnen, sich selbst und das Leben nicht zu ernst zu nehmen.
2. Humor stärkt den Zusammenhalt innerhalb der Familie.
3. Humor baut Stress ab.
4. Humor ist heilsam: *„Fröhlichkeit ist gut für die Gesundheit"* (Sprüche 17,22).
5. Humor schenkt Ihnen die nötige Weitsicht: *Auch diese Phase wird vorübergehen.*
6. Humor stiftet schöne Erinnerungen: „Weißt du noch, damals …?"
7. Humor macht uns menschlicher und zugänglicher.

Der Fernsehstar und Schriftsteller Phil McGraw schließt sich diesem Ruf nach mehr Humor in der Familie an: *Wenn Sie Kinder großziehen wollen, die über den alltäglichen Wahnsinn des Lebens lachen können, müssen Sie ihnen helfen, die lustigen Seiten des Lebens zu entdecken. Wie viel Spaß macht es, mit Ihnen zusammenzuleben?*[40]

Ein Kennzeichen gesunder Familien ist ihre Fröhlichkeit – in der Regel werden in einer solchen Familie viele Geschichten erzählt. „Wisst ihr noch, wie Papa sich verfahren hatte und in einer Einfahrt hielt, um auf die Karte zu schauen? Und dann stand er genau in der Einfahrt einer Feuerwehrwache. Und er hat es erst gemerkt, als die Sirene zu heulen begann und die Tore hochgingen und die Feuerwehrleute erstaunt feststellten, dass da jemand direkt vor ihrer Nase geparkt hatte!" (Das ist eine wahre Geschichte!) „Oder weißt du noch, wie Bingo mitsamt Leine während der Fahrt aus dem Auto gefallen ist und dann wie verrückt neben dem Wagen herlief, um nicht hinterhergeschleift zu werden?" (Noch so eine wahre Geschichte.) „Als ich meine Braut zum ersten Mal meiner Großmutter vorstellte, sagte ich: ‚Darf ich vorstellen, meine Verlobte Suzanne, Oma.' Und sie hat geantwortet: ‚Schön Sie kennen zu lernen, Oma.' – Dann musste ich sie daran erinnern, dass sie die Großmutter war: ‚*Du* bist Oma. Das hier ist Suzanne.'"

Solche komischen Momente lebendig zu erhalten, indem man sie immer wieder erzählt, macht uns bewusst, dass wir eine ziemlich verrückte Familie sind – und doch lieben und respektieren wir uns gegenseitig. Vielleicht ist es das nächste Mal an Ihnen, eine komische Geschichte zu erzählen.

Anders muss nicht falsch sein

In gesunden Familien ist es Kindern erlaubt, anders zu sein.

Die Freiheit, lustig zu sein, ist zugleich die Freiheit, anders zu sein. Wir müssen nicht als die perfekte, standardisierte christliche Familie daherkommen. Auf Gottes schöner Erde gibt es viel Raum für alle möglichen Arten von Familien. Es gibt keine Backform für die „perfekte christliche Familie". Wie meine Großmutter immer zu sagen pflegte: „Man braucht alle möglichen Sorten."

Gesunde Familien erlauben ihren Kindern, anders zu sein. Das ist ein Zeichen dafür, dass eine Familie auf Gnade gegründet ist und nicht auf Leistung. Tim Kimmel spricht über diese Unterscheidung in seinem Buch *Grace-Based Parenting (Erziehung, die auf Gnade basiert): Lassen Sie mich Ihnen einige Synonyme für „anders" nennen, damit Sie verstehen, was ich meine. Ich spreche von „einzigartig", „merkwürdig", „schräg", „befremdlich", „wunderlich" und „schrullig". Ein auf Gnade gebautes Zuhause sollte solchen Kindern einen sicheren Hafen bieten. … Aber die, die einfach nur anders sind und „komische" Sachen machen, sind nicht unbedingt verkehrt. Sie sind nur einfach anders. Weil ihr andersartiges Aussehen oder Verhalten für ihre Eltern oft ärgerlich oder peinlich ist, wird automatisch angenommen, dass man nicht tolerieren darf, was sie tun (oder tun wollen). Das macht es Kindern, die von Gott anders gestrickt wurden, schwer, sie selbst zu sein, und schränkt unsere Fähigkeit ein, von Gott als Werkzeuge seiner Gnade eingesetzt zu werden. Ich verteidige das Recht der Kinder, einfach deshalb anders zu sein, weil sie Kinder sind. Sie sind jung. Ihr*

Herz wird von einem fast schon an ein Wunder grenzenden Sinn
für das Staunen bewegt. Ihr junger Verstand ist noch ungezähmt
und treibt manchmal verrückte Spielchen mit ihrer Vorstellungs-
kraft. Gott hat sie so geschaffen.[41]

Manchmal sind unsere Kinder bewusst „anders", um uns zu
ärgern. Ihre Kleidung soll uns die Sprache verschlagen. Ich denke da zum Beispiel an diese extra weiten Hosen, die einfach nicht
auf der Hüfte ihres Trägers sitzen bleiben wollen und einem den
Eindruck vermitteln, die Jungs wären alle unter die Installateure
gegangen.

Sicher, Mode ist oft sonderbar, und so manche Musik klingt,
als würden zwei Güterzüge frontal zusammenstoßen. Und von
den Frisuren und Haarfarben wollen wir mal gar nicht reden.
Trotzdem sollten Sie Ihren Kindern die Freiheit geben, in solchen Dingen anders zu sein, selbst wenn ihr Stil Ihnen die Haare zu Berge stehen lässt. Ein Grundsatz hat mir immer geholfen,
mir genau zu überlegen, wann ich kämpfe und wann ich die Dinge mit Humor nehme: Geben Sie Ihren Kids die Freiheit, sich
mit ihren Klamotten und ihrem Styling so auszudrücken, wie sie
wollen. Aber machen Sie jede Menge Fotos!

Der Wahnsinn mit den Traumhäusern

Ich habe einen Klienten, der große Häuser baut – ich spreche
hier von Häusern mit 300 m³ Wohnfläche und darüber. Und das
im Gebiet von Los Angeles! Sie kosten zwischen 20 und 40
Millionen Euro, und ihr Wert steigt ständig. Eines Tages brachte er seine Foto-Mappe mit, um mir die ausgefallene Dachkons-
truktion, den exquisiten Marmor, die hochmoderne Technologie und den spektakulären Pool einer seiner Kreationen zu zeigen. Und das war nur das Erdgeschoss!

Es war beeindruckend. Ich wusste nicht mal, dass es so etwas
gibt

Während ich vor Staunen den Mund nicht mehr zubekam,
meinte er nachdenklich: „Weißt du, keine dieser Familien ist

glücklich. Sie besitzen alles Geld dieser Welt und ein neues, riesiges, wunderschönes Zuhause mit jedem Schnickschnack – und sie sind nicht zufrieden. Das sind die kritischsten und nörgeligsten Menschen, die mir je begegnet sind … und sie führen eine lausige Ehe. Ich weiß das, weil ich oft mitten in ihre Streitigkeiten hineingerate."

Ich konnte es erst nicht glauben. Wie kann man in einem solchen Paradies *nicht* glücklich sein? Wie kann man bei einem solchen Überfluss nicht zufrieden sein? Ich glaube, ich wäre schon froh, wenn ich nur im „Gästeflügel" einer solchen Villa wohnen könnte! Aber dann wurde mir klar: Zufriedenheit ist eine innere Haltung und keine Frage des Lebensstandards. Diese Leute haben ihren Lebensstandard erhöht, nicht aber das Maß ihrer Zufriedenheit. Sie mussten zwangsläufig enttäuscht sein.

Zufriedenheit ist eine innere Haltung und keine Frage des Lebensstandards.

Wie traurig muss es sein, wenn man sein Traumhaus entwirft, nur um dann zu entdecken, dass man davon nicht glücklich wird. *Die Einfahrt ist nicht ganz im rechten Winkel. Der Kronleuchter in der Eingangshalle ist doch zu klein. Der Marmor im Schminkraum ist zu rosa. Der Whirlpool hat nicht genug Massagedüsen.*

Ja, ich kann mir vorstellen, was für eine Enttäuschung das sein muss.

Zufriedenheit hat nichts mit Mittelmäßigkeit zu tun

Getriebene Menschen verwechseln Zufriedenheit oft mit Mittelmäßigkeit oder Ambitionslosigkeit: „Wie meinen Sie das: ‚Ich soll zufrieden sein mit dem, was ich habe?' Das ist doch Faulheit. Man sollte immer noch mehr wollen."

Zufriedenheit und Faulheit befinden sich auf demselben Kontinuum. Das eine kann genauso aussehen wie das andere. Ich spreche mich natürlich nicht dafür aus, dass wir unseren Kindern beibringen, faul zu sein. (Das scheint ihnen ohnehin in die Wiege gelegt zu sein.) Ich möchte, dass meine Kinder einen gewissen Ehrgeiz und Eigenantrieb haben, aber aus der richtigen Motivation heraus. Hugh Hewitt schreibt in seinem ausgezeichneten Buch *In But Not Of* („In ((der Welt)), aber nicht von ((der Welt))"): *Die Realität sieht für alle Christen so aus, dass sie die Verpflichtung haben, sich für einen größtmöglichen Einfluss zu rüsten und jede Gelegenheit zu nutzen, diesen Einfluss noch zu vergrößern. Und niemals zu mutmaßen, sie wären nicht berufen oder ihre Zeit sei vorbei.*[42]

Ich möchte nicht, dass meine Kinder sich mit einem mittelmäßigen Leben zufrieden geben. Ich möchte, dass sie Menschen sind, die Einfluss ausüben. Ich möchte, dass sie Veränderungen bewirken. Ich möchte, dass sie mutige Aktivisten des Reiches Gottes sind. Ich möchte, dass sie zufrieden sind, aber nicht mit dem, was nur mittelmäßig ist. Paulus ermahnt uns, für einen erhabenen Zweck Ehrgeiz zu entwickeln: *Ich kann Not leiden, ich kann im Wohlstand leben; mit jeder Lage bin ich vertraut. Ich kenne Sattsein und Hungern, ich kenne Mangel und Überfluss. Allem bin ich gewachsen durch den, der mich stark macht* (Philipper 4,12–13).

> Ich möchte, dass meine Kinder zufrieden sind, aber nicht mit dem, was nur mittelmäßig ist.

Zufriedenheit ist im Glauben verwurzelt. Sie hängt nicht von den Umständen ab, sondern von meiner Einstellung – baue ich meine Zufriedenheit auf das, was ich alles habe, oder auf Jesus Christus?

Ich möchte, dass meine Kinder um dieses Geheimnis des Lebens wissen. Sie nicht auch? Dieses Lebensgefühl ist unendlich wertvoll und auf jede Situation übertragbar. Zufriedenheit hilft uns, gelassen zu sein und Gutes zu leisten, weil wir uns nicht wegen Kleinigkeiten und Nebensächlichkeiten unter Druck setzen müssen.

Tim Stafford erklärt das so: *Wenn Sie Vertrauen haben, werden Fehlschläge Sie nicht lähmen; Sie wissen dann, dass der Erfolg nicht allein an Ihnen hängt. Ich möchte, dass meine Kinder Ehrgeiz entwickeln, weil sie darauf vertrauen, dass Gott große Dinge tut. Wenn ich ein Bild von Zufriedenheit malen sollte, würde ich keinen Menschen malen, der in einer Hängematte liegt und Limonade schlürft. Ich würde einen Baseballspieler kurz vor dem Schlag malen, der seinen Fähigkeiten vertraut und weiß, dass er an diesen Platz gestellt ist. Er wird nicht jedes Mal zum Zug kommen, aber er weiß, dass er seinen Teil abbekommen wird. Er will den Erfolg – aber nicht, um zu beweisen, dass er besser ist als alle anderen. Er will seinen Beitrag innerhalb des Teams leisten. Darum ist er glücklich und gelassen, während er sich ganz auf den Ball konzentriert und den Schläger mit all seinem Können und all seiner Kraft schwingt.*[43]

Zufrieden zu sein ist eine Entscheidung.
Es ist nichts, was einem Menschen widerfährt; es ist etwas, wozu der Mensch sich entschließt.

Zufrieden zu sein ist eine Entscheidung. Es ist nichts, was einem Menschen widerfährt; es ist etwas, wozu der Mensch sich entschließt. Er konzentriert sich auf die Dinge, die er beeinflussen kann – zum Beispiel darauf, den Schlag zu machen –, nicht auf die Dinge, die er nicht beeinflussen kann – zum Beispiel den Fan, der Buhrufe ausstößt. Bei jedem von uns (auch bei dem Besitzer der tollen Villa) gibt es das eine oder andere, worüber wir unzufrieden sein könnten. Bei jedem von uns gibt es auch etwas, das uns zufrieden machen kann. Jeder neue Tag bietet das Potenzial, *unser* Tag zu werden.

Wir sind die Eigentümer unseres Lebens. Niemand sonst besitzt Anrechte darauf. Wir können das willkommen heißen, was uns gegeben wurde, und das Beste daraus machen. Wir sollten nicht alles für selbstverständlich halten. Jeder Tag ist ein Geschenk. Daran sollten wir uns genügen lassen.

Jeder Tag gewährt uns eine grundlegende Wahlmöglichkeit: Wir treffen die Entscheidung, ob wir zufrieden sein wollen oder unzufrieden.

Zufriedene Eltern …

- beschließen, dankbar zu sein für ihre Arbeit, selbst wenn sie anstrengend ist – arbeitslos zu sein wäre weitaus unangenehmer!
- beschließen, ihre Kinder so anzunehmen, wie sie sind, und ihre Annahme nicht an irgendwelche Bedingungen zu knüpfen
- wollen das Beste für ihr Kind, akzeptieren keine Mittelmäßigkeit, geben ihrem Kind aber Zeit zu wachsen
- begreifen, dass manche Kinder durchschnittliche Schüler sind, aber trotzdem außergewöhnliche Menschen
- erkennen, dass wahre Zufriedenheit mehr mit einer zufriedenen Seele zu tun hat als mit materiellem Besitz
- werden manchmal sagen: „Es reicht!", und den Kreislauf des Haben-Wollens durchbrechen
- wissen, dass wirkliche Freude und Zufriedenheit aus Beziehungen und nicht aus materiellen Dingen entspringen, und räumen den Menschen daher Priorität ein
- tun etwas für den Erhalt ihrer Freundschaften und freuen sich daran.

Wenn wir uns für die Zufriedenheit entschließen und unseren Kindern ein Vorbild sind, dürfen wir darauf hoffen, dass sie zu Kindern werden …

- denen es nicht nur darum geht, das neueste Spielzeug und die coolste Hose zu besitzen

- die mit einfachen Dingen zufrieden sind
- die lachen und sie selbst sein können; die blödeln können, wenn ihnen danach ist
- die viel Initiative und Ehrgeiz besitzen, die aber auch die Fähigkeit haben, sich zu bremsen und zu entspannen
- die nicht versuchen, durch gute Noten, sportliche oder musikalische Leistungen ihren Wert zu beweisen, sondern tief in ihrem Innern sicher sind, dass sie wertvoll und begabt sind
- die verstehen, wie wichtig Gelassenheit ist, und nicht nur dem nachlaufen, was gerade „in" ist
- die dankbar sind für ihr Zuhause und ihre Schule, selbst wenn beides nicht so „cool" ist wie das, was sie im Fernsehen sehen
- die ihre Eltern so annehmen, wie sie sind, weil sie wissen, dass ihre Eltern nicht perfekt sind, ihre Kinder aber bedingungslos lieben
- die dankbar sind für ihre Freunde, weil sie wissen, dass Zufriedenheit durch Beziehungen entsteht und nicht durch Konsum.

11 Leidenschaftliche Liebe

*E*s fällt mir so leicht, mit Ihnen zu reden. Das ist komisch", meinte Stephanie nachdenklich. „Ich fühle mich hier wohl." Sie kuschelte sich auf den Zweisitzer in meinem Beratungszimmer und ließ ihre langen Beine über die Lehne baumeln.

„Das ist doch prima. Fühl dich wie zu Hause."

„Was? Mein Zuhause ist der *un*gemütlichste Ort, den es gibt. Meine Eltern sind bekloppt. Die peilen aber auch gar nichts. Die machen nur Stress."

„Sie haben dich hierher gebracht", warf ich ein.

„Ja, da haben Sie schon recht – aber mal ehrlich: Ich habe nie jemanden zum Reden. Sie sind der Erste. Keiner weiß, wie's mir geht. Oder vielleicht wissen sie's auch, aber es ist ihnen egal? Mann, ich weiß auch nicht. Aber eines weiß ich: Es tut gut, hier zu sein und mit Ihnen zu reden … aber es ist komisch."

„Ich weiß. Schließlich macht man das nicht alle Tage."

Sie lächelte. Mit ihren 17 Jahren hatte sie ein attraktives Lächeln – ihre Eltern hatten viel Geld in dieses Lächeln investiert. Sie war erst vor ein paar Monaten ihre Zahnspange losgeworden. Nervös fummelte sie an ihren roten Haaren herum. „Wissen Sie, meine Eltern glauben, sie würden mich verstehen, aber sie haben keine Ahnung, was ich gerade durchmache. Sie behaupten, sie wüssten es, aber das stimmt einfach nicht. Meist halt ich das alles zurück, aber ab und zu flippe ich aus. Ich verlier die Beherrschung und lass es an anderen aus."

„Ich weiß. Das ist der Grund, warum du hier bist. Aber jetzt redest du ja darüber. Das finde ich gut. Das ist genau das, was du brauchst. Du willst mit dem ganzen Kram nicht allein bleiben."

„Genau!" Sie warf die rotbraunen Locken nach hinten. „Jetzt, wo ich jemanden zum Reden habe, kann ich mich wieder abregen. Ich bin eh schon eine feurige Rothaarige. Da brauch ich nicht noch ein explosiver Drachen zu werden."

Ich lachte. „Gut, dann wollen wir daran arbeiten."

Stephanie ist eine der vielen Jugendlichen und Kinder, die zu mir kommen und sich ungeliebt und beziehungslos fühlen. Sie lebt in einem schönen Zuhause, geht auf eine gute Schule, hat nette Eltern – aber es geht ihr nicht gut dabei. Ihre Eltern hatten sie um halb zwei in der Nacht zur Rede gestellt, weil sie zu spät nach Hause gekommen war, und sie hatte daraufhin mit Küchengeräten und Messern nach ihrer Mutter geworfen. Deshalb hatten die Eltern sie zu mir geschickt.

„Als ich sah, wie der Toaster den Kopf meiner Mutter nur knapp verfehlte und dann an der Wand aufklatschte, wurde mir bewusst, wie durchgeknallt ich war", gestand sie ein.

> Wir sind möglicherweise gerade dabei, die beziehungsloseste Generation heranzuziehen, die es je gab.

Ihre Eltern waren mit ihrem eigenen Leben beschäftigt und glaubten, wenn ihre Tochter ebenfalls genügend Beschäftigung hätte, würde sie das aus allen Schwierigkeiten heraushalten. Doch die hektischen Terminpläne ihrer Eltern verstärkten bei Stephanie nur die Einsamkeit und das Gefühl, niemanden zu haben. Ihre Eltern wussten nicht, wie sie ihrer heranwachsenden Tochter helfen konnten. Es fiel ihnen leichter, sie mit Barem abzuspeisen, als sich mit ihr zu beschäftigen.

Stephanie steht stellvertretend für all die übersättigten, ungeliebten Kinder unserer Gesellschaft. Wir sind möglicherweise gerade dabei, die beziehungsloseste Generation heranzuziehen, die es je gab.

Als Mitarbeiter des Gallup-Instituts habe ich mit George Gallup an Entwürfen und Auswertungsmethoden für Tests gearbeitet, mit denen man die amerikanische Jugend repräsentativ befragen kann. Bei unseren Untersuchungen zu meinem Buch *The Seven Cries of Today's Teens*[44] entdeckten wir, dass 93 Prozent der befragten Jugendlichen sagten, „das Bedürfnis, verstanden und geliebt zu sein", sei ihnen „wichtig" beziehungsweise „sehr wichtig". Dieses Bedürfnis lag mit nur einem halben Prozentpunkt Abstand unmittelbar hinter dem „Wunsch, dass andere Vertrauen in mich haben" auf dem zweiten Platz. Die Unterscheidung ist praktisch zu vernachlässigen. Wir können davon ausgehen, dass unsere Kinder zu jeder Zeit geliebt werden *und* unser Vertrauen spüren möchten.

Aber viele fühlen sich nicht geliebt. In seinem Buch *Hurt – Inside the World of Today's Teenagers (etwa: Schmerz – in der Welt heutiger Teenager)* schreibt der in der Jugendarbeit tätige Universitätsdozent Chap Clark: *Jugendliche brauchen Erwachsene, um erwachsen zu werden. Und wenn keine Erwachsenen da sind und sich Zeit für sie nehmen, sind sie gezwungen, selbst herauszufinden, wie man überlebt.*[45]

Unsere Kinder wollen eine enge Beziehung zu uns. Wie bereits erwähnt wünschen sich mehr als 70 Prozent, dass sie mehr Zeit mit ihrem Vater verbringen könnten, und 85 Prozent der Jugendlichen hätten gern einen Mentor.[46] Unsere Kinder wachsen in einer extrem feindseligen Kultur heran. Sie haben Angst, von ihren Eltern im Stich gelassen zu werden. Sie brauchen Menschen, die ihnen durch die Ängste der Kindheit und den Wirrwarr der Pubertät einen Weg weisen.

Nur wer gut für sich sorgt, kann für andere da sein

Um Ihrem Kind zu geben, was es braucht, und ihm seinen Weg zu weisen, müssen Sie sich zunächst um sich selbst kümmern. Wenn Eltern ein positives, liebevolles Umfeld schaffen wollen, in dem ihre Kinder ihre Entwicklungsaufgaben meistern können, müssen sie selbst in den Bereichen wachsen, in denen ihre eigenen emotionalen Schwachstellen liegen.

Vielleicht sind Sie nicht in einer liebevollen, fürsorglichen Familie aufgewachsen. Vielleicht fällt es Ihnen schwer, Ihr Kind bedingungslos zu lieben. Sie kämpfen möglicherweise mit Verletzungen, Ablehnung und Wut aus Ihrer Vergangenheit. Wenn das Ihre Situation ist, sollte der erste Schritt darin bestehen, dass Sie Ihre eigenen Verletzungen und Ihren Mangel an Liebe bearbeiten. Sie können Ihrem Kind nichts geben, was Sie nicht selbst besitzen.

Wenn Eltern ein Umfeld schaffen wollen, in dem ihre Kinder ihre Entwicklungsaufgaben meistern können, müssen sie selbst in den Bereichen wachsen, in denen ihre eigenen emotionalen Schwachstellen liegen.

Sie können Bücher lesen, Websites besuchen, sich einer Gruppe anschließen, Seminare besuchen sowie Seelsorge oder eine Therapie in Anspruch nehmen. Es ist nie zu spät, um Heilung für die Wunden der Vergangenheit zu empfangen. Ja, es bereitet Umstände und kostet Investitionen, und es wird auch wehtun. Aber Sie sollten es um Ihrer Kinder willen tun. Ihre Kinder haben Ihr Bestes verdient, aber Sie werden kaum Ihr Bestes geben können, solange Sie den Schmerz Ihrer Vergangenheit nicht bewältigt haben.

Unsere Kinder zu lieben ist nicht immer leicht. Manchmal steht meine Tankanzeige auf „leer", wenn es darum geht, Liebe für meine Kinder oder meine Frau zu empfinden. In solchen Momenten *spüre* ich nicht viel Liebe, ich verhalte mich nicht sehr fürsorglich. Ich will nur allein sein und mich um mich selbst kümmern. Man braucht Energie, um sich einem anderen Menschen zuzuwenden, und an manchen Tagen fühle ich mich nicht in der Lage dazu. Wenn mir das bewusst wird, versuche ich, eine innere Bestandsaufnahme zu machen: *Warum fühle ich mich so leer? Was hat meinen emotionalen Tank derart beansprucht? Was kann ich tun, um meine Seele wieder aufzutanken? Sollte ich Zeit für mich allein haben? Brauche ich Bewegung? Brauche ich Ruhe?*

Meist erkenne ich dann, dass ich überlastet bin und nicht mehr die emotionalen Reserven besitze, meine Familie wirklich zu lieben. Ich muss meine Tanks wieder auffüllen. Ein langer Spaziergang oder eine Runde Surfen bringen mich meist wieder zu mir. Manchmal gibt es mir auch neue Energie, wenn ich eine Weile gute Musik höre, über Gottes Wort nachdenke oder mich mit einem Buch beschäftige.

Wir müssen als Eltern wissen, was uns die Kraft raubt und was uns neue Kraft gibt. Wir müssen uns die Zeit nehmen, unsere Seele neu zu stärken, wenn wir genügend emotionale Reserven für unsere Kinder haben wollen. Es ist nicht egoistisch, wenn wir uns um unser emotionales und körperliches Wohl kümmern – es ist strategisch notwendig.

Kinder brauchen Beziehungen

Liebe ist das Fundament eines gesunden Lebens. Kinder lernen zu Hause, wie man liebt oder wie man nicht liebt. Die Beziehung zwischen den Eltern und dem Kind ist entscheidend. Wir entscheiden darüber, ob unser Kind sich wertvoll fühlt, wie das Klima bei uns zu Hause ist und ob unser Kind einmal erfolgreich sein Leben meistern wird – allein dadurch, dass wir eine liebevolle Beziehung zu ihm haben – oder eben nicht.

David Popenoe, Professor für Soziologie, sagt: *Kinder entwickeln sich dann am besten, wenn man ihnen die Möglichkeit gibt, sowohl zum Vater als auch zur Mutter in einer warmherzigen, vertrauten, ununterbrochenen und dauerhaften Beziehung zu leben.*[47]

Unsere Kinder brauchen die Liebe eines Menschen, der beschlossen hat, sie auf jeden Fall zu lieben.

Unsere Kinder brauchen die Liebe eines Menschen, der beschlossen hat, sie auf jeden Fall zu lieben. Sie brauchen in ihrer Familie ein Vorbild für bedingungslose Liebe. Bedingungslose Liebe bedeutet: „Ich werde dich immer lieben, egal was kommt. Meine Liebe hängt nicht von deinem Verhalten ab oder von deinen Noten oder von deiner Leistung oder davon, ob du ein guter Sportler bist, oder auch nur davon, ob du die richtige Einstellung hast. *Ich werde dich immer lieben.*"

Jede Woche sagen Kinder zu mir: „Meinen Eltern ist nie etwas genug. Wenn ich mich in einem Bereich verbessere, kommen sie schon mit einer anderen Sache, die nicht in Ordnung ist. Warum also sollte ich mir Stress machen? Wofür sollte ich mich anstrengen?"

Bedingungslose Liebe bedeutet, das Kind anzunehmen und trotzdem sein Fehlverhalten zu korrigieren. Es bedeutet nicht, schlechtes Benehmen durchgehen zu lassen. Es bedeutet, dass wir unsere Kinder so sehr lieben, dass wir auch ihr Wachstum erkennen.

> Wenn unsere Kinder in die Pubertät kommen, werden sie zu eigenständigen Individuen, die sich von ihren Eltern lösen. Das ist keine Rebellion, selbst wenn es für Sie so aussehen mag.

Wenn unsere Kinder in die Pubertät kommen, müssen sie durch die heiße Phase der Individuation – das heißt, sie werden zu eigenständigen Individuen, die sich von ihren Eltern lösen. Das ist keine Rebellion, selbst wenn es für Sie so aussehen mag. Das ist keine Ablehnung, auch wenn es sich so anfühlt. Es ist eine notwendige und sehr schwierige Entwicklungsaufgabe für Jugendliche. *Wer bin ich?* Das ist die Frage, die ihr ganzes Denken beherrscht. *Bin ich irgendwie schräg oder ganz normal? Bin ich cool oder uncool?* – auch das sind quälende Fragen.

Und so antworte ich darauf: „Selbst wenn du schräg bist, ich liebe dich trotzdem." Und wenn sie befremdliche Sachen mit ihren Haaren, ihrer Kleidung oder ihrem Körper machen, um „anders" auszusehen (wodurch sie dann im Endeffekt lustigerweise immer genauso aussehen wie die meisten ihrer Freunde), sage ich ihnen: „Ich liebe dich – mit deinen Haaren, deinen Klamotten und deinen Freunden." Und den ultimativen Test unserer bedingungslosen Liebe haben wir bestanden, wenn wir sagen können (und es auch wirklich so meinen): „Ich liebe dich, obwohl du die Regeln brichst und gegen meinen Rat handelst. Ich werde dich lieben, selbst wenn du rebellierst."

In seinem Buch *Why Christian Kids Rebel* (Warum fromme Kinder rebellieren) untersucht Kimmel einen der vielen Gründe, warum unsere Teenager unsere bedingungslose Liebe und unser Vorbild in Sachen Nächstenliebe brauchen: *Hier liegt das Problem: Eine Geringschätzung für die Dinge dieser Welt kann leicht die feine Grenze überschreiten und zu einer Geringschätzung der Menschen in dieser Welt werden. Kinder, die in Familien aufwachsen, in denen die Eltern sich gern kritisch über Menschen äußern, die im Denken dieser Welt verhaftet sind, werden es schwer haben, Gottes Gnade für sich selbst in Anspruch zu nehmen. Wenn Gnade nicht gegenüber den Menschen gezeigt wird, die sie am meisten nötig haben, wie sollen unsere Kinder dann lernen, in ihrem tagtäglichen Umgang mit anderen – ihre Eltern eingeschlossen – Gnade zu zeigen?*[48]

Bedingungslos zu lieben bedeutet, unsere Kinder auch dann zu lieben, wenn sie es am wenigsten verdient haben. Das ist sogar ein theologischer Grundsatz. Bedingungslose Liebe ist Gnade in Aktion. Gott liebt uns so sehr, dass er nichts zwischen uns und ihn kommen lassen wollte. Darum gab er in seiner Gnade Christus als Bezahlung und Brücke zwischen den Menschen und ihm selbst hin. Wir haben uns die Erlösung nicht verdient, sie war ein Geschenk der Gnade.

Diese Liebe zeigt sich darin, dass Christus sein Leben für uns hingegeben hat. Zur rechten Zeit, als wir noch in der Gewalt der Sünde waren, ist er für uns gottlose Menschen gestorben. ... Wie sehr Gott uns liebt, beweist er uns damit, dass Christus für uns starb, als wir noch Sünder waren (Römer 5,6–8).

Unsere Kinder lernen zu Hause nicht nur, was Liebe ist, sondern auch, was Gnade ist. Ihre erste Vorstellung von Gott wird davon geprägt sein, wie sie ihre Mutter und ihren Vater erleben. Ist er liebevoll? Kann sie vergeben? Ist er zornig? Kritisiert sie ständig?

Unsere Kinder lernen zu Hause, was Gnade ist. Ihre erste Vorstellung von Gott wird davon geprägt sein, wie sie ihre Mutter und ihren Vater erleben. Ist er liebevoll? Kann sie vergeben? Ist er zornig? Kritisiert sie ständig?

Wie wir unseren Kindern Liebe vorleben, bestimmt, ob sie im Gegenzug fähig sind, uns zu lieben und einen vertrauensvollen Glauben an ihren himmlischen Vater zu entwickeln.

Was bedeutet leidenschaftliche Liebe?

Liebe ist hart und zärtlich zugleich. Liebe bedeutet, im gegenwärtigen Augenblick großzügig mit Gnade zu sein und im Blick auf die Zukunft weise zu handeln. Liebe schafft ein Klima, in dem unsere Kinder wachsen können. Wo es an Liebe mangelt, wird das normale, gesunde Wachstum gehemmt.

Ich habe über den Zusammenhang zwischen Liebe, Wachstum und Einheit nachgedacht. Dabei kam mir der Gedanke, dass nicht die Familien am gesündesten sind, in denen es keine Probleme gibt, sondern die, in denen sich die Familienmitglieder inmitten all ihrer Schwierigkeiten lieben. Das sind die Familien, in denen durch die bedingungslose Liebe eine wachstumsfördernde Atmosphäre geschaffen wird. Und als Folge davon können sie sich an ihrer Einheit freuen.

Nicht die Familien sind am gesündesten, in denen es keine Probleme gibt, sondern die, in denen sich die Familienmitglieder inmitten all ihrer Schwierigkeiten lieben.

In der Bibel werden die Merkmale einer gesunden Familie mit liebevollen Eltern genau beschrieben:

- *Geduld.* „Erhebt euch nicht über andere, sondern seid immer freundlich. Habt Geduld und sucht in Liebe miteinander auszukommen" (Epheser 4,2). Liebevolle Eltern haben Geduld mit ihrem Kind, weil sie wissen, dass Wachstum und das Erlernen von Fertigkeiten und das Aneignen von Können Zeit brauchen.
- *Eine wachstumsfördernde Atmosphäre.* „ … bis wir alle hingelangen zur Einheit des Glaubens und der Erkenntnis des Sohnes Gottes, zum vollendeten Mann, zum vollen Maß der Fülle Christi" (Epheser 4,13; Luther). Eine wachstumsfördernde Atmosphäre behält im Blick, dass Jesus Christus das Maß ist und dass wir danach streben, zu wachsen und ihm ähnlicher zu werden. „Bis wir alle hingelangen" impliziert, dass sich jeder in einem Wachstumsprozess befindet. Unser Zuhause kann ein „Gewächshaus" werden, in dem positive Ideen und Entwicklung gefördert werden.
- *Sicherheit und Stabilität.* „Wir sind dann nicht mehr wie unmündige Kinder, die kein festes Urteil haben und auf dem Meer der Meinungen umhergetrieben werden wie ein Schiff von den Winden. Wir fallen nicht auf das falsche Spiel herein, mit dem betrügerische Menschen andere zum Irrtum verführen" (Epheser 4,14).

Stabilität und Konsequenz sind Kennzeichen für Reife. Wir hoffen darauf, dass wir das an unseren Kindern immer mehr erkennen können. Wir werden das eher erleben, wenn wir selbst konsequent sind. Für ein Kind ist es ausgesprochen frustrierend, wenn Eltern ständig ihre Meinung ändern. Wenn wir unserem Kind auch dann noch ein Vorbild für Konsequenz sind, wenn das Kind in vielerlei Hinsicht eine Herausforderung für uns darstellt, zeigen wir ihm ganz praktisch, was Liebe ist. Im Grunde sagen wir ihm damit: „Ich liebe dich zu sehr, um deinen Forderungen nachzugeben."

Wenn die Atmosphäre in einer Familie launenhaft und voller Spannungen ist, ist das der Entwicklung nicht förderlich. Stabilität bildet ein vorhersehbares Umfeld, in dem die Einheit untereinander gedeihen kann.

Der Schlüssel zu liebevollen Kindern ist, sie auf ihrem Weg zu Gott zu unterstützen. Die Liebe wird dann ein Ausdruck ihrer Gottesbeziehung sein.

Seht doch, wie sehr uns der Vater geliebt hat! Seine Liebe ist so groß, dass er uns seine Kinder nennt. Und wir sind es wirklich: Gottes Kinder! Deshalb kennt uns die Welt nicht; sie hat ja auch ihn nicht erkannt. Ihr Lieben, wir sind schon Kinder Gottes (1. Johannes 3,1–2).

Meine Definition von Liebe lautet: *Liebe übernimmt die Initiative und opfert sich, um die Bedürfnisse des anderen zu erfüllen.*

Liebe tut den ersten Schritt. Sie wartet nicht ab, um zu reagieren; sie agiert.

Liebe ist zu Opfern bereit. Da geht es nicht um einen Handel oder um eine Abrechnung.

Liebe schaut den anderen so genau an, dass sie weiß, was er braucht, und ist bereit, darauf einzugehen.

Liebe schafft eine Atmosphäre, in der andere wachsen können. Wenn Menschen wachsen, kommen sie miteinander aus und fühlen sich innerlich verbunden. Wir wollen in unseren Familien ein Klima der Liebe fördern. Wenn Menschen sich geliebt fühlen, sind sie bereit zu wachsen. Wenn sie sich aber ungeliebt fühlen, versuchen sie, sich zu verteidigen, und verschließen sich Veränderungen und Wachstum.

> Wenn Menschen sich geliebt fühlen, sind sie bereit zu wachsen.
> Wenn sie sich aber ungeliebt fühlen, versuchen sie, sich zu
> verteidigen, und verschließen sich Veränderungen und Wachstum.

Wenn jedes Familienmitglied sich dazu verpflichtet, die anderen zu lieben, indem es ihre Bedürfnisse erfüllt, entsteht Einheit. Das ist keine Rechenformel sondern ein Wachstumsprozess – und der sieht so aus:

Liebe > Wachstum > Einheit.

Liebe schafft die Atmosphäre für Wachstum. Dieses wiederum führt zu immer mehr Einheit in der Familie. Liebe lässt eine Beziehung zwischen Eltern und Kind wachsen, die ein Leben lang halten kann.

Es geht darum, da zu sein. Mir gefällt die Art, wie John Trent das beschreibt: *Da zu sein geht über eine flüchtige Bekanntschaft hinaus und schafft tiefe, bleibende Verbindungen. Für jemanden da zu sein gibt unserem Leben eine Mission und einen Sinn, weil es Angst und Isolation mindert. Es hilft uns, unseren Tagen ein Ziel zu geben und das Staunen auch im Alter nicht zu verlernen. Da zu sein bedeutet, für die eigenen Kinder, den Ehepartner und sich selbst im Augenblick emotional und geistlich präsent zu sein.*[49]

Wie würde das bei Ihnen aussehen, wenn Sie ganz und gar im jeweiligen Augenblick – auf Augenhöhe mit Ihrem Kind – präsent wären?

Die verlorene Kunst des Zusammenseins

Mir scheint, wir haben es mit einer Generation von Familien zu tun, die das Zusammensein verlernt haben. Können wir noch einfach zusammen sein – ohne Termine, Trainer, angeleitete Aktivitäten oder Einkaufstouren?

Mir scheint, wir haben es mit einer Generation von Familien zu tun, die das Zusammensein verlernt haben. Können wir noch einfach zusammen sein – ohne Termine, Trainer, angeleitete Aktivitäten oder Einkaufstouren?

Wenn wir einander lieben, können wir uns auch gemeinsam entspannen. Wir brauchen kein Unterhaltungsprogramm. Wir müssen uns nicht von der unangenehmen Möglichkeit beunruhigen lassen, dass wir uns nahe – zu nahe – kommen könnten. Wir können wertschätzen, was jeder Einzelne einbringt. Wir müssen einander nicht beeindrucken, müssen nicht miteinander konkurrieren oder es uns gegenseitig heimzahlen. Wir müssen keine Angst voreinander haben, weil Liebe die Furcht vertreibt.

Ich kann ich selbst sein.
Du kannst du selbst sein.
Wir können gemeinsam Familie sein.

Alle mir nach!

Ich kenne eine Familie, die die Kinder während einer gemeinsamen Familienandacht bei einem kleinen Spiel nacheinander die Führungsrolle übernehmen ließen. Das Spiel hieß: *Follow the Leader* – „Alle mir nach". Den meisten Kindern macht es Spaß, das Sagen zu haben und den Gesichtsausdruck ihrer Eltern zu beobachten, während sie ihnen Anweisungen geben und alle das tun müssen, was sie sagen.

Die Familie Rivera hatte eine Tochter von 17 Jahren und einen Sohn von 14 Jahren. Die beiden hatten trotz ihres fortgeschrittenen Alters einen Riesenspaß daran, ihre Eltern unter dem Bett hindurch und durch einen Hindernisparcours an Orte zu schicken, an die sie sonst wohl *niemals* krabbeln würden. Die Kinder genossen ihre Vollmacht als Anführer. Nach dem Drill ließen sich alle vier erschöpft und lachend auf den Wohnzimmerboden fallen.

„Papa ist ein paar Mal stecken geblieben. Wir waren uns nicht ganz sicher, ob er sich da je wieder rausbekommt", erzählte der Sohn voller Vergnügen.

„Ich war mir da auch nicht sicher", meinte der Vater.

„Ich glaube, Papa und ich werden morgen ganz schön Muskelkater haben", gestand die Mutter ein.

„Mir tut schon der Bauch weh vor Lachen!", kicherte die Tochter.

Es dauerte nur 20 Minuten, um eine vermutlich unvergängliche, lustige gemeinsame Erinnerung zu schaffen. Sie hat nichts gekostet und wenig Aufwand bedeutet (vom Muskelschmalz einmal abgesehen).

Haben wir das Zusammensein verlernt?

George Barna erinnert uns daran, dass wir die moralische und geistliche Entwicklung unserer Familie nicht anderen überlassen sollten: *Jeder von uns, der heute das Privileg hat, Kinder zu erziehen, sollte ein besonderes Ziel vor Augen haben: daran mitzuwirken, diese Kinder auf den richtigen Weg zu bringen. Das passiert nicht durch Zufall. … Wir haben nicht das Recht, uns darüber zu beklagen, wie unsere Kinder sich entwickeln, wenn wir nicht maßgeblich und zielgerichtet Zeit und Liebe investieren.*[50]

Kinder, die in Familien aufwachsen, in denen die Eltern diese Art von dynamischer Liebe vorleben, werden aller Wahrscheinlichkeit nach …

- einen entspannten und liebevollen Umgang mit ihren Angehörigen pflegen
- sich geachtet fühlen und ein starkes Zugehörigkeitsgefühl entwickeln
- ihren Lebenssinn in Beziehungen suchen und nicht in materiellem Besitz oder Modetorheiten
- Mentoren finden, die ihnen ein Vorbild sind für die Fähigkeiten, die sie im Leben benötigen
- die innere Stärke besitzen, die Werte unserer Kultur zu hinterfragen
- wissen, wie sie Beziehungen pflegen können

- offen sein für Korrektur und Anleitung
- die Freiheit besitzen, sie selbst zu sein und sich immer weiter zu entwickeln
- mehr auf Gnade ausgerichtet sein als auf Leistung
- Einheit wertschätzen und ein friedliches Klima innerhalb der Familie anstreben.

Engagierte Kinder in einer tatenlosen Welt

*M*eine Tochter Brooke rief mich eines Tages mit folgendem Anliegen an: „Papa, ich muss in meinem Kurs über vergleichende Religionswissenschaften eine Hausarbeit schreiben – über das Christentum."

Als gute Studentin bat sie mich selten um Hilfe, aber hier ging es um ein strategisches Projekt. „Ich weiß, dass die Auferstehung Jesu Christi das Christentum von allen anderen großen Religionen unterscheidet. Kein anderer Religionsgründer hat behauptet, vom Tod ins Leben zurückgekehrt zu sein. Ich muss eine Seminararbeit schreiben und vielleicht auch ein Referat darüber halten. Da sind alle möglichen Leute in dem Kurs: Hellseher, Buddhisten, Moslems, partyversessene Hedonisten und sogar ein paar Zeugen Jehovas, Mormonen und andere. Was soll ich sagen? Welche Quelle ist verlässlich?"

„Lass mich überlegen … Hast du nicht dieses Buch *Der Fall Jesus* von Lee Strobel?"[51]

„Oh ja, das habe ich ganz vergessen. Das passt genau. Er schreibt aus der Perspektive eines Journalisten und es ist ziemlich wissenschaftlich. Gute Idee. Danke."

Und so schrieb sie ihre Seminararbeit und bekam eine gute Note dafür. Aber was noch wichtiger war: Sie lernte wieder ein Stück mehr selbstständiges Denken. Sie musste all die Grundsätze und Überzeugungen, die sie aus ihrer Kindheit von uns kennen gelernt und nach und nach in ihr eigenes Leben übernommen hatte, in einer intellektuell anspruchsvollen Form für ein kritisches Umfeld präsentieren. Sie lernte, die Ansichten ihres Dozenten und ihrer Studienkollegen zu hinterfragen. Sie lernte,

mitten im Lärm postmoderner Verirrungen ein biblisches Welt-
bild zu vertreten. Sie lernte, eine Kämpferin zu sein.

Im „Trainingscamp"

Als Eltern bereiten wir unsere Kinder auf die Schlacht vor. Wir
möchten, dass sie mutig, fähig und entschlossen in die Welt hi-
nausgehen können. Wir geben ihnen ein Vorbild für die Tugen-
den, die wir in ihren Charakter hineinpflanzen wollen. Wir wollen, dass sie in einer passiven Konsum-Kultur etwas bewegen.
Wir wollen Kinder, die aufstehen in einer Welt ohne Mumm.
Und dazu kommt es auch nicht zufällig.

Wir brauchen Kinder, die man an die feindseligsten Universitäten
schicken kann, die in den gnadenlosesten Arbeitsumfeldern klarkommen und die ihre Familien in den hedonistischsten Gegenden
großziehen können, ohne sich im Geringsten von ihrer Umgebung
einschüchtern zu lassen.

Tim Kimmel sagt es sehr treffend: *Der echte Test für ein Erziehungsmodell kommt mit der Frage, wie gut es die Kinder dafür
ausrüstet, als aktive Teilnehmer in die Welt der Erwachsenen ein-
zutreten. Beachten Sie: Ich sagte nicht „als anständige Mitglieder
der christlichen Gemeinschaft". Wir brauchen Kinder, die man
an die feindseligsten Universitäten schicken kann, die in den
gnadenlosesten Arbeitsumfeldern klarkommen und die ihre Familien in den hedonistischsten Gegenden großziehen können, ohne
sich im Geringsten von ihrer Umgebung einschüchtern zu lassen.*[52]
   Wir haben das bisher nicht sehr gut gemacht. Wir gehen gern
den Weg des geringsten Widerstands, der sich meist in zwei
Richtungen gabelt: Entweder überlassen wir unsere Kinder der
Gesellschaft und hoffen einfach, dass sie irgendwie keinen Scha-

den nehmen, oder wir isolieren sie in dem Versuch, sie vor der bösen Welt zu beschützen, in einer christlichen Subkultur.

Das Problem beider Richtungen – der Kapitulation wie der Flucht – ist, dass sie nicht zum Ziel führen. Uns steht eigentlich keine dieser Optionen offen, wenn wir leidenschaftliche Nachfolger von Jesus sein und heranziehen wollen. Sein Marschbefehl ist eindeutig:

Jesus trat auf sie zu und sagte: „Gott hat mir unbeschränkte Vollmacht im Himmel und auf der Erde gegeben. Darum geht nun zu allen Völkern der Welt und macht die Menschen zu meinen Jüngern und Jüngerinnen! Tauft sie im Namen des Vaters und des Sohnes und des Heiligen Geistes, und lehrt sie, alles zu befolgen, was ich euch aufgetragen habe. Und das sollt ihr wissen: Ich bin immer bei euch, jeden Tag, bis zum Ende der Welt."

(Mt 28,18–20)

> Wir sollen uns weder mit der Gesellschaft identifizieren noch uns vor ihr verkriechen. Wir sollen Einfluss auf sie nehmen!

Ihnen ist dieser Bibelvers vielleicht als der Missionsbefehl Christi bekannt, aber ist Ihnen schon einmal aufgefallen, was diesen Versen vorangeht? „Einige" der Jünger „hatten auch Zweifel" an Jesus (Vers 17). Sie hatten Angst! *Was, wenn das alles nur Humbug ist? Könnte es vielleicht irgend so ein religiöser Schwindel sein? Wie sollen wir den Mächten des Bösen widerstehen, die uns umgeben? Sie haben Jesus getötet. Wir werden die Nächsten sein!*

Haben Sie bemerkt, dass Jesus nicht sagt: „Zieht euch in eure gut bewachte christliche Sackgasse zurück und verbergt euch dort"? Der Missionsbefehl lautet: „Geht hinaus und macht Menschen zu Jüngern." Wir sollen uns weder mit der Gesellschaft identifizieren noch uns vor ihr verkriechen. Wir sollen Einfluss auf sie nehmen!

Übertragen wir den Missionsbefehl auf die Kindererziehung:

- Wir haben den Auftrag erhalten, unsere Kinder zu Menschen zu machen, die Gott nachfolgen.
- Gott hat uns die Vollmacht dazu gegeben.
- Wir müssen es nicht allein schaffen. Die Gnade des Vaters, das Vorbild des Sohnes, die Kraft des Heiligen Geistes und die Gemeinschaft mit anderen Christen befähigen uns dazu.
- Es geht nicht in erster Linie darum, unsere Kinder zu behüten, sondern sie darauf vorzubereiten, wahre Männer und Frauen Gottes zu werden – und das auf eine Art, die zu ihnen passt, so wie Gott sie gemacht hat.
- Gottes zeitlose Gebote und Grundsätze haben Vorrang vor unseren kleinlichen Regeln, Vorlieben und Vorurteilen. Das klärt die Prioritäten und erhöht die Wahrscheinlichkeit, dass unser Kind „göttliche" Charaktereigenschaften entwickelt.
- Gott ist immer bei uns – selbst in den dunkelsten Stunden. Er wird uns nicht verlassen.
- „Bis zum Ende der Welt" … Wir haben nur eine begrenzte Zeit, um unsere Kinder vorzubereiten und unseren Einfluss auf unsere Kultur geltend zu machen. Die Uhr tickt, und wir können Zeichen dafür erkennen, dass das Ende nicht mehr weit ist.

Ich bin es leid, ständig von der „Säkularisierung" der Gesellschaft zu hören. Mir scheint, dass wir Christen die Gesellschaft einfach sich selbst überlassen haben. Je weniger wir uns engagieren, umso mehr wird die Gesellschaft verarmen – und die standardmäßige Voreinstellung unserer Kultur ist nun einmal säkular. Je mehr wir uns zurückziehen, umso weniger Einfluss haben wir auf die Welt um uns herum. Wir müssen *in der Welt und doch nicht von der Welt* sein.

Salz und Licht

In diesem Buch geht es um Kinder, die ihre Welt positiv zu beeinflussen vermögen. Es geht nicht nur darum, „schlechtem Benehmen" einen Riegel vorzuschieben. Es geht darum, die Menschen zu prägen, die ihrer Generation einmal richtungsweisend vorangehen werden. Es geht darum, unsere Kinder zu Jüngern zu machen, die um Gottes willen Einfluss nehmen auf ihre Kultur. Es geht darum, dass wir Salz und Licht sind und unsere Kinder dazu anleiten, Salz und Licht zu sein.

Jesus beantwortet die universelle Frage: Warum bin ich hier? *Ihr seid das Salz für die Welt. Wenn aber das Salz seine Kraft verliert, wodurch kann es sie wiederbekommen? Es ist zu nichts mehr zu gebrauchen. Es wird weggeworfen, und die Menschen zertreten es* (Matthäus 5,13). Und er fährt fort: *Auch zündet niemand eine Lampe an, um sie dann unter einen Topf zu stellen. Im Gegenteil, man stellt sie auf den Lampenständer, damit sie allen im Haus Licht gibt. Genauso muss auch euer Licht vor den Menschen leuchten: Sie sollen eure guten Taten sehen und euren Vater im Himmel preisen* (Vers 15–16).

Wir Eltern sind viel zu oft „unter dem Topf" statt „auf dem Lampenständer", wie es sein sollte. Wir haben das Licht verborgen, das Licht beschützt, das Licht isoliert – in dem Glauben, dass es unsere Aufgabe sei, das Licht zu hüten.

Doch das ist nicht wahr. Wir sollen unser Licht mit anderen teilen. Sind Sie „unter dem Topf" oder „auf dem Lampenständer"?

Statt hilflos zuzuschauen, wie unsere Kinder dauerhaft Bürger der populären Kultur werden, wäre es unsere Aufgabe, sie zu trainieren, damit sie diese Kultur im Sinne des Reiches Gottes beeinflussen. Vergessen Sie nicht, wir wollen Botschafter sein und keine Einwanderer.

Mitali Perkins fordert uns eindringlich heraus, unsere Kinder auszurüsten, damit sie sich in der gegenwärtigen Kultur engagieren: *Statt hilflos zuzuschauen, wie unsere Kinder dauerhaft Bürger der populären Kultur werden, wäre es unsere Aufgabe, sie zu trainieren, damit sie diese Kultur im Sinne des Reiches Gottes beeinflussen. Vergessen Sie nicht, wir wollen Botschafter sein und keine Einwanderer. ... Der erste Schritt ist, dass wir uns mit unseren Kindern im Schlepptau mutig und zielstrebig in die populäre Kultur hineinbegeben.*[53]

Vier Wege, wie Ihre Familie Salzkraft bekommt

Ich liebe gut gesalzene Nahrungsmittel: Pizza, Chips, Popcorn, Brezeln und gesalzene Nüsse, dazu ein Videospiel im Fernseher, und ich fühle mich wie im Schlaraffenland. Salzige Nahrung macht durstig. Wenn wir unseren Kindern helfen, Gottes Werte anzunehmen und wichtige Fähigkeiten zu erlernen, so ist das, als würden wir ihnen salzhaltige Nahrung geben – wir wollen, dass unsere Kinder einen Durst auf das entwickeln, was wirklich wichtig ist. Das Salz, das wir ihnen anbieten, besteht darin, ihnen diese Werte vorzuleben.

Virelle Kidder, selbst Mutter von vier erwachsenen Kindern, drückt das so aus: *„Eure Rede sei immer freundlich und mit Salz gewürzt", so ermahnt uns der Apostel Paulus (Kolosser 4,6; Luther). Salz konserviert die Inhaltsstoffe und verleiht den sonst so belanglosen Elementen des Lebens Würze und Geschmack. Salzige Eltern, die einander und ihren Kindern immer mit Freundlichkeit und Annahme begegnen, wecken in ihren Kindern einen Durst nach den Dingen Gottes. Sie erreichen das in den banalsten Bereichen des alltäglichen Lebens.*[54]

Kidder schlägt drei Wege vor, wie man seiner Familie Salzkraft verleihen kann, und ich habe noch einen vierten hinzugefügt.

1. Zeigen Sie Ihren Kindern, dass Sie echt sind
Glaube und Werte werden nicht nur mit Worten gelehrt, son-

dern vor allem anhand des Vorbilds aufgeschnappt. Geben Sie Ihren Kindern reichlich Gelegenheit, die Werte, die Sie als wesentlich sehen, auch in Ihrem Lebenswandel zu entdecken. Ich nenne das: Reden und zeigen!

Als ich an dem Kapitel über Mitgefühl schrieb, gönnte ich mir eine Pause und fuhr mit Brooke zum Surfen. Anschließend gingen wir noch in meinen mexikanischen Lieblingsimbiss. Während wir anstanden, um unsere Bestellung aufzugeben, kam ein Obdachloser auf uns zu und bat mich, ihm eine Mahlzeit zu spendieren. Ich hatte gerade erst vor ein paar Stunden im ersten Johannesbrief gelesen: *Angenommen, jemand hat alles, was er in der Welt braucht. Nun sieht er seinen Bruder Not leiden, verschließt aber sein Herz vor ihm. Wie kann er dann behaupten, er liebe Gott?* (3,17). Ich wusste, was ich zu tun hatte. Ich hatte nichts Passenderes als einen Zehndollarschein, also gab ich ihm den.

Ein zahnloses Lächeln trat in sein Gesicht. „Gott segne dich, Bruder. Mein Name ist Billy." Er streckte mir seine schmutzige Hand entgegen.

„Schön, dich kennen zu lernen, Billy." Ich nahm seine Hand und lächelte. „Gott segne auch dich."

Er stellte sich an, um zu bestellen. Ich sah, wie die anderen Kunden uns anstarrten.

Unser Essen war fertig und ich trug es zu dem Picknicktisch hinüber, an dem Brooke Platz genommen hatte. Ich wollte mir vor dem Essen die Hände waschen, aber es gab keine Möglichkeit dazu. Billy kam zu unserem Tisch und setzte sich neben Brooke. Er roch nach Schweiß, Alkohol und Urin. Sie war nicht sonderlich begeistert, ihn so nah neben sich zu haben! Wir unterhielten uns ein paar Minuten, bekamen ein paar verrückte Geschichten erzählt und entschuldigten uns dann damit, dass wir unsere Burritos im Wagen weiteressen würden. Der Gestank war einfach zu penetrant.

Ich habe irgendwo einmal gelesen, dass man Obdachlose am besten anlächeln soll, um ihnen zu zeigen, dass man sie wahrgenommen hat. Man soll sie als Mitmenschen ansehen, statt wegzuschauen. Sie haben den ganzen Tag nur mit Menschen zu tun, die ihren Blick abwenden. Also lächelte ich Billy noch einmal an und schüttelte ihm zum Abschied die Hand.

2. Achten Sie auf den Charakter, nicht auf die Leistung

Woran werden Sie sich in 10 Jahren erinnern, wenn Sie an die Erziehung Ihrer Kinder denken? Wird es eine Englisch-Note sein? Oder das Tor, das Ihr Kind beim Fußball geschossen hat? Oder die wenigen Stunden, in denen das Kinderzimmer mal aufgeräumt war? Oder werden Sie sich daran erinnern, wie Ihr Kind mit der Zeit reifer wurde und zu einem verantwortungsbewussten, fürsorglichen und liebevollen Menschen wurde, der ein Herz für andere Menschen und für Gott hat und bereit ist, die Welt zu verändern? Werden Sie sich an die verrückten Momente erinnern, in denen Sie gemeinsam gelacht haben?

> Woran werden Sie sich in 10 Jahren erinnern? Wird es eine Englisch-Note sein? Oder die wenigen Stunden, in denen das Kinderzimmer mal aufgeräumt war? Oder werden Sie sich daran erinnern, wie Ihr Kind mit der Zeit zu einem Menschen wurde, der ein Herz für andere Menschen und für Gott hat und bereit ist, die Welt zu verändern?

Wenn wir eine solche 10-Jahres-Perspektive einnehmen, hilft uns das, in den alltäglichen Ärgernissen der Kindererziehung nicht überzureagieren und das langfristige Ziel im Blick zu behalten – und das hoffentlich mit Humor.

3. Seien Sie verfügbar

Salz hat keinen Nutzen, wenn es sich nicht in der Nähe der zu würzenden Speisen befindet. Oder bewahren Sie Ihr Tafelsalz in der Garage auf? Na gut, Sie könnten es dazu verwenden, Schnecken zu töten, aber sein eigentlicher Zweck ist doch, das Essen zu würzen, und Sie nehmen Ihre Mahlzeiten hoffentlich nicht in der Garage ein.

Wir müssen für unsere Kinder verfügbar sein. Wir müssen Zeiten schaffen, in denen wir gemeinsam lachen, lernen und leben können. Wir müssen das Miteinander lernen.

4. Seien Sie risikobereit
Vor Jahren hat Becky Pippert ein ausgezeichnetes Buch geschrieben, das mich lehrte, Neues zu wagen. Es heißt: *Out of the Salt Shaker and into the World*[55]. Beim Lesen sind mir wahre Kronleuchter in Sachen „Salz und Licht sein" aufgegangen. Doch das beinhaltete ein Risiko. Unter dem Topf war es sicherer. Von einem Lampenständer kann man heruntergeworfen werden. Der Wind droht, mein Licht zu löschen. Der Kontrast zwischen Licht und Dunkelheit ist auf dem Lampenständer schärfer als unter dem Topf.

Doch um unserer Berufung gerecht zu werden, müssen wir den Topf über uns abwerfen und unseren Platz auf dem Lampenständer einnehmen. So können wir etwas bewirken. So können wir die Finsternis bekämpfen.

Warum also tun wir es nicht?

Riesen im verheißenen Land

Als das Volk Israel endlich am verheißenen Land angekommen war, erlebten sie eine böse Überraschung: Gott hatte sie tatsächlich zu dem Land geführt, in dem Milch und Honig flossen ... doch dort gab es Riesen! Sie konnten das Land nicht einfach einnehmen; zuerst mussten sie die bisherigen Bewohner vertreiben, die dummerweise außergewöhnlich groß und nicht sehr kooperativ waren. Uns geht es ähnlich mit dem „Land", das Gott uns verheißen hat: Da sind Riesen um uns herum – große, einschüchternde Probleme, mit denen wir fertig werden müssen. Ständige Einsatzbereitschaft ist gefragt. Wir müssen unseren Kindern ein mutiges Vorbild sein, wenn wir diese beeindruckenden Feinde herausfordern.

Wir leben in einer post-christlichen Ära. Das Christentum besitzt nicht mehr den ersten Platz als die vorherrschende Weltanschauung. Inzwischen wird es bestenfalls als gesellschaftlich irrelevant und schlimmstenfalls als rückständig und bedrohlich empfunden.

Glaube und Moral sind Privatsache geworden. Diese Tendenz hat die persönliche Lebenserfüllung zur neuen Religion gemacht. Das Individuum ist zum politisch korrekten Götzen unserer Zeit geworden: „Lebe deine eigene Spiritualität, aber ganz im Privaten. Trage deine Religion nicht in die Öffentlichkeit oder auf die Marktplätze unserer Kultur."

Die meisten von uns werden von zu vielen Entscheidungsoptionen erdrückt – verwirrende und konkurrierende Optionen, die uns unablässig vor die Füße geworfen werden. Wir sind gezwungen, aus einer Unmenge von Meinungen, Überzeugungen und Ideologien auszuwählen, von denen viele sich aufs Militanteste bekämpfen.

Gestern bin ich mit einem Freund essen gegangen. Die Kellnerin brachte uns eine dieser Menükarten, die allein durch ihren lexikonähnlichen Umfang schon Stresshormone produzieren. Ich hatte gar keine Lust, sie aufzuschlagen, also fragte ich meinen Freund: „Was nimmst du?"

„Den Hähnchensalat."

„Den nehm' ich auch." Ich wollte meine mentale Energie nicht darauf verwenden, mich durch ein 60-seitiges Buch durchzuarbeiten.

Wenn ich nicht mal ein Geschäftsessen bewältigen kann, wie soll ich dann mit meiner Familie richtig umgehen?

Ein weiterer Riese ist die Verschwommenheit des moralischen Relativismus. „Was für dich wahr ist, muss für mich nicht auch wahr sein." Moral ist heute eine Entscheidung des Augenblicks, nicht eine Frage absoluter Werte. Was moralisch wie zu bewerten ist, bleibt jedem selbst überlassen. Dieser Riese macht es uns schwer, unsere Kinder zu trainieren und zu disziplinieren – denn warum sollten die Eltern zu bestimmen haben, was richtig und was falsch ist?

Doch wie beim Volk Israel hat Gott auch bei uns diese Riesen nicht durch ein bedauerliches Versehen im Weg stehen lassen. Das ist keine Gedankenlosigkeit seinerseits. Dass sie da sind, ist kein Zufall. Sie sind hier, um uns herauszufordern, damit wir uns weiterentwickeln, uns unserer Abhängigkeit von Gott bewusst bleiben und nicht anmaßend werden.

Wie der Blick durch ein Kaleidoskop

Nehmen Sie all diese Kräfte zusammen, und Sie bekommen ein postmodernes Ungeheuer. Die Herausforderung besteht heute darin, unsere Kinder in einer Welt, die an nichts Absolutes mehr glaubt, auf absolute Werte hin zu erziehen. Wenn man die Postmoderne als Skeptizismus definiert, der jedem Absolutheitsanspruch misstraut, dann hat darin das Konzept eines biblischen Weltbildes keinen Platz mehr. Keine Weltanschauung darf für alle Menschen sprechen. Wir dürfen keinen gebündelten Blickwinkel mehr einnehmen, so als würde man durch ein Teleskop oder Mikroskop blicken, denn dabei könnte man ja jemanden ausgrenzen. Als Folge davon haben sich unsere Kinder für ihre Weltanschauung größtenteils – metaphorisch gesprochen – einen Kaleidoskop-Blick angeeignet. Sie sind Kinder des Zeitalters der Vielfalt, des Pluralismus und der Pauschalität.

> Wir müssen unsere Kinder in einer Welt, die an nichts Absolutes mehr glaubt, auf absolute Werte hin erziehen. Denn wie soll man durch ein Kaleidoskop ein klares Bild der Welt bekommen?

Und als Folge davon sind sie desorientiert. Denn wie soll man durch ein Kaleidoskop ein klares Bild der Welt bekommen? Unsere Aufgabe als Eltern ist es, ihnen einen Fokus zu vermitteln.

Der Zuschauer

James Emery White ermutigt uns, aufs silberne Tablett zu steigen: *In der Antike handelten Christen wie Salz und Licht und geboten der Kindersterblichkeit Einhalt, beendeten die Sklaverei, befreiten die Frauen und bauten Krankenhäuser, Waisenhäuser und Schulen. Im Mittelalter hielt das Christentum die Kultur lebendig und rief Hochschulen und Universitäten ins Leben. In der Moderne waren Christen wegweisend in der Entwicklung der Wissenschaften und der politischen und ökonomischen Freiheit und stellten die möglicherweise größte Quelle der Inspiration für bildende Kunst, Literatur und Musik dar. Was werden Christen in unseren Tagen tun? Die große Gefahr ist: nichts.*[56]

Aua. Das schmerzt ein wenig. Aber wir *können* etwas tun: Wir können Einfluss nehmen auf unsere Kinder. Das mache ich ohnehin lieber, als eine Bibliothek aufzubauen oder ein Medikament gegen Krebs zu finden. Wir können es uns einfach nicht leisten, passive Zuschauer zu sein, während unsere Kinder sich mit der Gesellschaft herumschlagen. (Vergessen Sie die Riesen nicht.)

Wir müssen uns engagieren. Wir müssen initiativ werden. Wir müssen unsere Rolle als Leiter unserer Familien verstehen. Denken Sie doch einmal darüber nach: Die einzigen beiden Institutionen, die Gott höchstpersönlich eingesetzt hat, sind die Gemeinde und die Familie. Und in gewisser Weise ist das Zuhause auch eine Gemeinde. Die ersten Vorstellungen von Gott, Liebe und Gemeinschaft gewinnt ein Kind vermutlich zu Hause. Die Familie ist die erste Erfahrung, die Kinder mit anderen Menschen machen.

Thomas Merton hat gesagt: „Das geistliche Leben ist in erster Linie *Leben*."[57] Geistlich zu sein bedeutet nicht nur zu beten oder zu meditieren oder Kerzen anzuzünden – es bedeutet einfach zu leben. Auch das Familienleben ist in erster Linie *Leben*. Es bedeutet, den eigenen Kindern vorzuleben, woran wir glauben. Unsere Werte, unsere Überzeugungen, die Dinge, für die wir zu sterben bereit wären – all das gelebt, während wir uns die

Zähne putzen, die Rechnungen bezahlen, die Kinder herumkutschieren oder abends erleichtert den Kopf aufs Kissen fallen lassen.

Liebe Eltern, was Sie tun, hat Bedeutung. Es ist die größte Versuchung unserer Zeit, anzunehmen, wir könnten nichts tun: *Die Riesen sind zu groß. Unsere Kinder sind in dieser Gesellschaft verloren.*

Wir können Einfluss auf unsere Welt ausüben – Kind für Kind.

Die Gefahr besteht darin anzunehmen, es käme überhaupt nicht auf uns an und wir hätten letztlich keinen Einfluss auf unsere Kinder. Doch wir können Einfluss auf unsere Welt ausüben – Kind für Kind.

Das Spiel

Mein langjähriger Freund Josh Weidmann hat sich in seinem Buch *Dad, If You Only Knew* („Wenn du nur wüsstest, Papa") einige kluge Gedanken gemacht: *Mein Vater, der unter anderem auch als Footballtrainer gearbeitet hat, sagte einmal etwas sehr Interessantes über die Arbeit eines Trainers: Man verbringt für jedes vierstündige Spiel jede Woche etwa zehn Stunden auf dem Platz, um zu trainieren. Die meiste Trainingszeit verwendet man darauf, Spielzüge gegen die unterschiedlichen Formationen des Gegners einzuüben. Wenn dann das Spiel ansteht, haben die Spieler bereits Erfahrung mit den Aktivitäten des Gegners. Mein Vater meint, Kindererziehung sei genauso. Die Familie ist das Trainingsfeld. Der Vater ist der Trainer, der beobachtet, zuhört, Anweisungen gibt, ermutigt und korrigiert. Während des Spiels stehen die Trainer dann an der Seitenlinie und geben den Spielern nur dann Tipps, wenn diese vom Spielfeld kommen. Mein Vater meinte, „das Spiel" sei der Moment, in dem die Jugendlichen von zu Hause weggehen, um aufs College zu gehen, einen Job zu finden und zu heiraten. Dann müssen sie anwenden, was ihre Eltern ihnen beigebracht haben. Sie werden möglicherweise auch entdecken, was ihnen nicht beigebracht wurde.*[58]

Bereiten Sie Ihre Kinder auf die Teilnahme am Spiel vor? Sind Sie unterschiedliche Techniken und Spielverläufe mit ihnen durchgegangen, damit sie darauf vorbereitet sind? Kennen Sie die geheimen Strategien Ihrer Gegner? Haben Sie die Stärken und Schwächen Ihres Kindes sorgsam beobachtet und einen Trainingsplan entworfen, um seine Möglichkeiten zu steigern und seine Anfälligkeit zu minimieren?

Wird Ihr Kind auf das Spiel vorbereitet sein?

Nicks Verwandlung

Unsere Freunde hatten uns zum Weihnachtskonzert in ihrer Gemeinde eingeladen. Während der Pause kam ein junger Mann auf mich zu: „Hallo, Tim. Ich dachte mir doch, dass du das bist. Frohe Weihnachten!"

Seine funkelnden Augen und sein breites Lächeln drückten freudige Erregung und Zufriedenheit aus. Sein voller Schopf brauner Locken und seine hippe Kleidung erinnerten mich an die Models, die ich in Zeitschriften für Surfer gesehen hatte.

„Ah, ja … Schön, dich zu sehen." Unsere Hände trafen sich. „Wie geht's?"

„Sehr gut. Es läuft jetzt alles viel besser. Mann, es ist schön, dich zu sehen. Und wie steht's bei dir?"

Ich starrte ihn ratlos an. *Wer ist dieser Junge?* Er kam mir irgendwie bekannt vor, aber ich wusste nicht woher. Schließlich stammelte ich: „Ähm, gut. Ich habe im Moment viele Vortragsverpflichtungen."

„Und wie läuft die Beratungsarbeit?"

„Auch gut, danke. Und was machst du so? Gehst du hier in die Gemeinde?"

„Ja, ich geh schon seit Jahren hierher. Und …", ein breites

Lächeln erschien auf seinem Gesicht, „ich gehe jetzt auf die Bibelschule, habe einen Teilzeitjob und mache hier in der Jugendarbeit mit. Und zu Hause läuft es auch hundert Prozent besser."

Ich war immer noch verwirrt. *Woher kenne ich ihn?*

Während meine Gedanken auf Hochtouren liefen, trat eine freundlich blickende Frau dazu und lächelte mich an.

„Erinnerst du dich noch an meine Mutter?"

Das tat ich. Und nun dämmerte es mir. „Hey, schön Sie zu sehen. Ich hätte Ihren Sohn beinahe nicht wiedererkannt!"

„Ja, kein Wunder! Wir sind wirklich sehr froh über die Veränderungen in Nicks Leben."

Genau! Sein Name war Nick.

„Hat er Ihnen von der Bibelschule erzählt?" Ihre Augen strahlten ebenso wie seine.

„Ja, das ist toll!"

„Es ist jetzt 18 Monate her, dass wir ihn zu Ihnen geschickt haben, und dank Gottes Gnade hat sich die Situation völlig verändert. Und dank Ihrer Hilfe." Sie umarmte mich und überließ Nick und mich dann wieder unserem Gespräch.

„Ich glaube, Gott hat mich dazu berufen, Jugendpastor zu werden", sagte Nick.

„Das ist großartig, Nick. Ich könnte mir vorstellen, dass du das toll machst."

„Danke. War schön, dich zu sehen." Er schüttelte mir die Hand und ging.

Anderthalb Jahre zuvor war er ein total unmotivierter Schulabgänger gewesen, der die Regeln und Werte seiner Mutter komplett ablehnte. Irgendwie lief alles schief, und seine Mutter war kurz davor, ihn auf ein Internat für schwer erziehbare Kinder zu schicken.

Was war geschehen?

Seine Mutter hatte aufgehört, ihn zu behüten, und stattdessen angefangen, ihn vorzubereiten. Jahrelang hatte sie versucht, sein Verhalten in den Griff zu bekommen. Wenn er ihre Erwartungen nicht erfüllte, kritisierte sie ihn und setzte ihn herab. In meiner

Beratung arbeitete auch ich darauf hin, dass er sich auf ein Leben als selbstständiger junger Mann vorbereitete.

„Du bist jetzt 16 und vielleicht schon bald auf dich allein gestellt. Höchste Zeit, dich auf das wahre Leben vorzubereiten. Bist du bereit?"

„Kann ich mir dadurch meine Mutter vom Hals halten?"

„Das gehört zum Plan."

„Okay. Dann machen wir's."

Im Folgenden gebe ich Ihnen eine grobe Zusammenfassung von dem, was ich mit Nick und seiner Mutter besprach:

Wir machen alle Fehler, aber wir müssen eine „Egal was kommt"-Familie bilden. Das sind Familien, in denen die Kinder Kinder sein dürfen, in denen die Eltern nicht perfekt sein müssen und in denen keiner abgeschrieben wird – *egal was kommt.* Hier hat die Gnade einen festen Wohnsitz.

Unsere Worte haben Macht und prägen unsere Beziehung zu unseren Kindern und deren Zukunft. Machen Sie positive Aussagen über das Leben von Kindern wie Nick, statt sie mit Vorhersagen über ihr anzunehmendes Unheil und Versagen zu verdammen. Sprechen Sie liebevoll mit Ihrem Kind, indem Sie Ihre Annahme und Ermutigung ausdrücken.

Es ist das Risiko wert. Wenn wir einen auf Angst beruhenden Erziehungsstil – „Behüte dein Kind um jeden Preis" – aufgeben und zu einem Erziehungsansatz übergehen, bei dem wir unser Kind auf das Leben vorbereiten, ist das zunächst bedrohlich. Wir haben nicht alles im Griff, aber für Kinder über 12 Jahren ist es der bessere Ansatz, weil Eltern und Kind ein gemeinsames Ziel haben. Manche Eltern vermitteln ihren Kindern Werte so, als würden sie ihnen auf dem Küchenboden das Schwimmen beibringen. Sie scheuen das Wasser, denn das Kind könnte ja darin ertrinken.[59]

Brave und behütete Kinder knicken oft bei Gegenwind ein. Wenn wir unser Augenmerk darauf richten, unsere Kinder zu mutigen Menschen zu erziehen, gewinnen sie Weisheit und Urteilsvermögen, wodurch sie Gefahren mehr entgegenzusetzen haben.

Es reicht nicht, unsere Kinder zu netten Menschen zu erziehen. Wir wollen mutige Kinder mit starkem Charakter erziehen. Brave und behütete Kinder knicken oft beim ersten Gegenwind ein. Wenn wir unsere Kinder zu mutigen Männern und Frauen erziehen, gewinnen sie Weisheit und Urteilsvermögen, wodurch sie Gefahren mehr entgegenzusetzen haben.

Wer sein Kind darauf vorbereiten will, die Welt zu verändern, muss mehr auf das Herz des Kindes achten als auf sein Verhalten. Ich entdecke immer mehr, wie wichtig es ist, dass wir das Herz unseres Kindes richtig verstehen. Nicks Mutter machte sich so große Sorgen über seine Noten und sein Aussehen, dass ihre Ängste einen Keil in die Beziehung trieben. Als sie lernte, mehr auf das Innere zu achten, verbesserte sich ihre Beziehung, und Nick übernahm mehr und mehr die Verantwortung für sein Leben – und auch für seine Noten. Aber zuerst musste sie die Schulnoten opfern.

Wir sind nicht allein! Um unsere Kinder zu engagierten Menschen in einer gelähmten Welt zu erziehen, brauchen wir die Kraft Gottes. Ein auf Glauben gegründeter und auf Gnade ausgerichteter Erziehungsansatz bestärkt die einzigartige Persönlichkeit unserer Kinder und ist für die zerstörerischen Kräfte unserer Kultur ein Lichtzeichen. Ein solcher Erziehungsstil schaut mit Zuversicht auf Gott und nicht mit Sorge auf die Welt. Darum beruht unser Einfluss als Eltern vor allem auf unserer persönlichen Gottesbeziehung.

Alle, die Gott ernst nehmen, sind in Sicherheit, und auch ihre Kinder haben eine Zuflucht (Sprüche 14,26).

Anhang 1

Die zentralen Werte und der geistliche Auftrag unserer Familie

Was sind Ihre zentralen Werte?

Was sind die wichtigsten Werte in Ihrer Familie? Wissen Ihre Kinder, dass diese Werte für Sie entscheidend sind? Stimmen Sie als Eltern darin überein, welche Priorität diese Werte haben sollen?

Dieses Arbeitsblatt soll Ihnen helfen, Ihre höchsten Werte zu formulieren und zu kommunizieren.

Ein „Wert" ist ein erstrebenswertes Ideal. Es stellt eine Eigenschaft dar, die wir vorleben und unseren Kindern weitergeben wollen. Zum Beispiel ist Ehrlichkeit ein wichtiger Wert, denn ohne Aufrichtigkeit kann es kein Vertrauen in Beziehungen geben.

Nehmen Sie sich Zeit, um Ihre Antworten auf die folgenden Fragen zu formulieren:

1. Was sollten wir in unserer Kindererziehung auf keinen Fall vernachlässigen, wenn Zeit und Energie Mangelware sind? Schreiben Sie Ihre Gedanken auf. Kreisen Sie anschließend die Dinge ein, die nicht verhandelbar sind.

2. Bei welchen Dingen würden Sie sagen: „Für diese Werte möchten wir uns einsetzen, wenn noch Zeit dafür ist"? Das sind die mehr oder weniger verhandelbaren Werte.

3. Welche drei Werte standen in Ihrer Ursprungsfamilie (in der Sie selbst groß geworden sind) an erster Stelle?

Vater	Mutter
1.	1.
2.	2.
3.	3.

4. Denken Sie an gesunde, positive Familien, die Ihnen als Vorbild dienen. Wie würden Sie die drei wichtigsten Werte dieser Familien definieren?
   1.
   2.
   3.

5. Welche drei oder vier Bibelstellen, die Merkmale einer gesunden Familie ausdrücken, gefallen Ihnen am besten?
   1.
   2.
   3.
   4.

   Welche drei oder vier biblischen Grundsätze würden Sie, ausgehend von diesen Bibelstellen, gerne in Ihrer Familie leben?
   1.
   2.
   3.
   4.

6. Welche Werte wecken Ihre Leidenschaft? Für welche Werte schlägt Ihr Herz am meisten? (Es kann sein, dass Sie diese Werte bereits genannt haben.) Eine Hilfe könnte sein, die folgenden Sätze zu Ende zu formulieren:

Es müssten noch mehr Familien …

Das Problem heutiger Familien ist, dass sie …

Formulieren Sie den geistlichen Auftrag Ihrer Familie

Neben der Formulierung Ihrer zentralen Werte tun Sie auch gut daran, den geistlichen Auftrag Ihrer Familie als eine Art Bündnis festzuhalten. Solche wichtigen „Verträge" können Ihre Familie positiv prägen.

Hier ein Beispiel für ein solches Bündnis über den geistlichen Auftrag der Familie:

Wir verpflichten uns, uns gegenseitig zu lieben und Gottes Grundsätze und sein Reich auf dieser Erde voranzutreiben.

1. Führen Sie den folgenden Satz zu Ende: Unsere Familie ist dazu da, …

2. Was könnte Ihre Familie unternehmen und wie sollte sie sich verhalten, um ihren Auftrag umzusetzen?

3. Für welche Eigenschaften sollte Ihre Familie bekannt sein? Beschreiben Sie diese.

4. Was ist einzigartig an Ihrer Familie? Was unterscheidet sie von anderen Familien? Wofür sind Sie bekannt? Was hebt Sie von anderen ab?

5. Was würden Sie gerne mit Ihrer Familie zusammen machen – gibt es etwas, das Sie selbst überdauern könnte? Welchem höheren Zweck sollte Ihre Familie dienen?

6. Nachdem Sie diese Fragen beantwortet haben, möchte ich Sie bitten, nach einer Bibelstelle zu suchen, die die Grundgedanken dieses Rohentwurfs stützt. Falls es mehrere Kandidaten gibt, sollten Sie gemeinsam über die Bibelstellen sprechen und dann eine auswählen und aufschreiben.

7. Benutzen Sie die Beispielformulierung als Vorlage, nehmen Sie Ihre Antworten auf die fünf Fragen und die Bibelstelle, die Ihre Familie ausgewählt hat, und fügen Sie alles zu einem Entwurf Ihres „Familienauftrags" zusammen. Wie lautet er?

8. Formulieren Sie Ihren Familienauftrag um, indem Sie Ihr Konzept beibehalten, aber den Aufbau verändern. Das soll Ihnen eine alternative Möglichkeit der Formulierung bieten.

9. Sprechen Sie anschließend in der Familie über Ihren geistlichen Familienauftrag, falls Ihre Kinder alt genug dafür sind. Sprechen Sie auch mit einigen Ihrer Freunde oder Angehörigen darüber. Welches Feedback bekommen Sie?

10. Nehmen Sie Ihren geistlichen Familienauftrag in den nächsten Wochen in Ihr Gebet auf. Bitten Sie Gott, das Bündnis zu bestätigen oder Ihnen zu helfen, die Formulierungen oder Grundsätze zu verändern. Schreiben Sie anschließend Ihre endgültige Version auf. Sie könnten diese endgültige Fassung Ihres geistlichen Familienauftrags auch zu Hause an die Wand hängen.

Anhang 2
Unsere „Zielscheibe"

Wie sollen unsere Kinder mit 18 sein?

Wir wünschen uns, dass sie …

Geistlich	einen lebendigen und wachsenden Glauben an Jesus Christus haben
	in der Lage sind, ihren Glauben zu erklären und zu verteidigen
	Gemeinschaft mit Gläubigen ihres Alters haben;
Sozial	in der Lage sind, ihre Freunde und Aktivitäten mit Bedacht zu wählen
	mit einer Vielzahl verschiedener Menschen in unterschiedlichen Situationen zurechtkommen können
Körperlich	gesund und aktiv sind
	vor ihrer Heirat keinen Sexualverkehr haben
	keine Drogen nehmen
Emotional	Selbstvertrauen haben und die ihnen von Gott geschenkten Gaben kennen
	in der Lage sind, Grenzen zu setzen, damit sie nicht von anderen ausgenutzt werden, und Courage besitzen
Mental	auf die Möglichkeiten, die sich ihnen in der Zukunft bieten werden, vorbereitet sind
	stets neugierig bleiben und ihr Potenzial voll entfalten
	ein christliches Weltbild haben und kritisch und biblisch fundiert denken lernen

Charakterlich	aufrichtig, gerecht, verlässlich, vergebungs-bereit, mitfühlend und großzügig sind
	zuhören können
	eine Vision für ihr Leben besitzen
Lebenstauglichkeit	die nötigen Fähigkeiten besitzen, um ihre Finanzen zu ordnen

ein Empfinden für ihren Lebenssinn haben: ihre Stärken, Schwächen, Talente und Leidenschaften kennen sowie ein Gefühl dafür haben, welches Ziel Gott ihrem Leben gegeben hat

bis zu ihrem 18. Lebensjahr entschieden haben, welche Ausbildung oder welches Studium sie machen werden

Erfahrung im Einsatz für Gott und für andere Menschen gemacht haben

wissen, wie man sich gesund ernährt, richtig einkauft, kocht, einen Haushalt führt usw.

sich organisieren können (Zeitplanung, Archivierung, Organisation).

Arbeitsblatt für Ihre „Zielscheibe"

Schreiben Sie Ihre Gedanken zu den folgenden Bereichen auf, um Ihre eigenen Ziele für Ihr Kind festzuhalten.

Welches sind die wichtigsten Merkmale zu den folgenden vier Eigenschaften und Fertigkeiten, die mein Kind braucht, um auf eigenen Beinen stehen zu können?

1. Um kluge Entscheidungen zu treffen:

2. Um seinen Charakter zu entfalten:

3. Um eine Vision und ein Lebensziel zu haben:

4. Um lebenstüchtig zu sein und seine Fähigkeiten zu nutzen:

Anhang 3

Countdown in die Selbstständigkeit

Helfen Sie Ihrem Kind, mehr Aufgaben selbstständig zu übernehmen, während Sie sich zurücknehmen

Schreiben Sie an jedem Geburtstag oder alle sechs Monate Meilensteine der Freiheit und Eigenverantwortung für Ihr Kind auf. Welche Entwicklungsschritte wünschen Sie sich für Ihr Kind? Sie werden diese Meilensteine für jedes Kind etwas modifizieren müssen. Manche werden Sie noch eine Weile aufschieben müssen, andere können Sie vorverlegen. Bleiben Sie flexibel und behalten Sie immer im Blick, dass es nicht um eine festgeschriebene Formel geht, sondern um einen allgemeinen Prozess, der Ihrem Kind helfen soll, mehr Verantwortung zu übernehmen, während Sie sich immer weiter zurücknehmen.

Beispiel:

mit 5 Jahren – sich selbst an- und ausziehen

mit 8 Jahren – sich selbst das Frühstück für die Schulpause machen

mit 10 Jahren – auf eine Sommerfreizeit mitfahren

mit 12 Jahren – Kleidung für die Schule selbst einkaufen

mit 14 Jahren – einmal in der Woche für die Familie kochen; Erlaubnis, am Wochenende abends länger aufzubleiben/mit Freunden auszugehen

Unten finden Sie ein Schaubild, das Sie benutzen können, um den „Countdown in die Selbstständigkeit" für Ihr Kind zu planen.

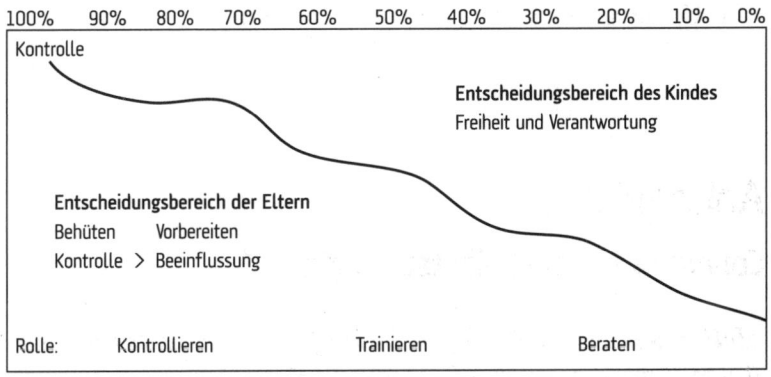

Zwischen Geburt und 6. Lebensjahr

Zwischen 7. und 12. Lebensjahr

Zwischen 8. und 18. Lebensjahr

Anhang 4
Arbeitsblatt zur Festlegung von Konsequenzen

Konsequenzen ermitteln

1. Definieren Sie schriftlich Ihre Erwartungen:
a. Ich erwarte von meinem Kind …

b. Das ist mir wichtig, weil sich darin der folgende Wert/die folgende Tugend ausdrückt:

c. Wenn mein Kind diese Erwartung erfüllt, hat das die folgende positive Konsequenz:

d. Wenn mein Kind diese Erwartung nicht erfüllt, hat das die folgende negative Konsequenz:

2. Informieren Sie Ihr Kind über diesen Wert und dieses Verhalten (Regel) wie auch über die Konsequenzen (positive und negative).

3. Erinnern Sie Ihr Kind daran, dass es an ihm liegt, was passiert. Ihre Aufgabe ist es, die Vereinbarung durchzusetzen, doch die Entscheidung liegt bei Ihrem Kind (moralische Verantwortung).

4. Kommen Sie bei Bedarf auf die Vereinbarung zurück und verleihen Sie ihr Nachdruck.

Worauf Sie beim Festlegen von Regeln und Konsequenzen achten sollten:

Weniger ist mehr. Halten Sie die Konsequenzen so klein wie möglich.

Zeitliche Nähe. Lassen Sie die Konsequenzen so zeitnah wie möglich folgen.

Realistisch bleiben. Sorgen Sie bei der Festlegung der Konsequenzen dafür, dass diese sinnvoll und durchsetzbar sind.

Entsprechungen suchen. Sorgen Sie dafür, dass die Konsequenzen etwas mit dem Fehlverhalten zu tun haben, möglichst eine natürliche Folge davon sind.

Zusammenhang herstellen. Stellen Sie einen Zusammenhang her zwischen dem Wert, den Sie vermitteln wollen, und der Regel, dem gewünschten Verhalten und den Konsequenzen. Betonen Sie den positiven Wert, nicht das negative Verhalten.

Die folgende Tabelle macht Ihnen für jedes Alter bis zum 18. Lebensjahr Vorschläge, welche altersgemäßen Werte oder Fähigkeiten Sie in Betracht ziehen könnten. Außerdem finden Sie dort eine entsprechende Regel sowie eine mögliche positive oder negative Konsequenz.

Alter	Wert/Tugend	Verhalten/Regel	Konsequenzen - positiv	Konsequenzen - negativ
1-2	Rücksichtnahme	Schrei nicht, wenn du etwas willst. Rede in normalem Tonfall.	Vater oder Mutter gehen auf Anliegen ein	Auszeit; Anliegen wird abgewiesen
2-3	Freundlichkeit	Lerne, mit anderen zu teilen.	Erlaubnis, mit dem Spielzeug zu spielen	nicht geteiltes Spielzeug wird einen Tag lang weggenommen
3-4	Hilfsbereitschaft	Hilf Mama jeden Tag bei einer Sache.	Kind darf Aufgaben übernehmen, die große Kinder machen (z.B. Tisch decken)	Entzug von Privilegien (z.B. Fernsehen)
4-5	verantwortlicher Umgang mit den eigenen Sachen	Räum dein Spielzeug auf, verlier nichts.	Erlaubnis, wertvolle Materialien zu benutzen	2 Tage Entzug von Stiften und Schere
6-7	Aufrichtigkeit	Sag die Wahrheit!	Erlaubnis, bei Freunden zu spielen	Verbot, bei Freunden zu spielen
7-8	Fairness	Sorge dafür, dass alle gleich viel bekommen.	Erlaubnis, Spiele zu spielen oder Zeit mit Freunden zu verbringen	Verbot, mit Freunden oder dem Spiel zu spielen
8-9	Gehorsam	Hör aufmerksam zu und folge den Anweisungen/Regeln.	Erlaubnis, selbst über Freizeiteinteilung zu entscheiden	Freizeit gestrichen = Auszeit
9-10	Selbstbeherrschung	Steh morgens rechtzeitig auf und mach dich für die Schule fertig.	Erlaubnis, bis XY Uhr aufzubleiben	früher ins Bett
11-12	Entscheidungsfähigkeit	Entscheide dich klug im Umgang mit deiner Zeit und bei der Wahl deiner Freunde.	Erlaubnis, selbst zu entscheiden	Entscheidungsfreiheit eingeschränkt
13-14	Verantwortung	Einmal die Woche putzt du dein Zimmer und wäscht die Wäsche (Stichtag: z.B. freitags um 18.00 Uhr).	Erlaubnis, freitags auszugehen	Verbot, am Freitagabend auszugehen
15	Mut	Lege Regeln für deinen persönlichen Umgang mit Alkohol, Verabredungen und Drogen fest.	Erlaubnis, ohne Erwachsene mit Freunden etwas zu unternehmen	Freizeit gestrichen oder elterliche Aufsicht über Aktivitäten mit Freunden
16	Urteilsvermögen	Denk bei der Planung deiner Freizeit an mögliche Gefahren	Erlaubnis, einen Mofa-Führerschein zu machen/Fahrstunden zu nehmen	Verbot, Auto zu fahren/Moped zu benutzen/Fahrstunden fortzusetzen
17	Mitgefühl	Achte auf andere, nicht nur auf dich selbst.	Erlaubnis, zu entscheiden, was am Wochenende gemacht wird	Verpflichtung, sich am Samstagabend für andere zu engagieren
18	Unabhängigkeit	Sei selbstständig. Such dir einen Job. Leiste einen finanziellen Beitrag.	Zugestehen von Freiräumen, finanzielle Unterstützung durch Eltern	Aussetzung der finanziellen Unterstützung durch Eltern

Anmerkungen

1 Henri Nouwen: The Genesee Diary, New York 1981, Seite 178–179
2 Anna Qunidlen: „The Good Enough Mother", Newsweek, 21. Februar 2005, Seite 50
3 Jeffrey M. Jones: „Parents Of Young Children Are Most Stressed Americans", Gallup News Service, 8. November 2005
4 Judith Warner: „Mommy Madness", Newsweek, 21. Februar 2005, Seite 45
5 David Elkind: The Hurried Child, Reading 1985, Seite 28–29
6 Robert Shaw: The Epidemic: The Rot of American Culture, Absentee and Permissive Parenting, and the Resultant Plague of Joyless, Selfish Children, New York 2003, Seite 4–5
7 Tim Stafford: Never Mind The Joneses, Downers Grove 2004, Seite 21
8 Bruno Bettelheim, A Good Enough Parent, New York 1987, Seite 99
9 George Barna: Transforming Children into Spiritual Champions, Ventura 2003, Seite 48
10 Timothy Smith: The Seven Cries of Today's Teens, Nashville 2003, Seite 167
11 George Gallup Jr.: „What Americans Believe About Fatherhood and the Role of Religion", in: The Faith Factor in Fatherhood, Lanham 2002, Seite 55
12 Gordon MacDonald: The Effective Father, Wheaton 1977, Seite 183–184
13 George Barna: „Parents Describe How They Raise Their Children", The Barna Update, 28. Februar 2005, Seite 1 (siehe www.barna.org)
14 Doug Colligan: „Hapiness: How to Have It Now", Reader's Digest, März 2005, Seite 94
15 Barna: „Parents Describe ...", Seite 3
16 Tim Kimmel: Raising Kids Who Turn Out Right, Sisters 1993, Seite 14
17 Tim Kimmel: Grace Based Parenting, Nashville 2004, Seite 14
18 ebd., Seite 21
19 Michael und Diane Medved: Saving Childhood, New York 1999, Seite 178
20 Timothy Smith, The Seven Cries ..., Seite 118
21 ebd., Seite 136
22 Michael P. Nichols: The Lost Art of Listening, New York 1995, Seite 197–198
23 H. Norman Wright und Gary Oliver: Raising Kids to Love Jesus, Ventura 1999, Seite 64
24 Donald Miller: Blue Like Jazz, Nashville 2003, Seite 105
25 Robert Shaw: The Epidemic, New York 2003, Seite 106–107
26 Paul D. Hastings, Carolyn Zahn-Waxler: National Institutes of Mental Health and University of Colorado, Boulder, research summary, Seite 146

27 William J. Doherty: Take Back Your Kids, Notre Dame 2002, Seite 15–16

28 Historische Details aus: www.soon.org.uk/true_stories/holocaust.htm

29 Douglas K. Huneke: The Moses of Rovno, Tiburon 1985, Seite 178–184

30 Jan Johnson: Growing Compassionate Kids, Nashville 2001, Seite 23

31 ebd., Seite 26–27

32 G. Richard Louv: Childhood's Future, Boston 1990, Seite 19

33 George Barna: Transforming Children ..., Seite 51

34 Tim Kimmel: Why Christian Kids Rebel, Nashville 2004, Seite 183

35 Barna: Transforming Children ..., Seite 77–78

36 Henry Cloud und John Townsend: Boundaries, Grand Rapids 1992, Seite 29 (Titel der deutschen Ausgabe: Nein sagen ohne Schuldgefühle, Editions Trobisch 2005)

37 ebd., Seite 131

38 Rich Parents Seek to Instill Values, Ventura Country Star, 13. Juni 2005, Seite A1

39 Tim Stafford: Never Mind the Joneses ..., Downers Grove 2004, Seite 177

40 Phil McGraw: Family First, New York 2004, Seite 176

41 Tim Kimmel: Grace-Based Parenting, Seite 142–143

42 Hugh Hewitt: In, but Not Of, Nashville 2003, Seite 6

43 Tim Stafford: Never Mind the Joneses, Seite 191

44 Timothy Smith: The Seven Cries of Today's Teens, Nashville 2003, Seite 167

45 Chap Clark: Hurt: Inside the World of Today's Teenagers, Grand Rapids 2004, Seite 42–43

46 George Gallup Jr.: „What Americans Believe ...", Seite 55

47 David Popenoe: Life Without Father, New York 1996, Seite 191

48 Tim Kimmel: Why Christian Kids Rebel, Nashville 2004, Seite 186–187

49 John Trent: Be There! Making Deep, Lasting Connections in a Disconnected World, Colorado Springs 2000, Seite 5

50 George Barna Jr.: Transforming Children ..., Seite 136

51 Lee Strobel: Der Fall Jesus, Gerth Medien, Asslar 1999

52 Tim Kimmel: Grace-Based Parenting, Seite 9

53 Mitali Perkins: Ambassador Families, Grand Rapids 2005, Seite 24

54 Virelle Kidder: Loving, Launching and Letting Go, Nashville 1995, Seite 75

55 deutscher Titel: „Heraus aus dem Salzfass", Liebenzell 1996

56 James Emery White: Serious Times, Downers Grove 2004, Seite 154

57 Thomas Merton: Thoughts in Solitude, New York 1958, Seite 56

58 Josh und James Weidmann: Dad, If You Only Knew, Sisters 2005, Seite 127

59 Kimmel: Grace-Based Parenting, Seite 120